银海拾贝

庆祝中国工商银行青岛市分行成立三十周年

员工珍藏银行老物件鉴赏集

主编 ◎ 薛德贵

中国海洋大学出版社
CHINA OCEAN UNIVERSITY PRESS

图书在版编目(CIP)数据

银海拾贝:庆祝中国工商银行青岛市分行成立 30 周年员工珍藏银行老物件鉴赏集 / 薛德贵主编 .—青岛:中国海洋大学出版社,2015.11

ISBN 978-7-5670-1026-0

Ⅰ.①银…　Ⅱ.①薛…　Ⅲ.①工商银行－银行史－史料－青岛市　Ⅳ.①F832.9

中国版本图书馆 CIP 数据核字(2015)第 256345 号

出版发行	中国海洋大学出版社
社　　址	青岛市香港东路 23 号　邮政编码 266071
出 版 人	杨立敏
网　　址	http://www.ouc-press.com
电子信箱	whs0532@126.com
订购电话	0532－82032573(传真)
责任编辑	施　薇　　　　　　　电　话　0532－85901040
印　　制	青岛名扬数码印刷有限责任公司
版　　次	2015 年 12 月第 1 版
印　　次	2015 年 12 月第 1 次印刷
成品尺寸	250 mm × 200 mm
印　　张	21
字　　数	480 千
定　　价	68.00 元

序

姜建清董事长在《中国工商银行企业文化手册》中指出："建设富有工行特色、体现时代精神的先进企业文化，进一步提升工行的软实力，既是我们站在新起点、实现新跨越的现实所需，也是我们建设国际一流现代金融企业、打造百年金融老店的长远之策。"企业文化涵盖精神文化、制度文化、物质文化三大方面，老物件属于银行物质文化范畴。

《银海拾贝》所收录的众多老物件，是银行业固化的历史、无言的碑记，是银行员工抚今追昔、睹物思人、忆旧兴怀的寄情之物，是凝聚工行人发展、奋斗、学习和生活的历史见证，是值得认真收藏、传承的银行业文物。《银海拾贝》将其汇集出版发行，图文并茂地展示于世，是一件很有意义的好事。在此，谨向各级工会、各位藏家和作者表示祝贺和感谢。

党的十八大报告指出："让人民享有健康丰富的精神文化生活，是全面建成小康社会的重要内容。"

组织员工收集、挖掘、展示老物件及其丰富的内涵，是引导员工继承工行传统精神、提升综合素质、促进全面发展、争做一名好员工和好公民的新颖方式。

在此，希望大家在晴窗展读、汲取营养的同时，能够知行合一，进一步推动青岛工行的文化建设和业务发展；希望各级工会对员工收集、研究老物件给予更多的支持鼓励；希望有关部门从档案管理的角度加强对银行老物件的收集、保管和利用，共同为推进工商银行两个文明建设，实现中国梦、工行梦贡献力量。

中国工商银行青岛市分行党委书记、行长

付建

2015 年 6 月 30 日

目录

第一章　岁月物语——银行老实物

银海拾贝

银海拾贝

第一章

岁月物语——银行老实物

曾记否，人民银行时期，网点门头上都悬挂着一枚又大又圆的储徽，各种存折、存单、传票等纸制品及其他工作用具上都印有储徽；然而，老员工也未必知道，这枚储徽之前还使用过一枚年岁更大、图案有别的老储徽。储徽曾经是新中国银行业的图腾，是本章展示的所有银行老实物的典型代表……

难忘的银行"图腾"——储徽

工会办公室 刘 璇

老员工或许还记得,人民银行时期,青岛市区办事处、郊区支行、分理处、储蓄所等营业网点的门头上,无一例外地悬挂着一枚大大的圆形储徽,所有的储蓄宣传品上均印有储徽,工行成立初期还在使用这个储徽。可以说,储徽就是人民银行(包括工行成立初期)的图腾,如今它已经走入历史博物馆,但永远藏在银行老职工的心中。

1955年9月25日,中国人民银行颁发《储蓄徽志新图案》(图1-2)并作了如下注释:"外周以我国古币组成齿轮,表示工业化,和中心储蓄二字相结合,象征把社会零星资金集聚起来,支援国家工业建设;而把古币集合起来,在内层又形成一道齿轮,与内层麦穗结合象征工农业的发展;五星则象征党在国家建设中的领导作用。"当时有关部门就新储徽发布进行了广泛宣传。例如,1956年10月1日,邮电部发行了900万套"特17"纪念邮票,一套二枚(图1-3),分别为8分、4分面值;图案均为新储徽,印有揽储口号"踊跃储蓄,支援建设"。

1984年,随着工商银行等众多专业银行相继成立,并开始使用各自的行徽(工行1989年1月1日下发《关于启用中国工商银行行徽的通知》),使用

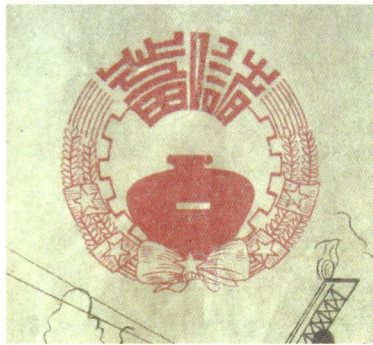

↑ 图 1-1 1955 年 9 月之前人民银行使用的储徽

↑ 图 1-2 1955 年 9 月 25 日人民银行启用的储徽(参见封底)

了 30 多年的储徽逐渐淡出银行界,现今布满大街小巷的各家银行网点已经难觅储徽的身影了。图 1-2 所示的这枚储徽实物直径 60 厘米,铝质,重 4.9 千克,已尘封 30 年了。

这枚储徽出现之前,人民银行还使用过另外一种样式的储徽。笔者从旧书摊淘到一本中国人民银行成立初期由人民银行山东省分行编赠的《储蓄讲话》,其封面上就印着这样一枚当时使用的储徽,如图 1-1 所示——齿轮麦穗围绕着小篆体"储蓄"二字,中间画着一只扑满(存钱罐)。它开始使用的时间不会早于 1948 年 12 月 1 日中国人民银行成立,停用时间自然是 1955 年 9 月 25 日新储徽的接班之时。

图 1-3　1956 年邮电部发行新储徽纪念邮票

模仿第一枚储徽的"爱国储蓄纪念章"

企业文化部　姜　海

1948 年 12 月 1 日,中国人民银行在石家庄宣布成立并发行第一套人民币。储蓄是人民银行的主要业务之一。为向群众普及储蓄知识、扩大储蓄业务,中国人民银行颁发了一枚储蓄徽志,如图 1-1 所示。一本中国人民银行成立初期由人民银行山东省分行编赠的《储蓄讲话》,其封面上就印着这样一枚储徽——外圈的麦穗围绕着内圈的齿轮,麦穗下端有 5 颗五角星,上端有小篆体"储蓄"二字,图案中间是一只扑满(存钱罐)。

当时这枚储蓄徽志被广泛使用,作用很大。例如,图1-4所示的这枚"爱国储蓄纪念章",浅绿底,直径2.5厘米,陕西省人民银行赠,其图案就模仿了这枚储徽。另一枚"增加生产,厉行节约,爱国储蓄纪念章",如图1-5所示,草绿底,直径2厘米,陕西省人民银行赠,其图案也模仿了这枚储徽。因此,这两枚纪念章当为1955年9月份之前制作用于赠送储户的。

⬆ 图1-4 爱国储蓄纪念章

⬆ 图1-5 增加生产 厉行节约 爱国储蓄纪念章

银行发行的老徽章

企业文化部 姜 海

1949年新中国成立以来,人民银行等单位发行了不少业务宣传章、出入单位大门的胸章、行徽等老徽章,这些老徽章浓缩着一段段值得回味的历史。

1. 中国人民银行山东省分行先进工作者代表会议纪念章(图1-6)

直径3厘米,铜质,五角星造型,被万丈

光芒所环饰,加以五角星、麦穗、齿轮、丝带等饰品,原有纽和绶,已遗失,1956年制发。青岛工行老职工曾荣获过该纪念章。

2. 上海人民银行体育大会纪念章(图1-7)

直径2厘米,铜质,饰以径赛运动员、红旗、麦穗、齿轮、算盘、书本等造型,书以"中国人民银行第三届工人体育大会、1952上海、优胜纪念"等字样。可见人民银行从1950年即上海解放第二年就召开了第一届运动会,群众性体育活动普遍开展。

3. 中国人民银行山东省分行胸章(图1-8)

直径2.5厘米。背面书以"潍0245"字样。"中国人民银行"自右往左书写、繁体字,应为人民银行成立初期制造。

4. 中国人民银行胸章(河南)(图1-9)

长4.5厘米,高2厘米。背面书以"河南□3398"字样。胸章制作时间应为人民银行成立初期。

5. 中国人民银行平原省分行胸章(图1-10)

平原省成立于1949年8月,省会新乡市,辖新

⬆ 图1-6 中国人民银行山东省分行先进工作者代表会议纪念章

⬆ 图1-7 上海人民银行体育大会纪念章

⬆ 图1-8 中国人民银行山东省分行胸章

⬆ 图1-9 中国人民银行胸章(河南)

↑ 图 1-10　中国人民银行
平原省分行胸章

↑ 图 1-11　中国银行胸章

↑ 图 1-12　中国人民建设
银行胸章

↑ 图 1-13　交通银行胸章

乡、安阳、湖西、菏泽、聊城、濮阳等六专区,1952 年 11 月平原省撤销。

6. 中国银行胸章(图 1-11)

主徽直径 2 厘米,带绶带,上连小章,背面写以"4339"字样,似应为新中国成立初期制作。

7. 中国人民建设银行胸章(图 1-12)

直径 3 厘米,背面落款"武昌艺联造,湖北 146",20 世纪 50～70 年代制作,建行工作人员佩戴。

8. 交通银行胸章(图 1-13)

直径 2.5 厘米。从其中国地图分析,这枚胸章是新中国成立后制作的。

1989 年启用的工行行徽

工会办公室　刘　璇

中国工商银行行徽标志于 1989 年 1 月 1 日建行五周年之际正式启用,如图 1-14 所示。它是从大量征集作品中，经各方面反复筛选推敲确定的。行徽设计者是中央工艺美术学院装潢设计系的陈汉民教授。

工行行徽图案整体为中国古代圆形方孔钱币，象征银行；图案中心部分的"工"字和外圆所寓意的商品流通（或商品流转），表明中国工商银行是作为国家办理工商信贷业务的银行；"工"字图案四周形成的四个面和多个直角，象征着中国工商银行的业务发展和在国民经济建设中联系面的广泛性。图案中两个对应的几何图形，象征着中国工商银行和客户之间相互依存、相互协调和紧密合作的融洽关系。行徽图案色彩，主体线条为红色，底色为白色，线条简明，寓意深刻，端庄清秀。

工行行徽启用后在全行、全社会广泛宣传，总行、分支机构、营业网点、票据单证、宣传材料、广告赠品等方方面面均普遍使用。

胸章

制服纽扣

⬆ 图 1-14　1989 年启用的
　　工行行徽

工行助力央视举办 1985 年春晚纪念章

工会办公室　刘　璇

1985 年是中国工商银行成立第二年，也是中央电视台直播春节联欢晚会的第三个年头。央视因经费不足，提出与中国工商银行联合举办春节联欢晚会，即利用工行网点，面向全国公众发行面额 1 元的 1985 年春节联欢晚会赞助

正面　　　　　　　　背面

⬆ 图 1-15　1985 年央视春节晚会纪念铝章

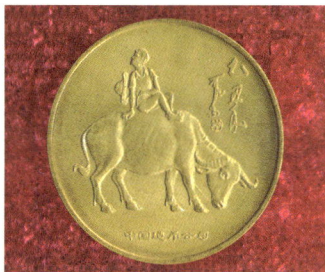

正面　　　　　　　　背面

⬆ 图 1-16　1985 年央视春节晚会纪念铜章

纪念券。纪念券的落款是"中央电视台、中国工商银行联合主办"，其奖项设置每 10 万个为一组，每组抽出一等奖 14 寸熊猫彩电 1 台，二等奖金质纪念章 10 枚，三等奖银质纪念章 100 枚，四等奖铜质纪念章 1 000 枚。最终央视筹集了 50 万元春晚经费。

1985 年 2 月 19 日除夕夜，在春节联欢晚会上进行了现场公证抽奖。没中奖的观众，可凭纪念券到当地工行网点兑换 1985 年春节联欢晚会铝质纪念章 1 枚（据说铝质纪念章发行了 40 万枚）。笔者手头这枚纪念章（图 1-15）即铝质，直径 2.5 厘米，正面铸有"1985 年春节联欢晚会纪念""中央电视台"字样，以及央视的台徽；背面是一幅儿童戏牛图，题有"孺子牛图""乙丑年"字样，从落款篆刻印章看应是著名画家李可染所作。

事有凑巧，近日笔者在青岛昌乐路文化市场淘得一枚铜质章（图 1-16）。该章直径 3.2 厘米，厚 0.2 厘米；正面铸有"1985 年春节联欢晚会纪念""中国中央电视台"字样，以及央视的台徽；背面是一幅儿童骑牛图，题有"乙丑年""中国造币公司"等字样，从落款看也应是李可染所作。铜章毕竟是四等奖，各方面较铝章显得豪华一些。

抚顺工行雷锋储蓄所新址开业庆典纪念章

企业文化部　姜　海

全套纪念章由 1 枚金章、1 枚银章组成，1999 年 12 月沈阳造币厂铸造。金章直径 23 毫米，成色 0.999，含纯金 1/3 盎司，发行 200 枚；银章直径 40 毫米，成色 0.999，含纯银 1 盎司，发行 500 枚。抚顺工商银行雷锋储蓄所现已改名为工商银行雷锋支行。纪念章图案如图 1-17 所示。

我的工行我的章

开发区支行　耿来意

我不是一个善于收藏旧物的人，很多东西在不知不觉中就从手头流失了，因此也就常常留下这样的遗憾："要是留到现在就好了。"然而也有例外，比如我从参加工作以来用过的印章（图 1-18，图 1-19，图 1-20），竟奇迹般地保存

正面

背面

⬆ 图 1-17　抚顺工行雷锋储蓄所新址开业庆典纪念章

↑ 图 1-18　部分老印章（公章）

↑ 图 1-19　耿来意用过的部分名章

了下来。说不上是有心，也难说是无意，反正当我发现它们的时候，它们横七竖八地躺在一个小盒子里，一个个灰头土脸、老气横秋。

这些印章从形状上看，有宽的扁的、长的短的、粗的细的、厚的薄的；从颜色上看，有黑的白的、黄的红的；从材质上看，有铜的塑料的，还有橡胶牛角的，形态各异，五颜六色。细细地端详这些印章，有的也已20多岁"高龄"了；有的字迹已近乎磨平了；有的扁章从中间向两端呈弯曲状，很明显是长期使用的结果，不免让人心生怜悯：它们也是为工作累弯了腰啊。

参加银行工作以来，印章便成了须臾难离的一件器物了，所经办的每一笔业务，都要盖上你的名章，以示要对业务的真实性、合法性、有效性负责，出了问题你要兜着。因此，业务管理部门在对业务进行检查时，印章方面的管理是比较重视的，一是看看缺没缺章，二是看看盖章是不是清楚，三是看看是不是做到了"人在章在，离柜收起"。

过去，银行的电算化程度低，用印章的地方多，一个印章用不了多久就磨损了，所以在印章环节上经常存在盖章不清晰的问题。有一次业务管理部门来网点进行业务检查，发现我的重要空白凭证交接薄盖章不清。检查人员要过我的印章，在毛刷上反复地清刷了一番，一边在空白纸上盖，一边说："章不好刻章，章好治人。"那意思是说，如果是章的问题，就要重新刻制印章；如果是人的责任心不够的问题，就要对人进行处理。这话听起来虽然令人不爽，但还是有道理的。其实，我一直都认为自己是个很有责任心的人，章好不会盖出个模糊印来,事后也证明确实是章不好而不是人的问题,所以对我也就免于追究,没治着人,还给刻了新章。

现在,银行的电子化已经非常普及了,用印的频率少了许多,自然也很少出现印章磨平这样的事情,也少见印章用得"弯了腰"的情况。我把这些印章逐个擦拭了一遍,突然感到眼圈有些发热。这就是我曾经的青春岁月,这就是我的人生轨迹,每一枚印章里都能嗅出汗水的况味。我想,这些印章给予我的最大的收获,是让我读懂了两个字:"责任",这两个字就像那枚已泛青的铜质印章——沉甸甸的。

⊕ 图 1-20 部分老印章印模

我佩带过的三枚徽章

即墨支行　黄淑娟

第一枚徽章是山东省银行学校校徽,如图 1-21 所示。1979 年,我通过高考进入该校学习。这是一所由中国人民银行总行管辖的高中中专,学制 2 年。我的银行工作生涯从这里开始,在这里度过了 2 年欢乐难忘的青春时光。时至今日,还有许多该校毕业生作为骨干活跃在山东省多家金融机构,其中在人民银行、工商银行、农业银行工作的居多。

⊕ 图 1-21 山东省银行学校校徽

图 1-22　中国人民银行服务牌

图 1-23　中国工商银行服务牌

图 1-24　原中国工商银行胶南县支行斜马路储蓄所名牌

第二枚徽章是人民银行服务牌，如图 1-22 所示。这是我 1981 年银校毕业，分配到中国人民银行即墨县支行工作后发的。我非常珍惜它，虽历经搬迁，我一直收藏在身边。

第三枚徽章是工商银行服务牌，如图 1-23 所示。1984 年，"人民""工商"两行分设，至今我已不知不觉在工商银行工作了 31 年。

三枚胸章浓缩了我的银行职业经历。现在我们这一代人已接近退休年龄，行里 80 后青年员工已占到 80% 以上，我们对新职工进行"传帮带"的责任义不容辞——春蚕到死丝方尽，蜡炬成灰泪始干。无情的岁月衰老了容颜，损伤了身体，却无法改变我们这一代银行人对工作一丝不苟、扎实认真的态度。

20 世纪 80 年代的储蓄所名牌

胶南支行　徐明顺

这是 20 世纪 80 年代挂在工商银行储蓄所门口的一块常见的网点名牌（图 1-24），长 58.5 厘米，宽 42 厘米，厚 2 厘米，铝合金框，底为木板刷黑漆，字为米黄色不干胶刻制粘贴，外层用玻璃封盖（图片已去掉玻璃），反映了当时工行简陋的营业、办公条件。该所成立于

1987年,1990年胶南撤县设市时更名为"中国工商银行胶南市人民路第三储蓄所",后因业务量不足而撤并。

胶南支行获得第一块省行级荣誉匾牌

胶南支行　徐明顺

胶南支行自成立以来,始终秉持稳健经营的理念,时刻不放松抓内控和案防工作,由于成绩突出,1990年7月,被山东省分行授予"1985—1989无案件事故单位"称号,这也是该行获得的第一块省行级荣誉匾牌(图1-25)。

当时的青岛市分行尚属二级分行,胶南支行在全省100多个区办、县(市)行中脱颖而出,获得这一省行级殊荣实属不易。支行从领导到职工对这一荣誉备感骄傲而十分珍惜,召开专题讨论会谈体会、出对策,决心用实际行动保持这一荣誉。该匾牌宽80厘米,高25厘米,左侧镶嵌着椭圆形钟表,寓示着要保持警钟长鸣,时时刻刻抓好内部管理,分分秒秒不能放松懈怠。

⬆ 图1-25　胶南支行获得的第一块省行级荣誉匾牌

"96 牡丹卡奥运年铜牌奖"奖牌

李沧一支行 王 煦

正面

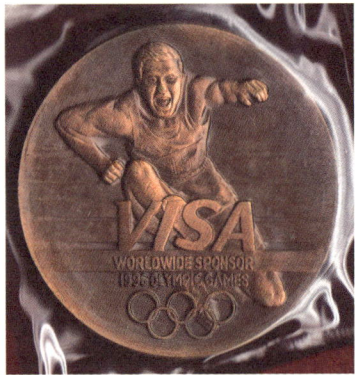
背面

⬆ 图 1-26 96 牡丹卡奥运年铜牌奖

　　这是我收藏的一枚"96 牡丹卡奥运年铜牌奖"（图 1-26）。"铜牌奖"直径 6 厘米，厚 0.5 厘米，紫铜制作。

　　1996 年是国际奥林匹克运动诞生 100 周年。中国工商银行和 VISA 国际组织将"更高、更快、更强"的奥运精神同牡丹卡"更方便、更安全、更快捷"的服务宗旨有机结合在一起。为了奖励牡丹卡最佳持卡人、牡丹卡最佳受理人员，中国工商银行和 VISA 国际组织委托中国金币总公司制作了纯金奖牌 585 枚、纯银奖牌 2460 枚、铜质奖牌 5800 枚。奖牌的正面是：奥运火炬、牡丹卡标志、"96 牡丹卡奥运年金牌奖、银牌奖、铜牌奖"字样；背面是奥林匹克运动五环标志，象征"更高、更快、更强"奥运精神的运动员造型。奖牌具有记载牡丹卡的发展历史与奥运会申办紧密结合的时代意义。

我获得"中国工商银行三等功章"

李沧一支行　王　煦

"中国工商银行二等功纪念章"（图1-27）和"中国工商银行三等功章"（图1-28）是1992年颁发的。

1992年总行为鼓励为工行作出贡献员工实行记三等功奖励，各专业有具体的量化指标作为记功标准。当时出纳专业的量化标准是：从事出纳专业10年以上、业务量达到规定标准且无任何差错。而我就是青岛分行符合这一标准为数不多的员工之一，有幸成为在平凡的工作岗位上仅凭工作表现和业绩被记功奖励的员工。

正面　　　　　背面

↑ 图1-27　中国工商银行二等功纪念章
（企业文化部姜海藏品）

正面　　　　　背面

↑ 图1-28　王煦获得中国工商银行三等功奖章

图 1-29 "青岛市人民储蓄促进委员会"挂镜

"青岛市人民储蓄促进委员会"挂镜

工会办公室 刘 璇

这是一面用于赠送客户的挂镜(图 1-29),制作于 1984 年 12 月,高 85 厘米,宽 50 厘米,印有储徽、"发展储蓄,振兴中华"字样,落款是"青岛市人民储蓄促进委员会"。

据 1999 年出版的《青岛市志·金融志》记载,1982 年,在青岛市人民政府的支持下,成立了"青岛市人民储蓄促进委员会",各区、街道、办事处,以及大型企业、事业单位建立了相应组织,以群众组织形式推动储蓄工作的开展。1985 年 1 月 30 日,青岛市召开储蓄工作表彰大会,表彰了 75 个储蓄工作先进单位和 1 400 名优秀代办员、宣传员、协储员(简称"储蓄三员"。其中,反映代办员、协储员的实物参见本书第二章《奖给优秀储蓄代办员协储员笔记本》;反映宣传员的实物见本文附图《赠给人民储蓄宣传员》)。可见政府对银行储蓄工作是相当重视的,而那时客户与银行打交道,几乎仅限于储蓄、出售金银。

曾几何时，人们信受奉行的是"粒米成箩，滴水成河；集腋成裘，聚沙成塔；一顿省一口，一年省一斗；一顿省一把，十年买匹马"，主张"积小钱成大钱"。那时，银行开办活期、定期、通知、大额存单，零存整取，存本取息，整存整取，有奖储蓄，教育储蓄，住房储蓄甚至戒烟储蓄等五花八门的储蓄品种，鼓励居民储蓄，集聚资金支援国家建设，给储蓄抹上浓重的爱国色彩。与此相配套，必然是艰苦朴素，过紧日子，量入为出等传统观念深入人心。

随着市场经济的发展，银行资金来源和居民理财渠道均变得多元化，政府职能及其与银行的关系也发生很大变化。这些因素使得银行储蓄业务不再像以前那样突出，"青岛市人民储蓄促进委员会"完成

↑ 图1-30 "赠给人民储蓄宣传员"的笔记本

了它的历史使命，只留下这面空镜子。

20世纪50年代的《下乡揽储图》

工会办公室 刘璇

《下乡揽储图》（图1-31，图1-32）镶嵌在这只小镜子背后。小镜子宽15厘米，高10厘米，正面右上角嵌一枚储徽，做工精良，近60年过去了，至今镜架不锈，镜面不花，让人爱不释手。

品读这幅《下乡揽储图》，左边的姑娘手持账本、钢笔，她可能是农信社职工，也可能是农村协储员，正在动员右边的农妇，准备存入五角钱（人民银行于1953年3月1日开始发行的第二套人民币）；背景有毛驴、石碾、丝瓜，一幅传统乡村的生活场景；画面右侧印有揽储口号："几角几元不算少，常常储蓄就多了。支援农业合作化，生产发展生活好。"

从右下角落款的字形猜测，作者似为著名国画大师蒋兆和（1904—1986）——20世纪中国现代水墨人物画的一代宗师，其代表作《流民图》奠定了他的

↑ 图 1-31　镶嵌《下乡揽储图》的
　　小镜子正面

↑ 图 1-32　镶嵌《下乡揽储图》的
　　小镜子背面

中国人物画在世界美术史上的地位。

这幅《下乡揽储图》的创作时间，推测为 1953 年 3 月 1 日第二套人民币发行之后、"人民公社"运动发起之前的一段时间内。1953 年，农业合作化运动在全国兴起；到了 1958 年，毛泽东发出"还是办人民公社好"的豪言壮语，全国又掀起办"人民公社"的热潮。因此，该图创作于 1953—1958 年期间是较为准确的。

还有一个疑问——五角钱值得储蓄吗？对比这样一个事实即可明白：1974 年，笔者下乡插队到山东省莱芜县方下公社某大队的二小队，此队一个整劳力干一天的工分价值也不过 2 角钱（参照物价：那时市面上熟猪头肉 6 角钱 1 斤）！可见，20 世纪 50 年代一名普通农妇攒下 5 角钱是多么不容易。

（藏品提供：市南二支行　吴海滨）

《储蓄之声》相声歌曲宣传磁带

运行管理部　王红梅

20 世纪八九十年代，正是录音机大行其道之时，常见时尚青年，或手提砖头式录音机，或摩托车载皮箱状录音机，声音放到震耳欲聋,招摇过市,在行人侧目中收获满足。储蓄宣传当然也要跟上潮流,这一匣2盒储蓄宣传磁带(图1-33)便是当年实物。"一匣"的外包装印有1985—1993年间担任中国工商银行副行长黄玉峻的题字"储蓄之声",还印有储蓄宣传口号;"2盒"分别是《财神庙相声集》《财神庙歌曲集》,收有相声《储蓄漫谈》、歌曲《储蓄好》等十几部相声、歌曲作品。《储蓄之声》磁带由工商银行大连市分行监制、大连磁带厂制作。

↑ 图1-33 《储蓄之声》相声歌曲宣传磁带

一盒《储蓄所柜面服务常用英语100句》磁带

运行管理部 王红梅

图1-34所示的是一盒《储蓄所柜面服务常用英语100句》磁带,由中国工商银行储蓄部、北京高教音像出版社联合制作,北京高教音像出版社1996年出版发行。磁带A、B两面,演播教师是珍妮·李(英语)、常亮(汉语)。附一张纸质《储蓄所柜面服务常用英语100句》汉英对照说明,前10句是:

1. 早上好（下午好）。

2. 请。

3. 您好。

4. 欢迎。

5. 欢迎您到工商银行储蓄。

6. 欢迎您使用牡丹卡。

7. 欢迎您使用自动取款机。

8. 对不起。

9. 请排好队。

10. 请稍候。

20 世纪八九十年代，随着改革开放的深入发展，在岛城光临工行的外籍客户与日俱增，用英语为外籍客户提供储蓄服务就显得十分必要。但当时一线柜员懂英语的很少，总行就想出这个办法，组织员工突击补习常用英语100句。这种应急办法还是很管用的。后来，进入一线柜台的大学生日渐增多，他们不愁英语的日常对话，《储蓄所柜面服务常用英语100句》这一类的磁带用得就少了。再后来，数码产品日益普及，磁带被淘汰了，有些磁带质量差，已经读不出来了。

↑ 图 1-34 《储蓄所柜面服务常用英语 100 句》磁带

储蓄传票箱

工会办公室 刘 璇

图 1-35 所示的是人民银行时期的储蓄传票箱。此类样式的储蓄传票箱就是机关、学校、企事业单位常用的铁皮五节柜，每节高 37.5 厘米，宽 86 厘米，厚 40

厘米;一般是 5 节一摞,以其能装耐用、抗虫防盗、搬运方便、价格低廉而深受用户欢迎。记忆中,好像是 20 世纪 60 年代开始时兴,一直用到现在。箱门上印有毛泽东语录的,当是"文革"期间产品;印有储徽和"储蓄传票箱"字样的,其"年纪"至少 30 年了;印有工行行徽的,则是工行成立后"服役"的。

⬆ 图 1-35　储蓄传票箱

龙口路储蓄所的"奖品钟"

福州路支行　于　珍

图 1-36 所示的是青岛工行龙口路储蓄所荣获的"90—91 创建总行级达标所纪念钟"。

这只钟不大,高 23 厘米,宽 9.5 厘米,厚 6.5 厘米。它记载着当年在工行龙口路所工作过的全体员工,克服条件简陋、环境较差等种种困难,为振兴工行而坚持理念、艰苦创业、团结奋斗、全心全意为人民服务的历史。龙口路所取得了许多骄人的成绩,获得过许多荣誉,受到上级的多次嘉奖。这只座钟是龙口路所获得众多荣誉之一,它见证、凝聚着历届龙口路所员工的心血和汗水,体现了敬业、爱所、进取、奉献的龙口路精神。愿这种精神继续发扬光大,为工行的发展再铸辉煌。

⬆ 图 1-36　"90—91 创建总行级
达标所纪念钟"

难忘的储蓄宣传尼龙绸包

李沧二支行　马丽凤

↑ 图 1-37　储蓄宣传尼龙绸包

那日在单位打开一个长年不动的文件橱,原本想找点东西,却在角落里发现了一个皱皱巴巴的红色尼龙绸包,展开后发现这是支行在 20 世纪 90 年代前后制作的储蓄宣传包。

如图 1-37 所示,包面印有工行行徽和"欢迎您到工行李沧二支行参加储蓄"字样,说明它的确是配合储蓄宣传的纪念品。应该说,工行的环保意识是非常强并且很超前的。在当时,使用塑料袋的很少,柜面的现金结算业务比较多,遇到大额取款,柜员都会送上这样一个包装袋。记得有几次看到我婆婆就是用这样的包缠着现金、揣在兜里回家的。这也说明当时的社会治安还比较好,人的防备意识也没那么强。这种包很好用,很结实,能装很多东西。我们工行员工的包里都放着这样的尼龙绸包,不占地方,临时要买点什么,从包里抽出来就直接用上了,无意中还当了回储蓄宣传员!

包的正下方印着李沧二支行各网点的名称。那时,支行共有 2 个分理处、12 个储蓄所和代办所,而现在我们的网点是 1 个二级支行、1 个营业部、4 个分理处、1 个储蓄所,业务综合能力都大有提高。

"青岛之夏储蓄音乐会纪念"瓷质笔插

工会办公室 刘 璇

　　1985 年夏,青岛工商银行在青岛市人民会堂举办了"青岛之夏"储蓄音乐会。歌唱家蒋大为,哑剧表演艺术家王景愚,青年歌手王心慧,青岛籍影视演员刘信义、赵娜等参加演出。图 1-38 所示的是此次音乐会的纪念品。"青岛之夏储蓄音乐会纪念"瓷质笔插,高 23 厘米,宽 20 厘米,厚 8.5 厘米。

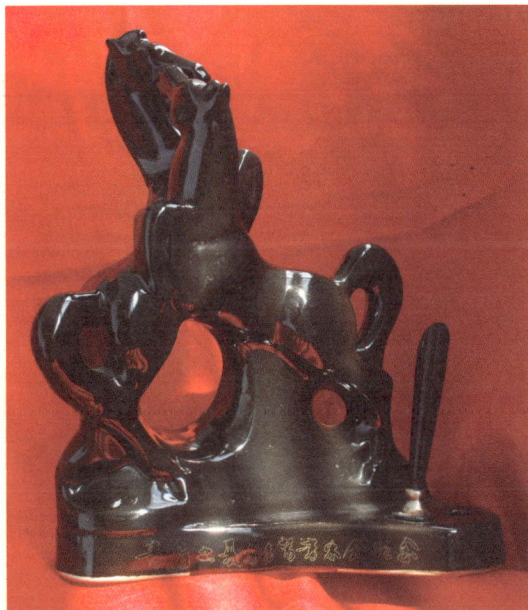

↑ 图 1-38 "青岛之夏储蓄音乐会纪念"瓷质笔插

庆祝储蓄存款 20 亿、100 亿元纪念项链钥匙环

市南二支行　傅　薇

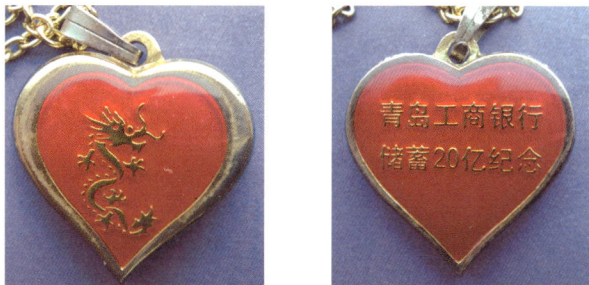

正面　　　　　　　背面

⬆ 图 1-39　青岛工行储蓄 20 亿元纪念项链

⬆ 图 1-40　热烈庆祝青岛市分行储蓄存款
突破 100 亿元钥匙环

　　1988 年(龙年)是工商银行青岛市分行成立的第四年,其储蓄存款余额突破 20 亿元,市分行制作了一款心形纪念项链(图 1-39)。

　　另据《中国工商银行青岛市分行 1997 年大事记》(工银青办[1998]132 号)记载,截止到 1997 年 12 月 20 日,市分行储蓄存款余额突破 100 亿元大关,并于 12 月 25 日在电脑开发中心召开新闻发布会。市分行齐延臣行长等分行领导邀请青岛市人大王增益副主任、青岛市政府张先平副市长、青岛市人民银行李延清行长等领导及青岛市多家媒体出席会议。市分行制作了一款钥匙环(图 1-40)作为宣传纪念品赠送客户。

　　截至 2014 年底,青岛市分行储蓄存款余额为 615.64 亿元,是 1988 年的 30.78 倍,是 1997 年的 6.15 倍还多。

工行成立初期的储蓄宣传工具包

工会办公室 刘 璇

图 1-41 所示的是 20 世纪 80 年代工商银行成立初期,为宣传储蓄赠送给客户的家庭用工具包,封皮上面印有储徽和工行标识,长为 17.5 厘米,宽为 11 厘米,内装尖嘴钳、螺丝刀、扳手、卷尺等 11 件工具,方便实用,很受客户欢迎。

青岛工行市南区办柜员服务牌

市南二支行 史崇光

图 1-42 所示的服务工号牌由工行市南区办事处制作,高 11.5 厘米,宽 8 厘米,塑料质地。上班开门

封皮

内里

↑ 图 1-41 印有储徽和工行企业标识的工具包

⬆ 图 1-42 工行成立初期使用的工号牌

后,柜员将其摆放在自己座位前的柜台上,彰显"热忱为您服务,欢迎监督指导",在储徽照耀下为客户办理储蓄业务。070号就是笔者。这个工号牌是青岛工行成立后至今开发使用的种类繁多的工号牌中的一种,从带着储徽这点看大约是工行成立初期的物件。

银行的"对号牌"

工会办公室 刘 璇

手里有几枚银行"对号牌"。老员工说,当年客户来办理取款、银行汇票、限额支票等业务,要从工作人员手中领取一枚"对号牌"。"对号牌"一式2枚,同一号码,一枚给客户等候叫号,一枚在柜员手里走业务流程,柜员与客户凭"对号牌"交接现金或票据。一个小小"对号牌",既能预防错发冒领,又能维持排队秩序。后来,其预防错发冒领的功能被纸质对号单取代,其排队功能被叫号机取代,大约从20

世纪 90 年代开始"对号牌"陆续下岗。这些"对号牌"的制发银行、大小、图案、质地、年份各有特色,值得收藏观赏。年份最早的银行"对号牌"出现于何年已很难考证,网上有人拍卖的此类"对号牌",有的是民国年间的银行制作的。

1. 工商银行对号牌

图 1-43 所示的四枚"对号牌"是工行青岛市分行制作的。其中,圆形、梅花形(黄铜质)的直径为 39～40 毫米;菱形的宽为 58 毫米、高为 35 毫米,厚度皆为 1 毫米,铜质镀铬,有一枚背面刻有"提取现金,当面点清"字样。这些"对号牌"没有标明制作年代,但可根据"中国工商银行"行名字体的不同能加以辨析。编号为 091、0131"对号牌"上的"工商银行"字体,是 1983 年 12 月中国工商银行第一任行长陈立邀请我国著名经济学家、书法家、国家计委副主任段云书写的。从 1985 年 2 月开始,工商银行对这个字体进行了修改重写,形成行名新字体,编号 647"对号牌"上用的就是这种"新字体"。1997 年 8 月,中国工商银行总行推广使用新的企业识别系统,将行名字体改为类似黑体字的

菱形 091 号对号牌

圆形 0131 号对号牌

圆形 647 号对号牌

梅花形 813 号对号牌

⬆ 图 1-43　工商银行对号牌

↑ 图1-44　岑巩县人民银行
"对号牌"

↑ 图1-45　建行"对号牌"

一种字体,一直用到现在,编号813的梅花形"对号牌"上的行名字体便是(据《中国工商银行行史(附录卷)》"大事辑要")。这四枚不起眼的"对号牌"竟然浓缩了工行行名字体的三次变化。

2. 岑巩县人民银行"对号牌"

图1-44所示的这枚"对号牌"直径为41毫米,厚为1毫米,紫铜镀铬。正面铸有凹文"中国人民银行,岑巩支行,隔日无效,第零零柒号";背面铸有凹文"付款Y007",全部汉字均为繁体字。鉴于此,这枚"对号牌"似为1956年国务院公布第一批简化汉字前后制作的。岑巩县隶属于贵州省黔东南自治州,面积为1 486.5平方千米,人口为22.9万(2014年),古称思州,有1 300多年历史,为贵州政治、经济、文化的先发地之一,史学界素有"先有思州,后有贵州"之说。

3. 建行"对号牌"

图1-45所示的这枚"对号牌"直径为39毫米,厚为2毫米,黄铜质,正面铸有凸文"中国人民建设银行,自贡市支行,付款,(富顺)0343号",背面无款。建行成立于1954年10月1日,全称为"中国人民建设银行",是国家财政部的内设金融机构,大街上也开设网点,但计划经济时期不与老百姓交往,改革开放后开始面向广大民众办理业务。1996年3月26日,更名为"中国建设银行",逐渐成为国内的大型国有商业银行。自贡市富顺县位于四川省南部,面积为1 333平方千米,人口为108万(2011年),为千年古县,被誉为"巴蜀才子之乡""中国豆花之城"。

银行网点使用的电挂钟

工会办公室　刘　璇

图 1-46 所示的是一只产自上海的钻石牌电挂钟。这种挂钟直径为 30 厘米，厚为 6 厘米，在 20 世纪六七十年代党政机关、企事业单位、银行网点等普遍使用。右下侧用白漆写着"80 南银 7—046"的这只电挂钟，似为 1980 年市南区办事处购买使用过的老物件，现在通上交流电后还会跑，"嗡嗡"的噪音也会随之响起。大约从 20 世纪 80 年代开始，"康巴斯石英钟"异军突起，以其耗电少、噪音小、安全耐用等优势淘汰了电挂钟。

算盘情缘

李沧二支行　马丽凤

前些日子到网点，遇到几个以前曾在一起工作过的老姐妹，大家一起高兴寒暄自不必说，临出门送别时一位老大姐打开抽屉拿手机，抽屉最

↑ 图 1-46　市南支行用过的电挂钟

显眼的位置上放着一个算盘,我伸手拿了出来,使劲地晃了晃,算珠发出了清脆的哗哗声。"真好听啊!你们都留下算盘了吗?还记得我们一起练习算盘的事儿吗?""那当然!你瞧瞧我们的抽屉。"几个人同时拉开他们的抽屉,在最显眼的位置上都摆着一只算盘,或大或小,或新或旧,每一颗算珠仍是"油光可鉴"。"算盘伴随我们20多年了,虽然现在不用了,可不舍得扔啊。"我们的话题又扯到了当年与算盘的种种情缘。

21岁入行的那一天,领导送给我一个算盘,是那种上排两颗珠,下排五颗珠的,这是我到银行工作的第一个算盘。望着比我的手还宽大的算盘,真不知它能给我的工作带来什么。领导大概也看出了我的心思,叫来了两名曾经参加过比赛的前辈表演了一番。手指的上下翻飞,有节奏的哗哗声和算珠的跳动立刻让我开了眼界:这么不起眼的物件还能有这般功力!从此算盘一直与我相伴。为了能练就像前辈们一样的功夫,我们在工作之余总是在研究怎样能把算盘打得又快又准,谁发明了一种指法就赶快互相交流,争着帮别人打余额表,翻打的练习传票的数字都能背到80多页。那时一进到银

行的大厅,都是"哗哗"的算珠碰撞声,算盘成了我们工作必不可少的伙伴。当时我所在的分理处领导为了鼓励我们这些新员工,每周都给我们测验成绩,红榜上墙。不服输的我每次看到自己的排名领先时,心里的高兴劲儿比拿了多少奖金都高兴。我们这些人就是在这种你追我赶、互相帮助的氛围中长大成熟的,渐渐地也成了行里的中年员工。

20多年里我一共使用过3个算盘:第一个是进行时候的大算盘,据说这还是算盘的第二代;第二个是因为第一个跌在地上崩飞了算珠而换的,是上面一排、下面四排的中型算盘;第三个算盘也就是我现在保存的,是比第二个更加小巧的金属材料的算盘。得到这个算盘还有一个小故事呢!当时有一个同事领了一个算盘后,非常兴奋地拿给我们看,那小巧的身材、金属质感的颜色立即吸引了我的目光,自从看过后我的心里就放不下了,总找机会去摸一摸。于是,我就使出浑身解数、用尽世上所有优美语言,终于在同事要调到其他行工作的前夕,将这只我"觊觎已久"的算盘据为己有。从此第三个算盘一直陪伴我到现在。虽然现在我不在业务一线,但还经常拿出算盘来,用手指来回拨动

几下,温习当年倒背如流的口诀。听到算珠发出清脆的"哗哗"声,我心里就感到特别舒坦。说真的,有时心情烦躁、做事不顺时,我就经常拿出算盘来拨一拨,每每都如春风化雨、乾坤逆转。20多年的陪伴已经让算盘融入了我的生活,成为我不可或缺的重要伙伴。

在青岛工行,45岁以上员工的算盘情结应该和年龄成正比。这从我的这群老姐妹的行为就可以看出。随着科技的发展,银行业务处理的现代化水平飞速提高,营业大厅里已经很少能听到算盘

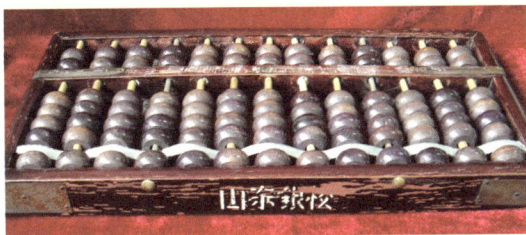

13 档 7 珠木框算盘

上:17 档 5 珠铝框算盘;
下:17 档 5 珠木框算盘

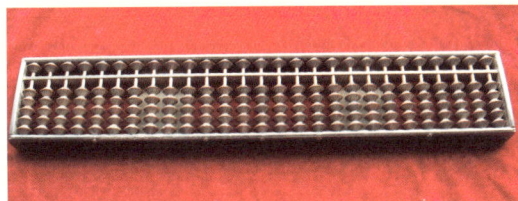

15 档 5 珠木框算盘

15 档 5 珠铝框算盘

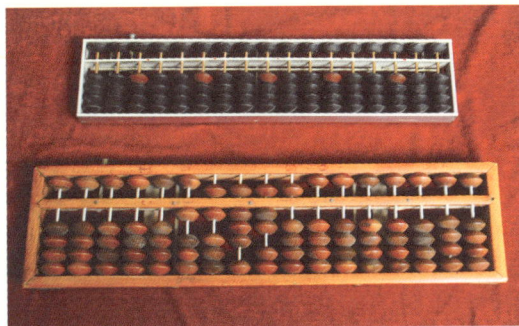

27 档 6 珠木框算盘

↑ 图 1-47　各式各样的老算盘

声,用到算盘的机会已经很少了,但工行"三铁"精神已经传承了下来,我所在的李沧二支行核算质量年年登上新台阶。创新和发展是我们的经营理念,不断地为社会作出新的贡献是我们工行人义不容辞的责任。年轻的一代奋进拼搏,继续发扬着老一辈工行人艰苦卓绝的精神,工行在这种传承中成长壮大。我的同伴们保留着算盘的根本所在就是保留着属于工行人的优良传统,保持着工行积极向上的精神。

老算盘的来历

城阳支行　周　龚

不考进银行,未必与算盘有关,但命运安排,我还是跟它有缘。

1981年高考之后,我在家里待业,间或也看书复习功课,准备考取师范。这天出门散散心,发现银行门前围着许多人,就挤进去看个明白。原来是银行的招工启事,很多人指指画画,议论银行如何如何难进,要是进去了就烧高香了。我听罢就顺手要了一张《报名表》,填好递了过去——发现于偶然,起意于瞬间,就这么简单。

距离考试大约还有一周的时间,我回家把自己报名考银行的事告诉了母亲。爸妈毫无思想准备有些吃惊,问我:"你不上学了?"我坚决地回答:"不上了。挣钱养活我自己,你们甭负担了,让哥哥、弟弟、妹妹上学就行了。"本来父亲就重男轻女,闻听我想就业减轻家庭负担,当时就痛快地答应了。母亲还在犹豫,父亲就拍板了:"好事啊,大闺女懂事了,我们得支持,缺啥问你妈要。"

我说:"要考珠算,我不会咋办?"父亲说:"好办,跟你姨父学啊,两手打算盘,左右开弓,那是绝活。"我说:"亚琳(姨夫的二闺女)也报名了,他能教我吗?"妈妈腾地站起来:"晚上我把你送过去,跟你大姨说说,两个孩子一起学,做个伴多好啊。把你姥姥晒的地瓜干也带过去,小孩子都爱吃。"

我家姊妹四个,大姨家三个,都是一起长大的。

两家平素常来常往,关系不错。姨父一听我也报了名很高兴,当晚就开始给我俩讲珠算。那时我们在小学时曾经学过简单的加减法,多少懂点运算常识,但对加减乘除混合运算却一无所知。所以,姨父要在三四天内快速培养两个珠算新手,真是费了一番脑筋。

打那时,我才知道姨父是个传奇式的人物。他可以两手同时打两个算盘,可以一心两用,干过县财贸局的局长,后来又干过人事局局长。以前曾听姥爷说:"咱家老辈的账房先生,只要算盘打得噼噼啪啪地响,太爷就知道买卖兴旺了。他两手把着两本账,两边各站一伙计,各自唱数,就见账房的手指

↑ 图1-48　为练习打算盘的指法和口诀,算珠常摆出"16875"这组数字

在两个算盘上上下翻飞,跟弹琴一样,一会儿账就合上了,进出多少是分毫不差,真是神了。小时候,最爱听他的算盘声了,你姨父跟他学那会儿好像老账房都快八十了。"

经过几个晚上的调教和练习,我的算盘明显比亚琳打得准、打得快,姨父很得意,说我的悟性好,一点也不"护驹子"。父亲为了迅速提升我的速算记忆,买来《史丰收速算法》。那时我年纪小,心无杂念,一心学习,所以进步很快。等到银行考试那天,我的数学得了满分,珠算得了98分,总成绩第二名。我被人民银行录取了,而亚琳落选了后来进了邮局。爸妈脸上立刻有了光彩,到姨父家答谢时,姨父郑重其事地说:"丫头,银行有三铁:铁账本、铁规章、铁算盘。就是说,你干银行工作人要正、心要细、业要精,千万不能出错。古人曰:业精于勤而荒于嬉。我这老算盘基本上用不上了,送你一把做个纪念,好生学,做个好会计。"

后来正式到银行上班了,姥爷说:"世道真是变了。要在早先,你这大小姐是大门不出二门不迈的,如今都能管账务了。真好啊,咱家出凤凰了。快打打算盘给我看看。"

得到长辈的奖赏和鼓励,我一直铭记在心,并不负重望,很快成为银行里的业务骨干,代表支行出去参加省、市及财贸系统业务技术比赛,捧回了很多项目的奖杯、奖状,成为行业中的佼佼者,连续十多年一直活跃在赛场上。

"不作翁商舞,休停饼氏歌。执筹仍蔽簏,辛苦欲如何。"宋末元初人刘因的五言绝句《算盘》,将其默默无闻地为人们工作,不辞辛劳、不计回报的品质,描绘得淋漓尽致。过去银行记账、计息、半年结息、年终结算全靠算盘,但在计算机已被普遍使用的今天,算盘渐渐地淡出人们的视野,很多人已经将算盘当成垃圾扔掉了,甚或连银行的"三铁"也忘记了,但老算盘在我心里却是永远挥之不去的记忆,我一直在珍藏着它。

而今,这把民国年间的老算盘已经陪伴我搬了四次家,在我的手上也已保存34个年头,已经成为可以收藏的文物了。同时,老一辈的敬业精神和坦荡的胸襟一直影响着我,不断地进取,默默地奉献,仿佛那熟悉的"噼噼啪啪"的声响就发生在昨天……

我的大算盘

市南二支行　费　峥

前几天,因工作调动,整理物品时在更衣柜底层发现了已多年不用的几乎被遗忘的大算盘。曾经被我拨动过无数次的算盘珠虽油漆斑驳但依然圆润光滑,闪动着木质特有的光泽。抚摸着这个曾经朝夕相伴、工作中必不可少的"老伙计",心里感慨良多。在当今计算机普及的年代,算盘已经淡出人们的视线,逐渐从我们的工作台上消失了。

手中的算盘陪伴我已有33个年头了,它是我刚刚毕业走向工作岗位在入行培训时发的。记得刚领到算盘时大家都很兴奋,从一个学生成为一名公职人员,是人生的一大转折点,而手中的算盘就是这个转折的最好标志,仿佛有了算盘,自己的这个身份就得到了社会的认可。在当时算盘也算是挺"时髦"的行业象征了,只要跟财务打交道的行业都使用它，我们发的这个算盘个头大档又多，使用起来既方便还能提高运算速度，所以深得大家喜爱。

刚入行时为了熟练掌握使用技巧，提高工作技能，我每天下班都把它带回家练习。记得当时培训时是戚文浩老师教我们打算盘，他既是老银行又是老专家，对使用算盘有很多经验。他说想练好算盘先要练指法，要先从打简单的数字开始，比如连加625、16875等数字。练了若干遍以后，听着算盘珠儿发出的"噼里啪啦"的悦耳声，我的确找到了一些感觉，打得越来越顺了，几乎有种爱不释手的感觉。后来几年又出了几款更"新颖时髦"的稍微小巧点的算盘，但我自己一直也没换，一是使用久了有些舍不得，二是怕换了新的自己不习惯。就这样，它一直伴随着我走过了许多年……

当时银行还没有实现电算化，每一样工作都离不开算盘，手工给客户算利息，办理现金收付款，甚至连全行的年终决算也要靠算盘来完成。每月最头痛的要数核打账户余额了，完全用算盘来打。当时我所在的银行也算是全市规模较大的，开户数有十几万户之多。其中活期账号的排列是按照尾号

进行的，一共有10个尾数，每个尾数有近2 000户，每月打一次要一天甚至二天。那时的口号是"铁账、铁款、铁算盘"，可见算盘在当时工作中的重要性了。

随着时代的发展，算盘虽已渐渐退出了历史舞台，但它却给我留下了许多美好的回忆，那段激情燃烧的青春岁月将永远珍藏在我的心里，历久弥新。

青岛生产的木制硬分币速点器

开发区支行　刘宝春

图1-49所示的这两台人民币硬分币速点器，是供银行使用的现金清点工具，分别用于整理、清点贰分、伍分硬币。

第一套人民币硬币是1955年开始铸造、1957年12月1日正式发行的，其质地为铝镁合金，面值为壹分、贰分、伍分，铸造年号是1955—2000。硬分

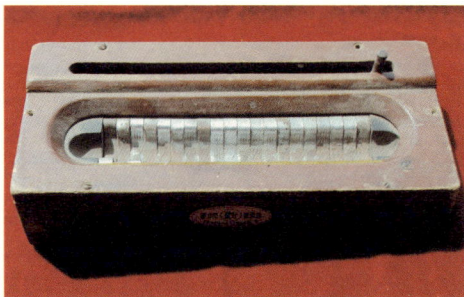

木制贰分硬分币速点器

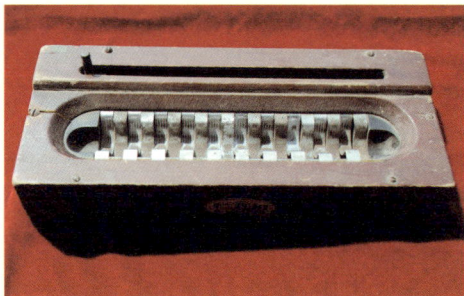

木制伍分硬分币速点器

↑ 图 1-49　木制硬分币速点器

币速点器按照硬分币的直径设计了三款有不同大小金属币槽的速点器，不能混用。

伍分的速点器长为 26.5 厘米，宽为 11 厘米，左端高为 5 厘米，右端高为 3.7 厘米；贰分的速点器比伍分的速点器略小；框架为木制，币槽和拉杆为金属。放上硬币后左右拉动拉杆将硬分币五个一组上下错开，币槽上方有计数标准，显示硬币数量。速点器的两端呈左高右低，这样便于硬币先往计数小的一端集中。速点器印有金黄色椭圆商标，标注"伍分"和"贰分"，印有生产企业名称——"公私合营青岛新兴金属品制造厂制"，其生产日期当为 1960 年前后。

"分币速点器"的前世今生

工会办公室　刘　璇

一线老员工也许还记得，当年储蓄、出纳柜台上总要摆上一件"分币速点器"，用来清点壹分、贰分、伍分硬币。计划经济时期物资紧缺但物价低廉，2 分钱能买 1 盒火柴，或买 1 块臭豆腐，或存放一次自行车；3 分钱能买一支冰糕，或买 2 斤萝卜；8 分钱能买 1 盒廉价香烟。那时小学生经常唱着一首歌"我在马路边捡到一分钱，交给警察叔叔手里边……"，虔诚地把捡到的一分钱交给警察或老师。时至今日，硬分币基本上退出流通，"分币速点器"也很少使用，以至于年轻员工都不知"分币速点器"为何物了。

1. 年纪最大的分币速点器（图1-50）

它是木质的，民国年间甚至之前更早的年份就开始使用，专为放置银元、铜板而设计，但巧合的是也可以放下人民币壹分、贰分、伍分硬币。它很像一块搓衣板，长为35厘米，宽为9.4厘米，高为1.5厘米，挖了10个槽，每个槽恰好能放50枚贰分硬币，全盘能放下10元硬币。这种速点器不是厂家制式产品，尺寸不一，至今旧货摊上还偶尔可见。

2. 推拉式硬分币速点器（壹分币、伍分币）（图1-51）

由山东淄川开关厂制造。左高右低，能放100枚硬币；手柄向左一拉，100枚分币自动分成20叠，每叠5枚。

3. 按钮式分币速点器（贰分币）（图1-52）

由中国工商银行齐齐哈尔市支行革新工厂制造。能放100枚2分硬币；按钮一按，100枚分币自动分成20叠，每叠5枚。

4. 手工式分币速点器（其一）（图1-53）

由绿色硬塑料制成，长为18厘米，宽为10.5厘米，高为1.1厘米，上端铸有"为人民服务。毛泽东"字样，右上角标明"中国人民银行南通市支行"。这是典型的"文革"产物，距今已有40多年历史。六个币槽可以分别放置50枚壹分、贰分、伍分硬币。

↑ 图1-50 "年纪最大"的木质分币速点器

壹分币

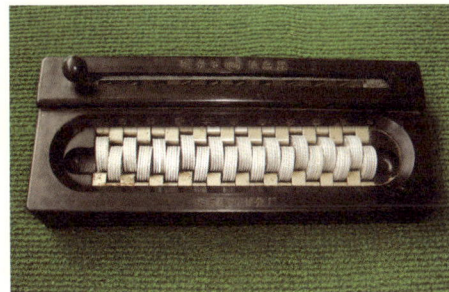

伍分币

↑ 图1-51 推拉式硬分币速点器

↑ 图 1-52　按钮式分币速点器
（贰分币）

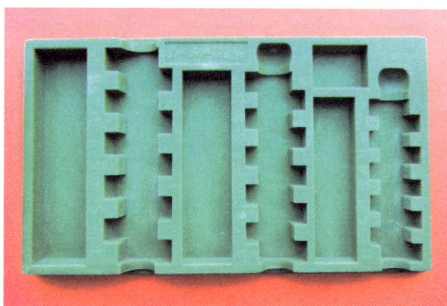
↑ 图 1-53　手工式分币速点器（其一）

↑ 图 1-54　手工式分币清点器（其二）

5. 手工式分币清点器（其二）（图 1-54）

由黑色硬塑料制成，9.6 厘米见方，高为 1.1 厘米，三个币槽可以分别放置 10 叠 50 枚壹分、贰分、伍分硬币，每叠 5 枚，还配有一个塑料盖。

↑ 图 1-55　自调利率储蓄计算机

自调利率储蓄计算机

胶南支行　徐明顺

图 1-55 所示的是一款 20 世纪 90 年代初使用的自调利率储蓄计算机，长为 29 厘米，宽为 21 厘米，厚为 4～7 厘米不等，型号 LS-10，苏

州第一电子仪器厂生产。该计算机设有"定活""整三月""整半""整二""整三／保""整八／保值""零一""零五""外汇利率""外活利息"等多个功能键，使当时的主要业务品种定、活期存款、3～8年保值储蓄存款、外币存款支取等核算工作能在较短的时间完成，大大提高了临柜人员的工作效率和核算质量。

《服务公约》宣传牌

胶南支行　徐明顺

图1-56所示的是胶南支行20世纪90年代使用的《服务公约》宣传牌，高为110厘米，宽为70厘米，厚为2.5厘米，静静地躲藏在仓库的一角。

20世纪90年代是工商银行作为国家专业银行向商业银行的转型时期，客户的金融服务需求日趋多样化，服务的选择性明显增强，银行业的竞争越来越激烈。在这种形势下，工商银行为赢得客户开始重视服务工作，但那个时代的服务规范是笼统的、粗线条的，口号式的。图中的《服务公约》只是在服务质量、服务态度、服务语言等几个方面作了界定，并设立了监督电话，主要是用于客户监督的，银行员工的服务工作含有很大的被动成分。

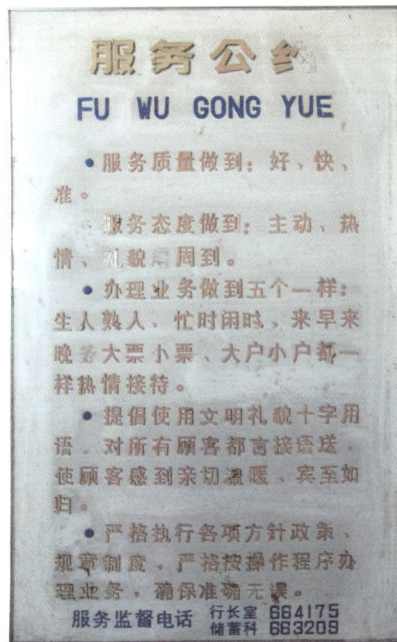

⬆ 图1-56 《服务公约》宣传牌

据《中国工商银行行史(附录卷)》,"1996年3月14日,总行印发《中国工商银行服务规则》。该规则共7章49条,对服务原则、基本服务规范、营业场所建设、教育与培训、组织推动、奖励与惩罚等都作了明确规定,其出台是工商银行服务工作规范化、制度化的标志性事件。"据此推测,这块《服务公约牌》应是1996年之前制作使用的。

出纳科使用的气动式点钞机

山东路支行　李存义

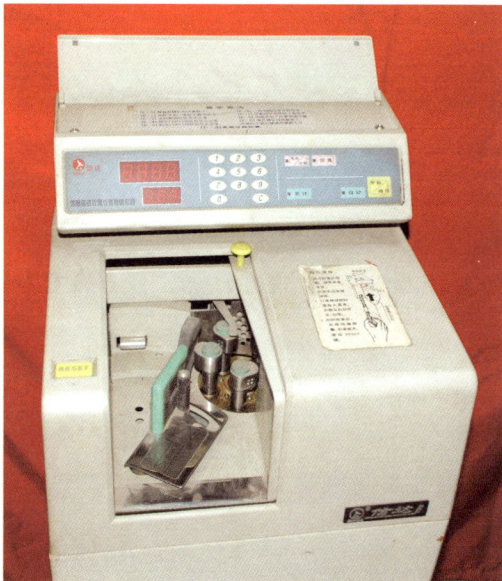

图1-57所示的是一款20世纪90年代支行出纳科使用的信达牌点钞机,体积为37厘米×30厘米×960厘米,沈阳信达仪器仪表有限公司出品,带有假币鉴别报警、吸尘等功能。

当时,网点员工每天将收进的100元、50元大面额钞票,按照规定每百张钞票都要手工扎成一把(现在已改用机器扎把)。到晚上轧账时,还要按照制度,将这些扎成把的钞票拆开,用点钞机进行复点,复点无误后再进行扎把、入库。自从用上这台信达牌复点机后,就可以在不拆把的情况下进行复点,这就大大节省了复点所耗费的时间,提高了工作效率。随着时代的发展,更加新颖好用的点钞机出现,这台信达牌点钞机就下岗了。

第二代出纳专用电脑

李沧二支行　马丽凤

前些日子,支行收拾会计档案库,闻讯后拿上相机,想去看看有没有我从未见过的老物件。

档案库阴暗潮湿,纸张发出刺鼻的霉味,看到的大都是一些老账簿、老存单,没啥能让我眼睛发亮的,拍了几张照片准备往回走,在档案库保险门背后角落里发现了一台旧电脑。虽然被厚厚灰尘所蒙盖,但我还是发现了它,垫着纸提起来,感觉很轻,仔细端详,以前未曾见过。于是同档案库管库员打过招呼后,以准备擦拭、拍照为理由将其带离"沉睡地""据为己有"。经过一番擦拭和清洗,终于见到了它的真面目。

这台小小的显示屏、18 厘米见方的"小盒子"(图 1-58),特像当年家中第一台 9 英寸的黑白电视机;键盘也不是现在我们用的宽大形状,而是 30 厘米长、13 厘米高的小键盘,右上角还有咱工行

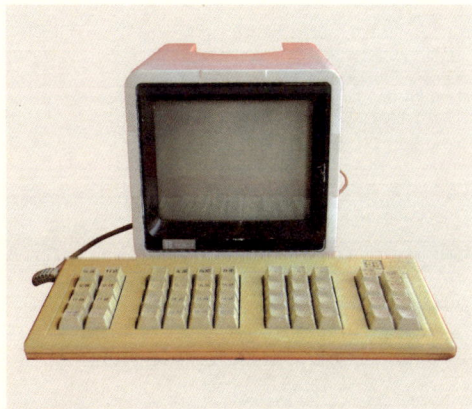

⬆ 图 1-58　第二代出纳专用电脑

的标识；一个个按键不是现在通用的，是为出纳业务专设。可能是用的年头很长，很多按键上的字都看不清楚了。整个机身都没有机器名称的说明，仅在背后有三个小标签。这是台什么机器？什么时间开始用的？用了多少年？询问了支行好多老员工都不得而知，终于找到了一位老出纳员和老科技人员，才对机器当年的情况有一些了解。

这台机器是20世纪80年代末90年代初出纳专业用的第二代电脑，只能在支行的内部网络用，这在当年已经是很先进的了。那时这台电脑的使用仅限于支行(那时叫区办)的出纳专业，也不是每个柜都配备，而支行的两个分理处都没有。据老出纳员回忆，当年去培训使用时都是层层选拔，选学历最高的人，当时会用这台电脑的人都特别让人羡慕。这种电脑大概在柜面上用了10年就被新的机器替代了。这台电脑的显示屏还有一个功能就是可以收看电视，下班后，有重要新闻和好的电视节目，他们就可以看。那时候可没有内控管理，搁到现在那可是违规的事啊！毕竟由于相隔年代太久，当年支行接受培训和使用的人员都离开了工行，对这台电脑的了解仅仅局限于这些吧！如果各位有知道的，一定帮我把这台机器的故事续起来。

收兑金银的老天平

工会办公室　刘　璇

人民银行成立后，即开办金银收兑业务，企事业单位、市民要想将黄金、砂矿金、白银、银元等变现，按照国家规定均应出售给人民银行。据1987年9月内部付印的《莱西县人民、工商银行志》记载，1962—1985年，中国人民银行莱西县支行共计收兑黄金8 390.26克、砂矿金23 419.27克、白银1 007 149.27克、银元64 551枚；其收兑牌价均按照国家标准，以1962年为例，黄金每克3.04元，白银每克0.1元，银元每枚1元。黄金牌价每克3.04元一直持续到1979年，1980年提到每克13元，1985年提到每克22.4元(1985年白银每克提到0.2元，银元提到每枚5元)。

据老职工说，人民银行收兑黄金时，要拿待售黄金在一块名叫"试金石"的石头上划一下，再用一套名叫"对金牌"的专用工具上的黄金样板与留在试金石上的划痕进行比对，以便确定黄金成色，再用一种名叫"戥子"的小型杆秤称出重量（戥子能称出 0.1 克，现在有些中药店还在用），最后按照国家收购牌价付给客户现金。

对大宗金银，银行则使用天平进行称重。天平的种类、形状不一，有时在银行老照片中能偶尔一睹天平的芳容。我见到的这件老天平（图 1-59），产自日本大阪，铜质；它还应该配备一套多枚重量不一的砝码配合使用，但没能见到。这件天平做工精细，至少有 80 年以上的历史。

↑ 图 1-59　日本大阪制造的收兑金银天平

出纳科使用的收付款机和紫外线检测灯

山东路支行　李存义

图 1-60 所示的这款收付款机大约在 20 世纪 80 年代陆续配备青岛工行各区办、支行，其功能如键盘上 44 个按键所示，涵盖了出纳业务所有环节，给出纳员工带来极大方便，中午、晚上轧账节省很多时间，元、角、分各有几张几枚，合计数是多少等都一目了然。自从有了收付款机，算盘就用得少了。老员工曾说，干银行算盘不精不行，

↑ 图 1-60　出纳科使用的收付款机键盘

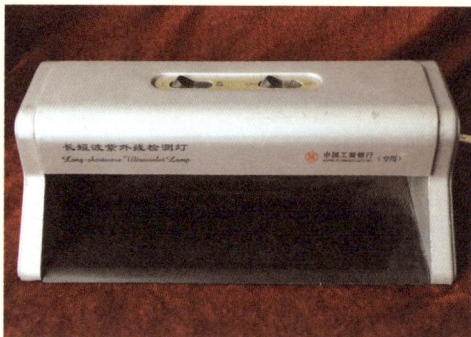

图 1-61　出纳科使用的紫外线检测灯

但收付款机等各类机器的普及却颠覆了这个说法；再后来，银行普及电算化，再也用不着珠算，算盘这一古老的算具黯然退出银行柜台。

图 1-61 所示的这款"长短波紫外线检测灯（中国工商银行专用）"，大约于 20 世纪 90 年代配备给工行会计科，用于银行承兑汇票、商业承兑汇票和银行汇票辨别真伪，这在很大程度上避免了假票横行，保护了资金安全。这款检测灯还可以鉴别 100 元、50 元人民币的真假。假币在紫光灯下荧光反应强烈、刺眼，真币则相反。当时生产这类仪器的厂家很多，因为市面上造假币的水平不断提高，促使检测灯之类的产品升级换代很快，真应了"魔高一尺，道高一丈"那句老话。

20 世纪 90 年代初使用的紫光灯

胶南支行　徐明顺

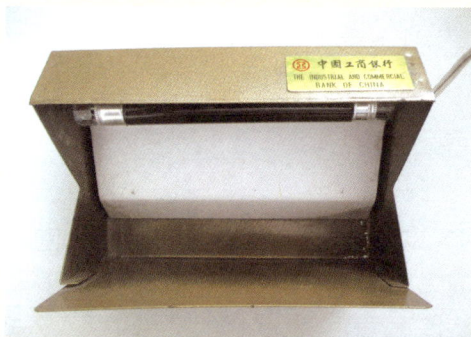

图 1-62　20 世纪 90 年代初使用的
紫光灯

图 1-62 所示的是一台 20 世纪 90 年代初工商银行使用的紫光灯，用于人民币纸币的荧光检测，主要配备在各支行营业室、分理处和储蓄所现金柜台使用，后被更先进的"工商银行（专用）长短波紫外线检测灯"所取代。该紫光灯构造简单，内部仅有一根紫光灯管。灯箱长为 17.5 厘米，高为 11 厘米，厚为 7～9.5 厘米，铁质外壳，由广东中山百佳电子电器厂承制。

银行票据凭证鉴别仪

胶南支行　冯培凯

　　图 1-63 所示的是一款胶南支行 20 世纪 90 年代使用的 ZG-01J0401A 型银行票据凭证鉴别仪,由天津市中钞戈德智能技术有限公司制造。该鉴别仪具有放大、短波、长波、水印等鉴别功能,鉴别时将票据从两侧插入,通过顶部镜片进行透视观察,主要用于对承兑汇票等各种票据凭证的鉴别。

↑ 图 1-63　银行票据凭证鉴别仪

老式鉴别仪帮我鉴假币

山东路支行　李存义

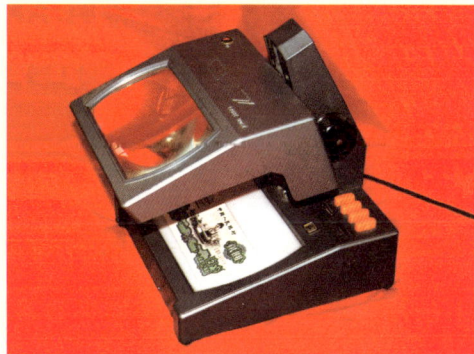

　　本人收集到一台 1991 年由瓯海机电工艺厂生产的"LIGHT BOAT（中文意思是"轻舟"）牌票据鉴别仪（图 1-64）。这台鉴别仪

↑ 图 1-64　轻舟牌票据鉴别仪

有四项功能:一是放大功能,可调节高度,辨别票据数字有无涂改痕迹;二是在放大镜后有日光灯,在其白色台面下用日光灯,借以提高观察字迹的清晰度;三是由紫外线照射,观察真币的荧光反应;四是有磁性感应区,而假银行承兑汇票和假人民币是没有磁性反应的。它作为工商银行第一代票据鉴别仪被会计出纳人员广泛使用过,也曾经帮我鉴定过一张有真伪争议的100元钞票。

那是1992年,我在青岛工行大型企业部干出纳员。有一次在工作中收到一张100元的可疑钞票,我认为是假币,那位持币客户坚信是真币,跟我大吵一顿。最后我就是依靠这台鉴别仪让假币原形毕露,在钞票上加盖了鲜红的假币戳记,给客户开出没收假币单据,化解了这场争执。

后来,这个型号的鉴别仪被更精准的点钞设备取代,自己也离开了干了多年的出纳岗位。我自信业务功底还算扎实,我的手中没有漏出过一张假币。

三十多年前出纳科的"皮老虎"

莱西支行　王兰青

20世纪80年代莱西工行的出纳员工,没有不熟知一件看似原始却实用至极的手风器——我们称之为"皮老虎"的除尘器械的(图1-65)。

1987年,我刚毕业参加工作时在出纳科任初收员,每人一台点钞机。那时的工作量很大,票面是拾圆券的,点钞机上面没有任何除尘装置,工作时尘土飞扬。我干出纳五年,最后

↑ 图1-65 出纳科的"皮老虎"

因过敏性支气管哮喘而调离出纳岗位（医院的鉴定让我必须脱离过敏源）。

我记得很清楚，在上午或下午的工作间隙，同事会将点钞机提到工行大院的空阔通风地带，用这一手动鼓风器将机内的灰尘吹落。

这件器械，实际是由两片直径为 20 厘米的圆型木板通过皮革链接、周边用铆钉固定密封起来的。使用时，用双手握住手柄不断开合，喷出气流，达到除尘之目的，其工作原理类似于农村早年灶间用过的风箱。

虽然经过 30 余年的磨砺，但从斑驳的字迹上仍可辨识出，这件器械是"即墨县兰村古城某厂出品"的，其型号为 200 M/M，比时下的"楼脆脆""危楼鉴定书"等更经得起时间的考验。

20 世纪 90 年代前后，点钞机有了改进型，在顶部加入一小型吸尘器，工作环境较以前有了改善，但对机内的除尘仍需要人工操作。

再后来，经过不断改进，直到现在的立式点钞机，点钞、捆钞一体化，员工劳动强度大大降低。加上消费观念改变，使用现钞减少，偶尔的除尘用小型吸尘器解决，这件使用了 30 多年的手动鼓风器终于退休了。但它并未寿终正寝，除了其锥形的出气管需要更换、个别铆钉脱落需要补充以加强密封以外，它仍然好用。

会计科使用的连体印章盒

胶南支行　徐明顺

20 世纪 90 年代，为加强印章管理，胶南支行会计科设计制作了一款连体印章盒（图 1-66）。中午休息时间和下午下班后，工作人员将个人办理业务所使用的公章、个人图章按个人编号，集中锁在这个连

图 1-66　会计科使用的连体印章盒

体盒里,钥匙由个人持有,然后将连体盒锁入大号保险柜里统一保管。该连体印章盒长为 50 厘米,宽为 40 厘米,高为 12 厘米,木质结构,制作时使用了 10 副吊扣、10 只合页和 1 个拉手。

存折账户存根盒

胶南支行　徐明顺

图 1-67 所示的是一款 20 世纪 80 年代后期使用过的存折账户存根(卡片式)盒。那个时代没有计算机信息数据库,储蓄存取全靠手工操作,必须留取存根备查。网点为储户开立存折(包括活期存折、零存整取存折等)手工记入存款数额时,要相应开立和记入该存折账户存根,并将存根卡片按种类、开户日期等进行排序,放在这个多格的盒子里。储户正常存款、取款时,每次都要将存根卡片从盒子里取出,存折和存根同额同步记入增减数额后再将卡片放入。储户清户时,将存根卡片从盒子里取出,连同存折一起做销户处理。该存根盒长为 42 厘米,宽为 16.5 厘米,高为 7 厘米,木质结构,被分为 10 个小格。

图 1-67　存折账户存根盒

宣传个贷业务的老牌匾

工会办公室　刘　璇

在李沧二支行仓库里,有两大块尘封多年的木质老牌匾,长5米,高1米,白底红字,一块内容是"中国工商银行,心系万家住房"(图1-68),一块内容是"预支未来财富,享受现代生活"(图1-69)。

《中国工商银行行史(附录卷)》记载,为配合国家城镇住房制度改革,中国工商银行总行于1991年6月成立了住房信贷部。据老职工回忆,1992年,青岛市分行成立了房屋信贷部沧口办事处,开始办理房屋信贷业务。在消费信贷方面,中国工商银行总行于1995年开办小额存单质押贷款,1996年开办个人住房贷款,1998年11月开办汽车消费贷款,后来又陆续推出个人大额耐用消费品贷款、国家助学贷款、综合消费贷款、旅游贷款等品种。青岛作为沿海开放城市、全国14个经济中心城市之一,青岛工行都及时开办了这些贷款业务。

这两块牌匾最初是悬挂在营业大厅专柜上方,宣传、引导客

↑ 图1-68　老牌匾"中国工商银行,心系万家住房"

↑ 图1-69　老牌匾"预支未来财富,享受现代生活"

户前来办理相关业务。后来随着营业网点装修改造的升级换代,这种粗糙的牌匾被替换下来,但它们仍是支行开办新贷款品种的见证。

老物件见证网上银行的兴起与发展

电子银行部　闫　青

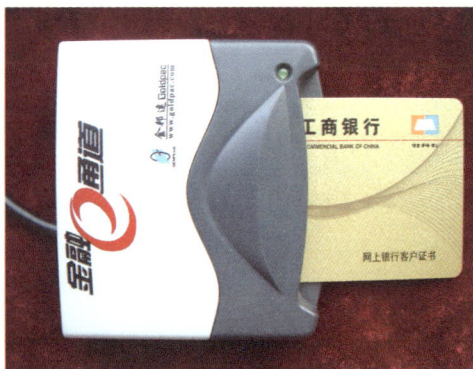

正面

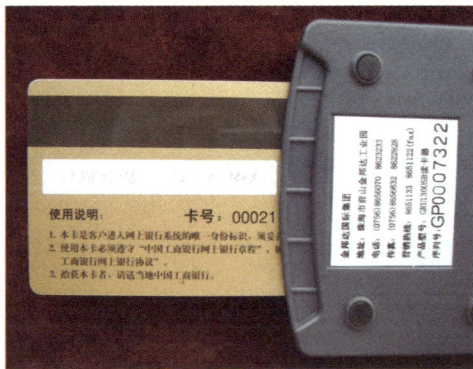

背面

⬆ 图 1-70　第一代网银客户证书

1997 年 12 月,中国工商银行 www.icbc.com.cn 网站建立,标志着工商银行电子银行业务的正式起步。工行的网上银行发端于 1998 年,但当时的企业网上银行由各分行自行开发;之后工总行提出了统一开发对公网上银行的设想。1999 年 6 月,工行历史上第一个基于互联网的对公网上银行 V1.0 版本完成开发及业务测试。同年 12 月 27 日,工行获得了人民银行的正式批复,成为国内首批得到人民银行批准可以开办网上银行业务的银行之一,可谓开国内网银业务历史之先河。

但青岛并未列为第一批开通城市。2000 年 2 月 1 日,总行只通过了北京等 4 城市的试点,且对公网银只具备账户信息查询、转账支付、企业集团理财、客户证书管理等现在看来极其简单的功能。2000 年 5 月,在增加了支持省级集团客户等新功能后,对公网上银行系统陆续在包括青岛工行在内的 31 个城市分行全面开通,至此工行的网上银行业务全面起步。2003 年 11 月,以"金融 @ 家"为品牌的个人网上银行在全行成功投产。后将其确立为工行的核心子品牌。

图 1-70 所示的网上银行客户证书就是当年青岛分行的第一代企业网上银行客户证书。当时青岛分行有一个"银珠科技发展公司",作为青岛分行的内部企业就有了近水楼台先得月的优势,率先开通了青岛分行的第一户企业网上银行。那时的证书读取是通过读卡器来实现企业网银登陆的。由图 1-70 背面可以看出,从左到右的铅笔数字依次为:登录密码、银珠 1 号、青岛分行代码;插入读卡器。

后几经更新升级,与微软合作开发了高度安全智能芯片(USBkey)硬件加密技术的第一代(图 1-71 上、中)、第二代证书(图 1-71 下)。目前工行又率先推出了网上银行及手机银行客户端安全级别最高的音频 U 盾(图 1-72 左),既可以通过 USB 端口与电脑连接,也可以通过音频接口与手机相连,远远走在了同行的前端。同时工行的企业网银也已升级至 NOVA + 1.6.1 版本,新版本企业网银使用功能几乎涵盖了柜面的所有业务功能,基本实现了足不出户,企业即可自助办理银行结算、贷款等业务;同时工行独具特色的集团理财、贵宾室等功能,更可全面满足企业的资金管理要求。

超强的使用功能,使工行的网上银行曾多次获得国际、国内多家评奖机构的诸多大奖,并被公认为"最佳企业、个人网上银行"。截至 2014 年 3 月末,工行的个人客户已达 1.2 亿户,电子银行业务在工商银行全部业务量中的占比超过 60%。可以预计未来,电子银行

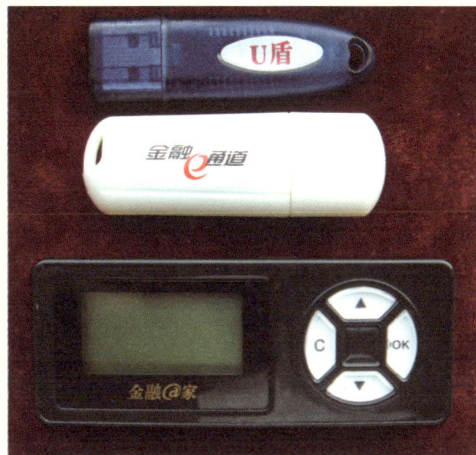

↑ 图 1-71　高度安全智能芯片(USBkey)

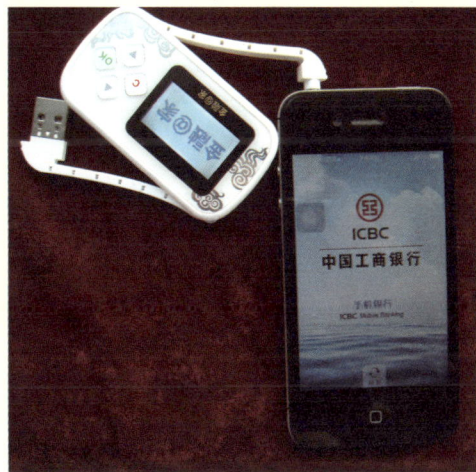

↑ 图 1-72　网上银行及手机银行客户端音频 U 盾

业务替代物理网点的作用日益增强,发展趋势不可小觑。相信通过电子银行业务的发展带动会更加稳固工商银行在全球的领先地位。

早期的牡丹卡压卡机、刷卡机与标识牌

开发区支行　刘宝春

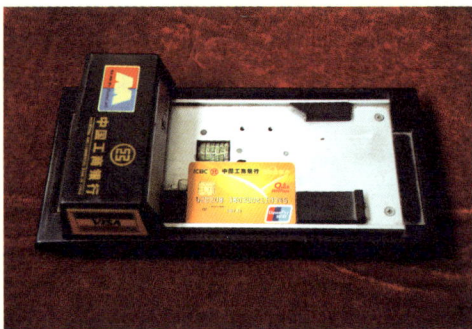

↑ 图 1-73　早期牡丹卡压卡机

↑ 图 1-74　早期牡丹卡刷卡机

图 1-73 所示的是工商银行 20 世纪 80 年代后期开始使用的银行卡压卡机,长为 31 厘米,宽为 14 厘米,高为 8 厘米,江苏昆山市裕山实业公司出品。使用时,柜员将银行卡放进卡槽,将一式四联的单据覆在卡上,一手按住底盘,一手握住凸起部分,用力向右滑动,将卡号、日期、金额等压在单据上,银行再依据这些单据记账。当时国内通讯、互联网落后,银行和特约商户就使用这种不联网的原始压卡机。为防范风险,银行和特约商户都藏有一本银行定期下发的《银行卡黑名单手册》,异地提取现金时银行柜台还要打电话到办卡行查询和授权,费时费力,持卡人消费和提现都十分不便。进入 90 年代,这种压卡机被淘汰,更新为刷卡机。

图 1-74 所示的这款刷卡机由新利电子公司制造,长为 15 厘米,宽为 14 厘米,高为 5 厘米,比起压卡机显得小巧玲珑,配套的密

码按键器长为 15.5 厘米,宽为 7 厘米,与电话线相连接,将卡放进右端槽内刷一下,就能联上电话线使用,比刷卡机方便多了。但由于当时社会大环境的电话通讯技术、线路容量欠佳,刷卡使用时还是不够快捷。进入 21 世纪,随着互联网的发展和工行科技的进步,用卡环境不断改善,更加方便快捷的 POS 机开始出现,这款刷卡机逐渐被淘汰。

图 1-75 所示的是一款受理牡丹卡业务标识牌,高为 16 厘米,宽为 11 厘米,摆放在工行网点或者特约商店柜台上,表示本柜台可以办理牡丹卡业务。从"中国工商银行"的书体看,这是 1984 年工行使用的第一种企业标识,1985 年总行对这个书体进行了修改,但不排除基层行使用老行名制作新标识的情况。

⬆ 图 1-75 早期牡丹卡业务受理标识牌

早期的牡丹卡及年历片

市南支行　魏　屹

包括牡丹卡在内的银行卡系列,因其发展速度快,推出新品多,卡面图案精美,种类繁多,令人眼花缭乱,吸引很多藏友趋之若鹜,使得银行卡系列成为收藏界的一大新宠。经过多年的发展,牡丹卡已经具有信用卡、灵通卡、国际卡、专用卡、智能卡、联名卡、认同卡、彩照卡等众多系列,并且还在不断推出新的系列。下面仅展示其中较早推出的牡丹卡品种。

图 1-76　工行正式发行的"牡丹卡"

图 1-77　工行加入万事达卡国际组织后印制的新卡

图 1-78　工行加入 VISA 卡国际组织后印制的新卡

据《中国工商银行行史（附录卷）》记载，工商银行最早于 1987 年在广州市发行红棉信用卡，此卡是牡丹信用卡的前身产品，具有购物消费、存取现金、信用透支等功能，按等级分为金卡和普通卡。红棉卡因其是牡丹信用卡系列的龙头卡，存世稀少，故众多玩卡的藏友争相追逐，在收藏品市场上价格不菲。

1. 牡丹卡（图 1-76）

1989 年 10 月 15 日，中国工商银行正式开办银行卡业务，将产品定名为"牡丹卡"，取其国色天香、富贵吉祥之意，寓意对人民生活的美好祝福，借牡丹花花中之王，喻牡丹卡卡中之冠。这时工行尚未加入万事达卡、VISA 卡国际组织，卡面上无其标识，工行行徽一左一右。

2. 加入万事达卡、VISA 卡国际组织后印制的新卡（图 1-77，图 1-78）

1990 年 2 月、6 月，中国工商银行相继加入万事达卡、VISA 卡国际组织，印制的新卡卡面上出现了万事达卡、VISA 卡的标识。

3. 牡丹取款卡（图 1-79）

1994 年 5 月，中国工商银行将各省市发行的自动取款卡统一进行版面设计，并将其命名为"牡丹取款卡"。

4. 牡丹灵通卡（图 1-80）

1997 年 6 月，中国工商银行发行在 ATM、POS 机上联机使用，具有存款、取款、转账结算功能的牡丹灵通卡。

5. 工行年历片卡（图 1-81）

中国工商银行总行、各分行的牡丹卡机构每年印制、赠送客户的年历片。年历片各大发卡银行争相制作，有的年历片设计得很精美，自成系列，有时还推出重大事件纪念卡，引发客户的喜爱收藏。图 1-81 所示的是 1991 年、1992 年印制的年历片。

↑ 图 1-79　工行发行牡丹取款卡

↑ 图 1-80　工行发行牡丹灵通卡

↑ 图 1-81　1991 年、1992 年工行年历片

早年的工行取款卡

现金营运中心　王修峰

图 1-82 所示的这张卡是 1997 年的工资卡。虽然这种卡的功能几经升级早已淘汰了，但它是人们从认识卡、接受卡到使用卡这个过程的一个见证。记得银行卡刚刚面市不久，人们一时还不能完全接受它，还习惯于用现金支付结算，认为只有拿到现金那才是实打实的钱，让人放心。而 20 多年后的今天，从各种信用卡、主题卡到现在携带方便、使用灵活的闪酷卡，随着银行卡使用功能的不断完善和丰富，银行卡已成为人们生活中密不可分的伙伴。

信息技术的高速发展，加快了银行电子化的步伐，银行逐步开办了网上银行、电话银行、手机银行业务。现在很多业务都不用到银行柜台排队了，所有一切都掌握在顾客自己的手中，只要有业务随时随地就可以办理。随着手机银行、电话银行、网上银行的普及，使人们的金融生活空间更加广阔。从购买衣服、食品及一日三餐，到缴纳电话费、水电费、保险费等业务，都可以通过电子银行自动办理；在家炒股有"银证通"，汇款可以乘"汇款直通车""全球快汇"，凡涉及日常工作、生活的各项金融服务，足不出户、只需轻敲几下键盘，几秒钟内就能完成。

电子银行业务的迅猛发展，让人们切切实实体会到了它的快捷、灵活、方便，使老百姓深深感受到了电子银行时刻伴随在自己的左右，充实着自己的日常生活，是名副其实的"身边的银行""可信赖的银行"。

↑ 图 1-82　青岛工行发行的自动取款卡

青岛国际银行开业留念纪念章

工会办公室　刘　璇

图1-83所示的这枚纪念章高为2.5厘米。1995年9月26日，中国工商银行与韩国第一银行合资组建青岛国际银行协议签字仪式在北京举行。1996年6月26日，青岛国际银行在青岛正式开业。青岛工行派出部分员工到青岛国际银行工作。2005年初，青岛国际银行停业。

⬆ 图1-83　青岛国际银行开业留念纪念章

押运钱款的匣子枪

退休职工　梁建国

匣子枪(因用木质枪套得名)，也称驳壳枪、盒子炮、二十响。这种德国制造的名牌毛瑟手枪，德国军人却不喜欢用，几乎

⬆ 图1-84　工行保卫人员使用过的
匣子枪木质枪套

图 1-85　1987—1994 年工行保卫人员使用的帽徽、肩章和制服纽扣

图 1-86　工行保卫人员使用过的几种手枪的枪套

全部销往中国,竟然极受中国人青睐,军队、民团甚至土匪都愿意用它,成为中国战争史上极具传奇色彩的枪支。据说全国曾经有几十万支匣子枪。

匣子枪曾是银行守库、押运使用的主要武器,青岛人民银行一直用到 1974 年才换用国产"五四"式手枪,当时许多地区特别是县级行仍在使用匣子枪,图 1-84 所示的是匣子枪的木制枪套。

1980 年初,黄岛、胶州、胶南、即墨等县支行划归青岛管理时,我们市分行又收回了 30 多支匣子枪。这样,库存的各种匣子枪多达 60 余支。1983 年公安局收缴废旧枪支时,我挑出 30 多支较差的上交。1984 年初平度、莱西划归工行时,又收回了几支,到"人民""工商"两行分家后,分行还存有 32 支各式匣子枪。

这些枪虽不算多,却是原装、国内仿制(有 2 支大沽、1 支太原兵工厂仿制)都有,基本上包括了全部枪型,有"头把匣子"(长约 33 厘米)、"二把匣子"(长约 30 厘米)、"三把匣子"(长约 27 厘米)三种单发射击的匣枪(正式名称为毛瑟 M1896 半自动手枪);另有 5 支俗称"大肚匣子""二十响"的毛瑟 M1932 冲锋手枪(自动手枪),配有 10 发、20 发两种活动弹匣。此枪威力最大,可单、连发射击,初速达 480 米 / 秒,远超普通手枪。

这些枪口径都是 7.63 毫米,使用弹底有 SBP7.63 字样的专用黄铜子弹,都是德国原装,质量好,数量少,很不舍得用。后来发现,用随时可补充的国产"五一"式手枪弹(7.62 毫米)也可以打(精度略差),所以每次打靶都用它,结果直到公安收缴时还剩 100 多发崭新的原装弹,全部上缴了。经多次验证,这些枪的性能都不错,上缴时仍恋恋不舍。

匣枪木套可以插在枪把上当枪托用,能显著提高命中率,我用它打 25 米靶,10 发子弹可全部命中,而不用枪托,匣子枪很难掌握,命中 3～4 发就不错了。

当年,我曾留下几发倒出火药的原装匣枪子弹和几种罕见的子弹,但后来也找不到了,这 32 支匣枪也在 1986 年 3 月被公安局收缴,我的收藏只剩下了这种匣枪的木质枪套了。

一面"警民携手擒拿凶犯"锦旗

李沧一支行　李广兵

工行李沧一支行藏有一面锦旗(图 1-88),上书"赠青岛市工行李沧区一支行——警民携手擒拿凶犯",落款为"上海市公安

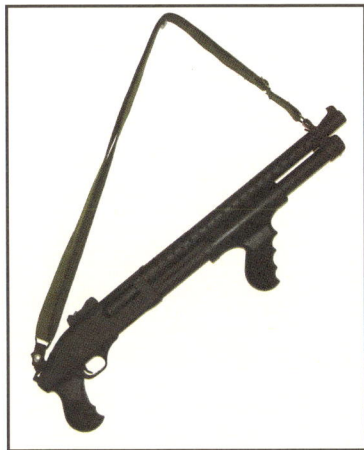

⬆ 图 1-87　2002—2003 年工行
使用的防暴枪

⬆ 图 1-88　"警民携手擒拿凶犯"锦旗

局刑侦经保总队、青岛市公安局刑侦支队,一九九八年七月"。

这件事发生在李沧一支行原北山储蓄所(该所已撤销,其原址位于现枣园路支行李沧交警大队附近)。擒拿凶犯的主要当事人刘涛(现为李沧一支行枣园路支行柜员)回忆起那件事,他微微一笑说:"那是应该做的,工行员工也是社会一员,社会责任义务都是我们应尽的。"

1998年7月的一天上午,刘涛正在接柜办理业务,由于天气炎热,网点客户不是很多。这时进来一名20多岁的年轻人,身穿白色衬衣,急匆匆直奔刘涛柜而来,没等刘涛张口说话,一个存折递了进来,那人说:"快给我查查家里给寄的钱到了没有。"

刘涛打眼一看,来人眼神里带有一丝期待、担忧和紧张。刘涛急忙接过存折打开一看,一个熟悉的名字赫然出现在眼前。这不正是今天早上储蓄科刚刚通知要留意协查通缉犯的名字吗?可真巧了,不管真假先稳住他。刘涛边想边假装操作业务,以最快的速度详查了一下,说钱还没到,请稍等,存折先放这里,过会再给你查一遍,汇款应该很快能到的。

见那人到旁边坐下来等,刘涛悄悄地示意所主任立即给储蓄科打报警电话。这时的刘涛十分担心引起那人警觉而逃跑。冷静,一定要沉着、冷静,于是他装作若无其事,继续为其他客户办理业务,并用能让当时在现场的人都能听到的音量对那人说:"应该快到了,你再稍微一等啊,别急"。

此时,那年轻人坐在排椅上安静地等着,不时瞟一眼刘涛,营业厅内断断续续地有零星的客户进进出出,一切和往常一样,看不出一点异常迹象。与此同时,一条看不见的战线——网点相关人员在争分夺秒、紧张有序地准备着,布下了一张看不见的网。

10分钟后,派出所民警、支行保卫科的负责人来了,先控制住犯罪嫌疑人,疏散网点内的顾客,随后对那人进行了搜身、询问,证实那年轻人正是上海市公安局通缉的杀人犯。原来此人在上海市杀害了一名女青年后逃到青岛。上海市公安局根据掌握的线索正在青岛为缉拿凶犯奋战好几天了,万万没想到让工商银行的员工把凶手逮住立下了大功。上海市公安局对青岛工行的突出表现表示感谢,特意赠送支行一面锦旗。青岛市公安局对李沧一支行及刘涛个人分别进行了表彰和奖励。

银行暗藏"狼牙棒"

胶南支行　徐明顺

狼牙棒本是一种古代兵器。那锤头上密布的尖锐铁钉酷似恶狼獠牙，震慑敌人心理，杀伤效果强大。但谁能想到，在祥和宁静的银行大厅，临柜员工的身边却藏有类似的防敌暗器——狼牙棒。

银行狼牙棒(图 1-89)其实就是一根木棍，分为长短两种，长的类似过去的齐眉哨棍，需双手握持；短的长约 50 厘米，单手握持；均漆成红白两色，前端钉透 8 枚铁钉，剪掉钉帽，形成 4 排 16 个铁尖，即成为"狼牙棒"。

据老职工介绍，1983 年以前，银行除了按规定拥有保卫枪支外，营业场所仅有木棍等原始的防卫工具。20 世纪 50 年代，银行解款员一般都持手枪单独行动。为避免暴露目标，款项少的时候缠在腰间，多的时候用包袱包着，用木棍撅着，装扮成走亲访友状步行解款；60 年代改用自行车解款，也是持枪单人行动；70 年代，开始单人持枪乘坐公共汽车解款，不带其他防身器具。那时社会人心厚道，县城内外治安良好。

银行系统使用狼牙棒，大约是在 1983 年以后，主要用于网点和解款车押运人员。柜员和押运人员交接款项时，在押运人员持枪警戒的同时，

↑ 图 1-89　银行使用的狼牙棒

都要一手提款袋,一手持狼牙棒,防止突发事件。在款项不多、解款车忙不过来、网点急用款项的情况下,偶尔也有不带任何防卫工具、两人用自行车解款的情况;网点防范工具主要有狼牙棒和 1211 灭火器——1211 灭火器具有微毒和短时令人窒息的作用。进入 21 世纪,有的网点还曾经配备过铁质狼牙棒,那冷酷坚硬的外表令人望而生畏。

2002 年以后,随着地方性金融押运公司成立,专职保卫押运人员全部转岗,银行也不再保留枪支。此后,随着银行服务理念提升,银行开始雇佣保安人员。狼牙棒因其不够人性化和易误伤员工、客户而被弃用,改用塑料警棍,由保安人员在营业大厅内持棍巡视。

我使用过的强光电击手电筒

胶南支行　徐明顺

图 1-90 所示的是我使用过的一款强光电击手电筒,长为 45 厘米,直径为 4~6.5 厘米,筒体有电击、强光两个按钮和一个电源开关,装入电池后重约 0.8 千克。

我于 1988 年 8 月调入胶南支行小口子分理处,因为是单身,很快就担负起守(金)库任务。那时的营业场所十分简陋,金库和营业室连在一起,所谓的防盗门就是一个经不起脚踹的铁栅栏,防盗窗是几根稀疏的钢筋,安全设施不容乐观。支行为分理处配备了一支半自动步枪和这只强光电击手电筒。夜间我们高度警惕,一有风吹草动,就拿手电筒隔着门窗四处探照。这把强光电击手电筒伴我度过了无数个平安之夜,保留着我对入行之初那段往事的美好回忆。

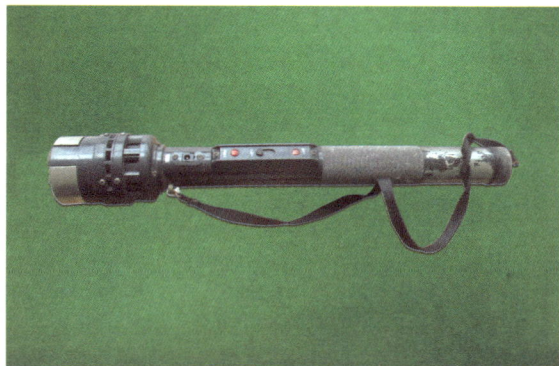

↑ 图 1-90　强光电击手电筒

有年份的德国保险柜

工会办公室　刘　璇

↑ 图 1-91　有年份的德国保险柜

图 1-91 所示的这只老旧保险柜厚为 45 厘米,宽为 50 厘米,高为 90 厘米,锁孔盖上铸有疑似英文"BEST.SAEF",似乎可以译成中文"最好的保险柜"。据老职工回忆,这只保险柜是德国造,年份很久远,是从人民银行继承过来的。现在看其外观,确实与工行常见的那种国产绿皮保险柜不一样,但后背的铁皮已经锈蚀透了。

锈迹斑斑的老式保险柜

胶南支行　徐明顺

图 1-92 所示的是胶南支行 20 世纪 80 年代后期开始使用的青岛牌小型保险柜,高为 78 厘米,宽为 48 厘米,厚为 43 厘米,重约 150 千克,供

↑ 图 1-92　锈迹斑斑的老式保险柜

各网点和办公室财务人员使用,用于放置重要空白凭证、业务公章、私人图章以及零用现金等。2005 年以后,随着分行集中采购的新式电子密码保险柜的"上岗"和分行财务报账的上收,这批老式保险柜渐被淘汰,现在仅存的几个保险柜已变得锈迹斑斑。

20 世纪 70 年代胶南县人行使用的实木橱

胶南支行　刘　囡

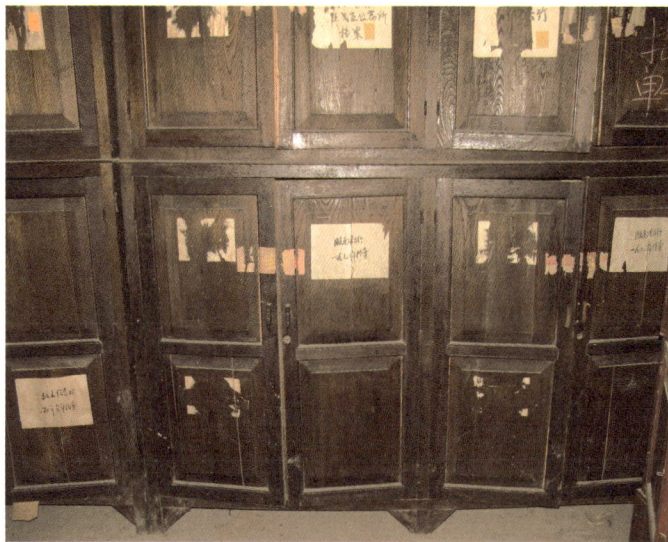

图 1-93 所示的这三组 6 节组合式木橱至少在 20 世纪 70 年代人民银行胶南县支行时期就开始使用了。每节木橱高为 1.2 米,宽为 2 米,厚为 0.5 米,主要用于放置各种凭证和账表。橱门上依然粘贴着当年的档案目录,至今清晰可见"65—70 年薛家庄(营业所)档案""胶南县支行一九七二年档案"等字样。虽然饱经岁月沧桑,但这批木橱依旧非常结实,没有变形,足见当时的用料和做工都是非常考究的,现在依然被装满业务案卷,丝毫没有将要下岗的迹象。

20 世纪 80 年代胶南支行的办公桌椅

胶南支行　徐明顺

　　图 1-94 所示的是胶南支行 20 世纪 80 年代初开始使用的办公桌椅,1984 年胶南县"人民""工商"两行分家时留在了工行。2005 年后随着白色组合式职员桌的推广使用,这批老办公桌椅才"光荣退休"。办公桌长为 115 厘米,宽为 64 厘米,高为 78 厘米;办公椅面长为 42 厘米,宽为 39 厘米,高为 80 厘米,实木制做,无化工制剂的怪味道。

↑ 图 1-94　20 世纪 80 年代胶南支行的办公桌椅

工行用过的记录介质

莱西支行　王兰青

　　笔者手中的资料显示,1981 年"人民""工商"两行还未分家时的年度决算,还是人工手工记账,以纸质保存。图 1-95 所示的是 1981 年的决算表。从决算报表的目录上可以看出,需要做业务状况、损益明细、业务量机构人员明细、暂收(付)款明细、房屋情况登记、车辆机具情况登记、决算说明等 7 类总表,而其中业务状况报告表就多达 8 页。做表的工作量之大可想而知,而其纸质的资料归档保存为整整一卷。

1987 年,本人参加工作时已经是"现代化"了,使用老式的 286 型计算机,如果我没有记错的话,是实行人工与机器两套账。后来工行相继使用国产 386 微机,我记得 20 世纪

90 年代初期,随着中国首台高智能计算机 EST/IS4260 智能工作站诞生,工行开始使用长城 486 计算机。

至于其保存的介质而言,起先记录用的是磁带,其记录设备被称作是录相机。

我的手中保存的两盒记录这一发展历史的录相带(图 1-96),一盒是《关贸总协定及对策》,一盒是 1991 年青岛工行先进党支部和优秀共产党员的事迹的,名为

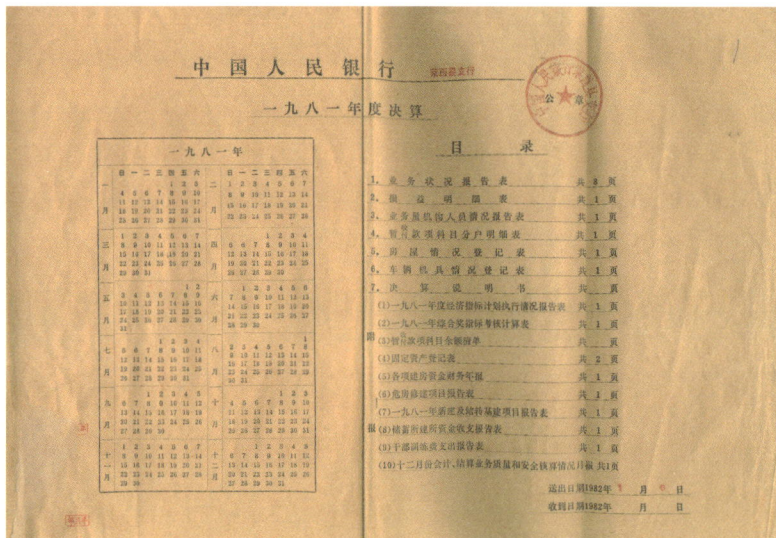

↑ 图 1-95　1981 年决算表

↑ 图 1-96　几种不同的电子记录介质

《风采》，那还是日本松下的产品呢。虽然因保存的环境所限，布满了灰尘，但我想，不少人会对那段历史保留记忆。

后来，记不清从那一年开始，保存的介质由 1.6 吋的大软盘改为 1.44 吋的小软盘时，我觉得先进了许多且进步得也太快了一些。我保存的一片 1.44 吋的软盘，还是在办公室文件处理时用于保存资料的。

"U 盘"的概念刚刚见诸报端时，我记得很清楚，说是一个 U 盘的贮量可顶上十几张、几十张的软盘。那时，我还觉得这是愚人节时的内容，属天方夜谭的事情。

然而，科技的发展完全超乎我的想象。现在，大多的贮存介质为 U 盘，从一开始的 256 K 的，发展到现在的 8 G 的、16 G 的，其容量之大令人瞠目，且 U 盘的体积可以做成 USB 插口大小，具有更高的保密性，便于携带，隐蔽性也很强。有时候也有移动硬盘，虽然为了保密而言，工行很少使用，但其强大的存量让人咋舌。

不仅如此，随着贮存介质的多样性增加，还出现了光盘，从形状上类似很早以前的软盘，有点

"返朴归真"的感觉。这些光盘有 CD，有 DVD；有 DVD-R、也有 DVD-RW；容量有 700 M 的，也有 4.7 G 的；有一次性使用的，也有可进行多次擦写使用的。

刻录机也是较软盘大小，非常方便，对于需要保存的资料，三五分钟就可完成贮存工作，而其可贮存的资料如果打印成纸质的话，也许单位的档案室还不知需要另增设几间呢！

也许，随着时代的发展、科技的进步，在不久的将来会有另外一种更为微小的且容量巨大的介质问世，为工行的发展助力。

光明依旧的银行老台灯

山东路支行　李存义

小时候，我跟大人去青岛老市政府大楼（原德国总督府，市南区沂水路 11 号）玩耍，看见众多办公桌上都摆放着台灯，有个人用的单头台灯和两人对桌用的双头台灯，印象很深。

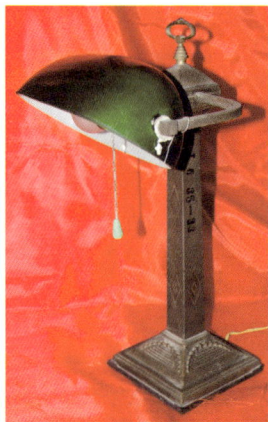

单人银行台灯

双人银行台灯

⬆ 图 1-97　银行老台灯

"大礼堂"恰巧就坐落在现在的工行市北二支行（馆陶路 12 号，那时叫人民银行市北区办）院内。我得空就跑到银行窗外提着脚跟往里面看——那些伏在绿色台灯下，戴着眼镜、套袖，左手拨弄纸条，右手夹着蘸水笔，指尖在算盘上拨动的大人们，环境高雅，举止文明，深深地印在了我的脑海里。这是我小时候最向往将来长大所从事的一项工作了。没想到，后来我还真地考进了工行市北区办，成了"窗"里面的一名正式职员，也用上了那款与我现在收藏的完全一样的台灯。为此，我还曾经望着天花板，像做梦一样静想：儿时的梦，还真地圆了，剩下的只有学习前辈，努力工作了。转眼已经干了 30 多年，我也熬成了银行"老员工"，但工作激情依然不减当年。

图 1-97 所示的这两款老台灯，高为 41 厘米，单头的宽为 25 厘米，双头的宽为 35 厘米，灯身铜质，立杆上粘贴铜皮冲压成的花束和篆书"敦煌"两字，产地不详。入夜开灯，翠绿玻璃灯罩倾泻出温暖的白炽灯光，映照着包浆厚重的纯铜灯杆灯座，让人感受到它已进入耄耋之年。翻阅一些老画报上反映银行场景的新闻照片能瞥见它们的身影；观看反映民国故事的影视片时，只要有办公室出现，就会有充当道具的此类台灯。这些老台灯造型简洁大方，稳重老成，似乎提醒着在灯下忙碌的人们，务必要遵纪守法、稳健行事，才能延续百年而光明依旧。

宣传"您身边的银行,可信赖的银行"小台历

工会办公室　刘　璇

据《中国工商银行行史(附录卷)》记载,1997年6月6日,工商银行存款突破20 000亿元新闻发布会在北京人民大会堂举行。为配合宣传,总行决定在全国广泛开展优质服务周活动,并首次提出了统一的宣传口号"中国工商银行——您身边的银行,中国工商银行——可信赖的银行"。此后,这一宣传口号被规定为全行统一的规范化宣传口号,进入工商银行新的企业识别系统。同时,各地分行制作了各式各样的宣传品用以赠送客户,图1-98所示的这款小台历就是其中之一。

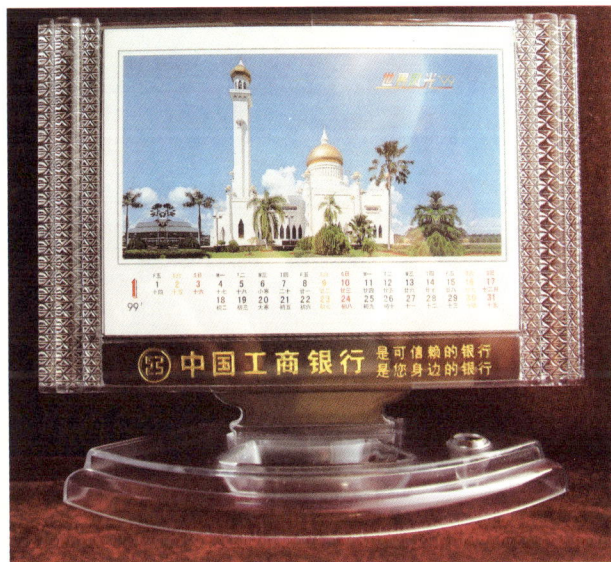

图1-98　宣传"您身边的银行,可信赖的银行"小台历

赠送客户或发给职工的水杯、台历、洗漱品、调料盒

胶南支行　丁廷云

1. 人民银行赠送客户的陶瓷杯

图1-99所示的是人民银行青岛市分行赠送客户的陶瓷杯。该杯银边细瓷,洁白如玉,身盖齐全,储徽醒目,是一款值得收藏的精细瓷器。(史振海藏品)

2. 工商银行发给职工的搪瓷杯

图1-100所示的是工商银行青岛市分行所属印刷厂工会1989年1月发给职工的搪瓷杯。这类水杯很实用,容量大,能装1千克水,用来装午餐也绰绰有余。杯底标明:1988年8月出厂,济南搪瓷厂,立鹤牌。

3. 庆祝青岛工行外汇业务开办10周年笔筒台历

1998年是青岛市分行外汇业务开办10周年纪

↑ 图1-99　人民银行青岛分行赠送客户的储徽图案水杯

↑ 图1-100　工商银行青岛市分行发给职工的搪瓷杯

↑ 图1-101　庆祝青岛工行外汇业务开办10周年笔筒台历

念日,为此,市分行制作了带有"庆祝中国工商银行青岛市分行外汇业务开办十周年""中国工商银行可信赖的银行,您身边的银行"标志的笔筒台历(图1-101)。笔筒为新型塑材制作,设计新颖,美观实用,用于赠送员工和客户。年历片上的照片是当时青岛市分行营业部(山东路25号西门)的外景。

4.赠送客户的宣传品"洗漱用品盒"

图1-102所示的是用于赠送客户的宣传品"洗漱用品盒"。大红盒面上印有烫金口号"发展储蓄,引导消费;促进生产,改善生活",盒内装有镜子、香皂、牙具、梳子、口红。可见是专为女客户准备的,应是20世纪八九十年代的物件。(刘宝春藏品)

5.赠送客户的调料盒

图1-103所示的是用于赠送客户的调料盒。一联四罐,盐、淀粉、味精、花椒等常用调料分盒储存,方便实用,标有"中国工商银行青岛市分行"字样。

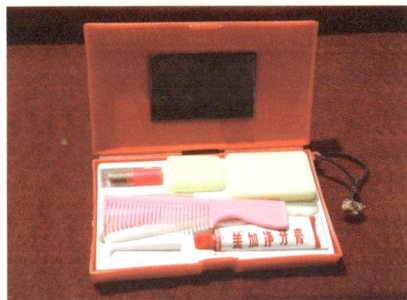

胶南工行十年行庆纪念坤表

胶南支行　徐明顺

1994年,为庆祝工商银行胶南支行成立10周年,胶南支行特意定制了一批纪念坤表,用于答谢社会各界人士和贵宾客户对支行始终如一的

⤴ 图1-102　赠送客户的洗漱用品盒

⤴ 图1-103　赠送客户的调料盒

↑ 图 1-104 胶南工行十年
行庆纪念坤表

关心和支持,让全行员工分享建行 10 年来的丰硕成果和喜悦心情。图 1-104 所示的就是这款纪念坤表。该表直径为 2 厘米,厚为 0.7 厘米,金黄色外壳,机械结构,表盘上方印有行徽,下方印有"胶南工行十年行庆"字样。

专为"大团结"设计的塑料钱夹

工会办公室　刘　璇

图 1-105 所示的这只塑料钱夹是计划经济时期青岛市人民银行赠给储户的宣传品,长为 20 厘米,高为 7.7 厘米,比起当下流行的钱夹小一圈、薄一层,其尺寸是针对当年使用的第三套人民币设计的。

第三套人民币于 1962 年 4 月 15 日开始发行,分为 1 元、2 元、5 元、10 元、1 角、2 角、5 角、1 分、2 分、5 分等面额,至 2000 年 7 月 1 日停止流通,前后使用了 38 年。

第三套人民币最大面额是 10 元,俗称"大团结",其尺寸与现行的第五套人民币 10 元相仿,装入这只塑料钱夹大小正合适,但装不了几张,因为装钞票太厚,钱夹就不容易对折。好在那时一般上班族月薪也就几十元,花销既大,还要响应号召大力储蓄,因此,真正能长时间装进钱夹的钞票没有多少。我试着将当今的百元大钞装进去,却露出钱夹几毫米的一溜边,原来钱夹也彰显着时代特色。

↑ 图 1-105 塑料储蓄钱夹

唐云、谢稚柳"母鸡孵蛋牡丹图"茶叶罐

工会办公室　刘　璇

　　图 1-106 所示的是人民银行山东省分行赠送客户的宣传品，高为 14 厘米，直径为 8 厘米，罐盖印有储徽，罐身印制一幅《母鸡孵蛋牡丹图》。其落款很有趣："母鸡生蛋蛋孵鸡，往复循环更有余。踊跃储蓄助四化，生生不息保无虞。"这幅作品的作者是著名书画家唐云（1910—1993）、谢稚柳（1910—1997），他们曾任中国美术家协会理事，1980 年 1 月 26 日合作于储蓄迎春茶话会上。

↑ 图 1-106　唐云、谢稚柳《母鸡孵蛋牡丹图》茶叶罐

青岛工行的老枕巾

市南二支行　王黎明

　　闲暇收拾衣橱，发现了这对印有"振兴中华、踊跃储蓄"字样的枕巾（图 1-107）。记得 20 世纪 80 年代，青岛市分行开展了形式

↑ 图 1-107　青岛工行的老枕巾

多样的争揽储蓄存款活动,同时有多种多样的赠品、奖品都印有储蓄宣传口号。这对提花枕巾就是当时实用美观的宣传品。

弹簧秤上的"生活奔小康,存款到工行"

开发区支行　刘宝春

"奔小康"的口号是20世纪80年代初提出来的,工行是1984年成立的,因此,图1-108所示的这种带包装的弹簧秤大约是20世纪80年代后半期或是90年代赠送客户的宣传品。

还有一只弹簧秤是1994年10月工商银行青岛市四方区办事处给客户的赠品,背面印有"中国工商银行建行十周年纪念 1984—1994 青岛工行四方区办"。

弹簧秤在当时还是个新鲜物件,它颠覆了传统秤具必有秤杆、秤砣的形象,一个小格50克,最大秤重5千克,准确方便实用,大妈们上街买菜揣在怀里,可以随时掏出来揭穿不良商贩的缺斤短两。我的两只弹簧秤挂在厨房里一直用到现在,还好好的。

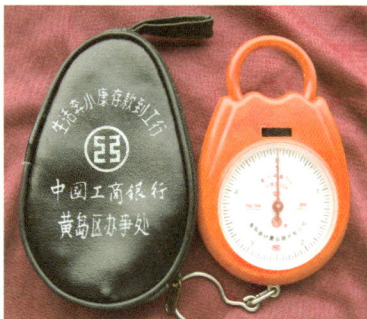

↑ 图 1-108　银行赠品弹簧秤

赠送客户的饼干盒、酒启、钢笔、签字笔

工会办公室　刘　璇

图 1-109 所示的是 20 世纪 80 年代人民银行青岛市分行赠送客户的储蓄宣传品饼干盒。饼干盒直径为 22 厘米，高为 6 厘米，马口铁制；正面月季花图案，大书"储蓄"二字；周边印有"踊跃储蓄，支援四化"字样。饼干盒红底、金边、鲜花，喜庆红火，在当时是一件不错的宣传品。

图 1-110 所示的是 20 世纪八九十年代，青岛工行赠送客户纪念品"三用酒启"，长为 8.5 厘米，一面印有隶书"踊跃储蓄"字样和储徽，一面印有小篆"振兴中华"和"青岛工商银行"字样。

图 1-111 所示的是 20 世纪八九十年代，青岛工行赠送客户纪念品五用"多能开启器"，长为 14 厘米，铸有"中国工商银行"字样和储徽。

↑ 图 1-109　赠送客户的储蓄宣传品饼干盒

↑ 图 1-110　赠送客户的纪念品"三用酒启"

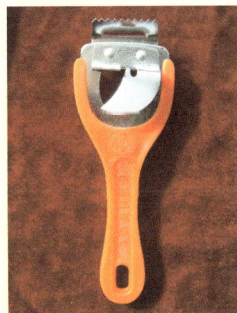

↑ 图 1-111　赠送客户的纪念品"多能开启器"

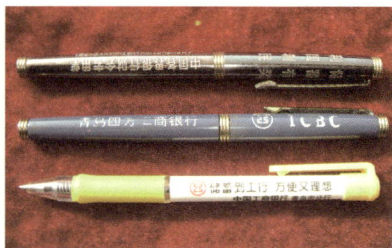

图 1-112　赠送客户的钢笔、签字笔

图 1-112 所示的是 20 世纪八九十年代，青岛工行赠送客户的钢笔、签字笔。上边那支是钢笔，铸有"储蓄有奖，利国利民"字样。1988 年 9 月，工总行下发《关于开办活期有奖储蓄的几点意见》（88 工银储字第 13 号），在全辖范围内按照奖额低、中奖面适度的原则，以奖代息，开办了 10 元起存、随时可取、头奖不超过 5 000 元、中奖面在 40%、开奖期 3 个月的活期有奖储蓄。同年，国务院确定拿出 100 万台彩电同储蓄业务挂钩，以促进货币回笼。

弥勒佛财神爷造型的储钱罐

工会办公室　雷　岩

图 1-113　弥勒佛储钱罐正背面

20 世纪 90 年代，工商银行定制了两款陶瓷储钱罐，用作赠送客户的宣传品，背后印有"中国工商银行储蓄部赠""景德镇雕塑瓷厂"字样和工行行徽。

图 1-113 所示的是弥勒佛储钱罐，宽为 14 厘米，高为 11 厘米，厚为 14 厘米。弥勒佛心宽体胖，笑容可掬，

一副与世无争的样子,让人联想起"大肚能容,容天下难容之事;开口便笑,笑世间可笑之人"这一极富哲理的对联。据说,这是当代一位陶瓷艺术名家创作的精品,问世后风靡全国。

图 1-114 所示的是财神爷储蓄罐,高、宽各为 14 厘米,基本是个圆形,雍容富态,吉祥喜庆,让人想起"一团和气、和气生财"的成语,极受储户喜爱。

↑ 图 1-114　财神爷储蓄罐正背面

老银行的储蓄罐

工会办公室　刘　璇

图 1-115 所示的这个铁质储蓄罐的造型是一个不倒翁,高为 13 厘米,整体纹饰是一位银发彩衣的洋皇帝,投币口开在皇冠顶部,扑满下部印有"HYPO BANK"字样和皇冠状的行徽。它是德国裕宝银行的宣传品。裕宝银行是德国老牌银行,1835 年成立,"二战"前曾在中国一些城市设立分行,"二战"后由中国政府接收清理。裕宝银行的前身是德国巴伐利亚抵押汇

↑ 图 1-115　裕宝银行储蓄罐

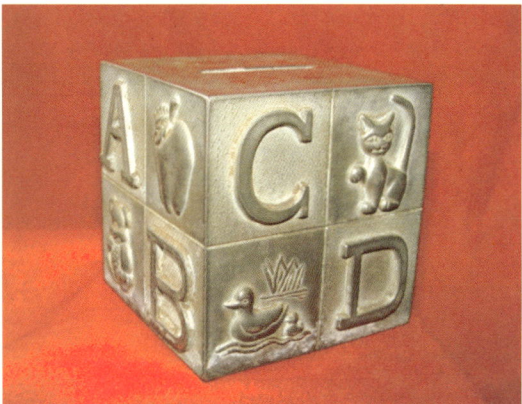

↑ 图 1-116　永亨银行储蓄罐

↑ 图 1-117　金城银行储蓄罐

兑银行,1998 年与德国裕宝银行合并,改称裕宝联合银行;2000 年成为德国第二大银行,总部设在慕尼黑,总资产 6 500 亿欧元,员工 65 000 人,在全球开设分行 2 000 家。2000 年裕宝银行在北京、上海设立代表处。2005 年裕宝银行由意大利联合信贷银行并购。

图 1-116 所示的是永亨银行储蓄罐。长、宽、高各为 7.5 厘米,白铜质地,四个立面上凸铸着 8 个大写英文字母和 8 种动植物,每个字母就是一种动植物英文单词的第一个字母,如 Cat 猫、Duck 鸭等。此罐是永亨银行几十年前赠送客户的宣传品。永亨银行 1937 年创立于广州,1993 年上市,在香港、澳门拥有 50 多家分行及代表处,2004 年成功收购浙江第一银行。(姜海藏品)

图 1-117 所示的是金城银行储蓄罐。它宽为 8 厘米,高为 5 厘米,厚为 5 厘米,呈马蹄形状,形似西汉时期的马蹄金(一种金币)。此罐是早年金城银行赠送客户的宣传品。金城银行是民国年间重要的民族资本商业银行,1917 年在天津成立,1936 年迁往上海,1931 年在青岛(河南路 17 号)设立分行。(姜海藏品)

有趣的报警储钱箱

工会办公室　刘　璇

　　图 1-118 所示的这只储钱箱的商品铭牌注明：日本东京制造，ALL STEEL ALARM（译成中文：全钢报警）。箱体长为 36 厘米，宽为 25 厘米，高为 15 厘米，箱顶开设一投币扁孔。这个扁孔较宽，能投进大个的银元。箱子的原色是绿色，因为生锈，后来被涂成现在这样的棕色。箱子估计至少已有七八十年历史。有趣的是，箱子里设有像闹钟一样的报警装置，事先上足发条，关闭箱盖；不明就里者打开箱盖，就会铃声大作，适合银行、商家、家庭使用。人民银行时期和工行早期，这类储钱箱有很多，被员工用来盛账表、印章和杂物，这一只就是一位同事送我的。

↑ 图 1-118　有趣的报警储钱箱

别有用途的"木头钱"

工会办公室　刘　璇

⬆ 图 1-119　光绪元宝当时招牌"木钱"

⬆ 图 1-120　咸丰通宝装饰物件"木钱"

　　"当"字招牌"木头钱"。旧时的当铺总要在门前挂上一块大大的"当"字招牌,"当"字下边要挂上一个大大的木头钱,钱文则与时俱进——光绪皇帝坐天下就刻上"光緒元寶",宣统皇帝坐天下就刻上"宣統元寶",木头钱下边再缀上大红绸带。"当"字招牌随风晃动,昭告市井:咱可是一家非银行的金融机构。图1-119所示的这个木头钱直径为25厘米,厚为5厘米,上缘、下缘各钉着一个铁环,沉甸甸的。

　　装饰物件"木头钱"。图1-120所示的这个物件宽为40厘米,高为20厘米,厚为5厘米,木质,中间古铜钱形状,刻有"咸丰通宝"四个繁体字。卖者说不出是干吗用的,众人议论,似是商铺、住宅上的装饰物件。

第二章

往事寄情——银行老纸品

数十年间，那一幅幅储蓄宣传画，那一本本五颜六色的存折，那一张张存单、贴花和传票，那一份份记录着汗水与荣耀的获奖证书，那些报道银行人工作、学习与生活的报刊，那些用以仿照练字、练数码的字帖，甚至那些方寸大小纸质的、塑料的职工食堂饭票，无不彰显着不同时代银行的风貌，讲述着不同内容的银行往事……

青岛 80 年前的《农民储蓄会须知》

工会办公室　刘　璇

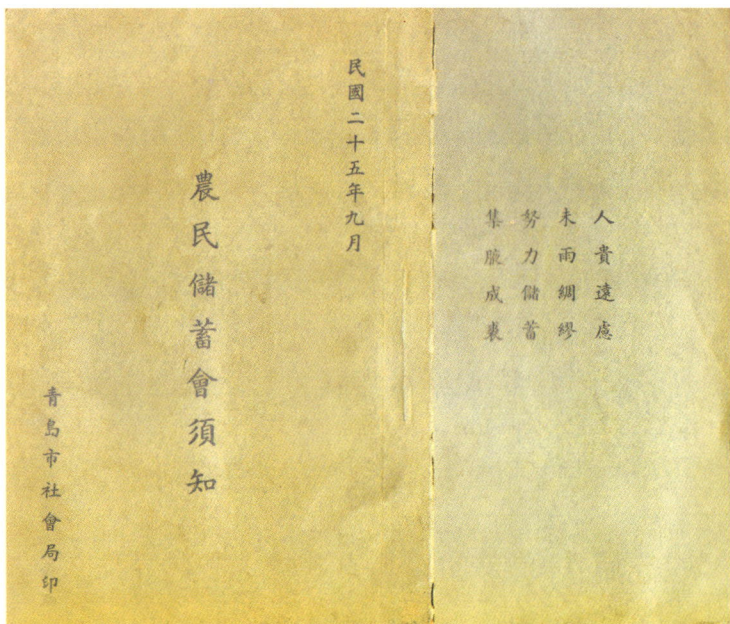

民国二十五年九月

農民儲蓄會須知

青島市社會局印

人貴遠慮
未雨綢繆
努力儲蓄
集腋成裘

⬆ 图 2-1　青岛 80 年前的《农民储蓄会须知》封面、封底

图 2-1 所示的是一册 1936 年由青岛市社会局印制的《农民储蓄会须知》。它介绍了农民参加储蓄的好处、方法、章程、账务和放款规则；封底印有宣传口号："人贵远虑，未雨绸缪，努力储蓄，集腋成裘。"

章程规定，农民每家每次最少储蓄 1 毛钱法币。1936 年的 1 毛钱法币，在青岛市面上能买到一等面粉 1.4 市斤或细棉布 1.6 市尺。如果一个村有 50 户人家，每家每月储蓄 1 毛钱，不觉得困难，但一年下来全村就能聚集 60 元，而当时买一头耕牛只需要 50 元。一个小村每年能添一头耕牛，那对农业生产可就帮了大忙。

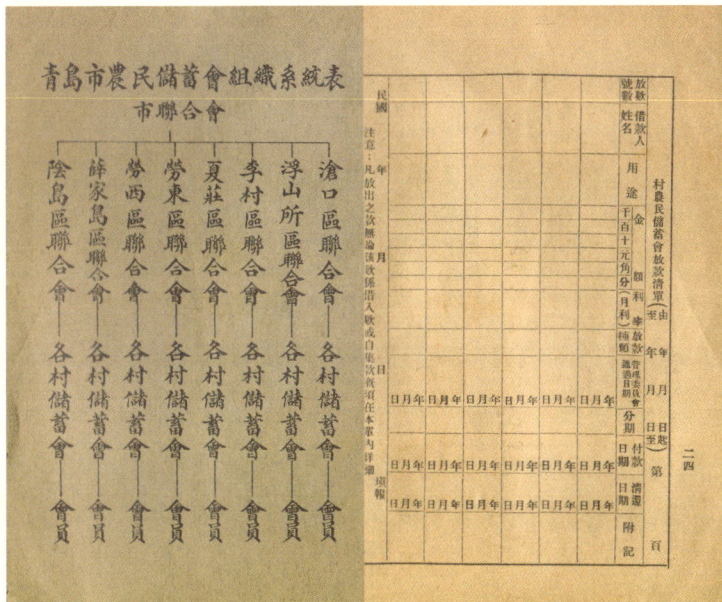

↑ 图 2-2 青岛八十年前的《农民储蓄会须知》内页、封三

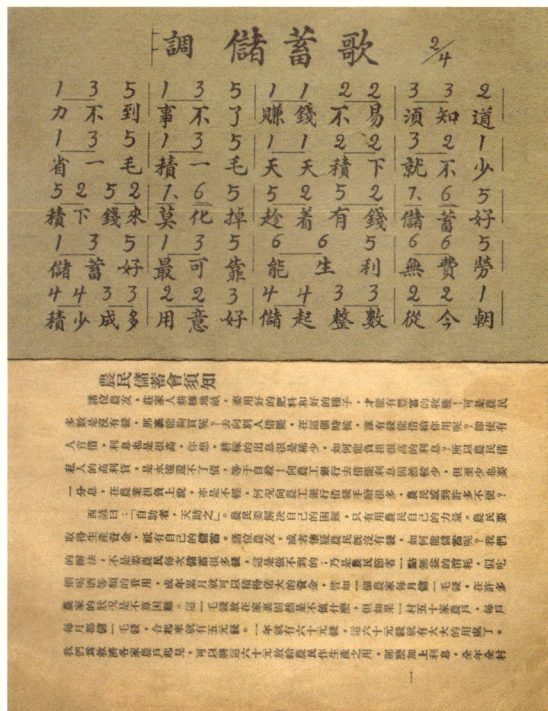

↑ 图 2-3 青岛 80 年前的《农民储蓄会须知》和《储蓄歌》

封二印有一首《储蓄歌》（图 2-3），歌词全文是：

力不到，事不了，赚钱不易须知道。省一毛，积一毛，天天积下就不少。积下钱来莫化掉，趁着有钱储蓄好。储蓄好，最可靠，能生利，无费劳，积少成多用意好，储起整数从今朝。

《盐务税警执证》记录新中国成立前夕物价疯涨

工会办公室　刘　璇

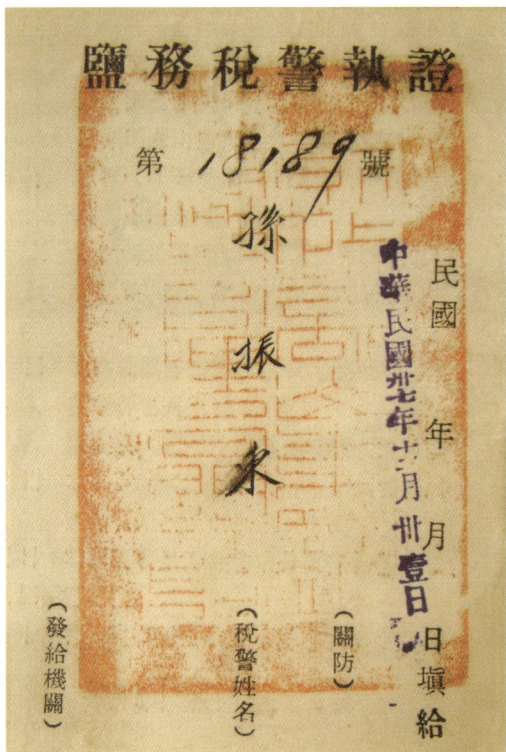

图 2-4 《盐务税警执证》记录新中国
成立前夕物价疯涨

图 2-4 所示的是一件民国时期的《盐务税警执证》。证件的主人叫孙振东，胶县人，文化程度初中二年；1926 年出生，1948 年 12 月 1 日当上了青岛市盐务税警。证件中印有"薪饷、请假、委调升降加饷、功过赏罚、缉私成绩"等栏目，但只有"薪饷"栏目写有不少领薪内容，其他栏目皆为空白。从"薪饷"栏目的领薪记录中，我们看到了 1948 年底至 1949 年 5 月份，短短半年时间青岛市物价疯涨，国民党政府推行的金圆券体系彻底崩溃。

1949 年 3 月份，青岛市民已经对金圆券失去信任，市面交易多用银元结算，但公务人员的薪金却仍用金圆券发放。因为物价涨得太快，当时发薪的周期不得不由原先的一月一发缩短为半月一发、一旬一发直至一周二发。有时当月薪金拖至一二个月之后才发。根据领薪栏目记载的孙某某领薪日期和金额，对照《青岛金融史料》记载的当月面粉的全月平均批发价格（当时一袋面粉为 44 市斤），我们可以看到当时通货膨胀的惊人速度。

孙振东1948年12月份领了3次薪金共724元，能买到120斤面粉；1949年2月份领了4次薪金共6 000元，能买到85斤面粉；1949年4月份领了8次薪金共968 500元，能买到58斤面粉；1949年5月16日，孙振东又领到"4月份薪级尾数"3 987 200元，但这笔"巨款"只能买到17斤面粉。

盐务税警当时在社会上也算个好差事，他们的薪金状况尚且如此，广大市民更是度日如年了。1949年6月2日青岛宣布解放，解放区的北海银行进驻市区，承担起稳定金融、平抑物价的重任，终结了青岛市面通货超级膨胀的噩梦。

周恩来总理批评有奖储蓄

工会办公室　刘　璇

书橱里有一本《中国人民储蓄事业》，中国财政经济出版社1979年8月出版，32开80页，中国人民银行工商信贷局主编，封面如图2-5所示。内

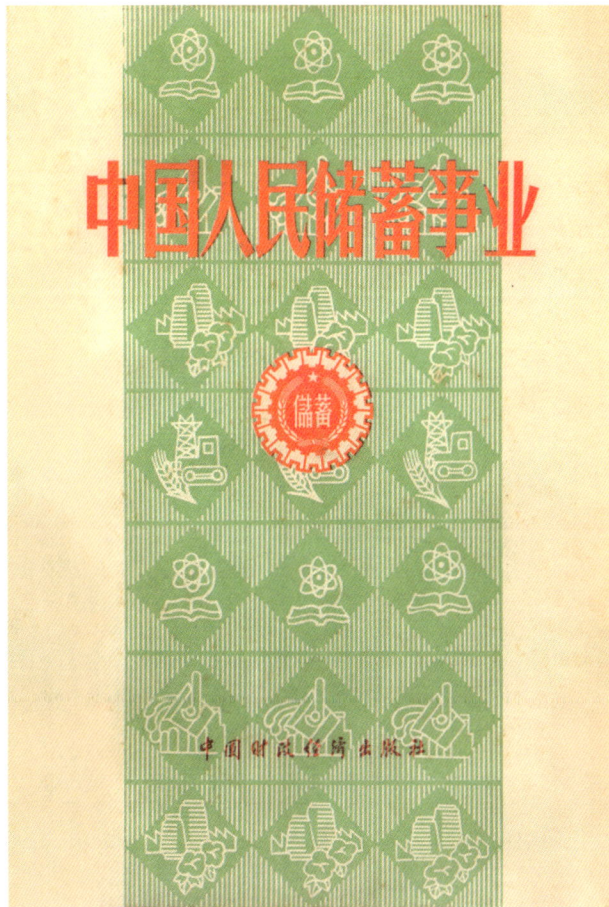

图 2-5 《中国人民储蓄事业》一书封面

容分为前言、储蓄的性质、储蓄的作用、储蓄的政策原则、怎样看待社会主义的储蓄利息、人民储蓄事业的发展、坚持三大观点办好储蓄事业、结束语等章节。这是一本宣传储蓄的通俗读物，是银行员工的入门教材。

1979年8月，距离"文革"结束不满三年，官方话语里仍然充斥着"阶级斗争"，这本小册子当然也不能幸免。但是，如果剔除那些吓人的大批判话语，仅就一些史料而言，现在读之，仍然是开卷有益。周总理批评有奖储蓄就是一件鲜为人知的史实。

该书第五章"人民储蓄事业的发展"第（三）部分第2节，标题就是"根据周总理的指示，停办了有奖储蓄"，大意是：

1950年起，中国人民银行一度举办了有奖储蓄，办理以后，广大群众有所抵制，不少群众提出：有奖储蓄是资本主义的经营方式，宣传有奖储蓄是散布不劳而获的思想，助长了人们侥幸心理。1958年12月，周总理指示：银行办理有奖储蓄，助长人们的侥幸心理，应当停办。1960年，中国人民银行报告：活期有奖和零存整取有奖储蓄可以省掉活期计息的繁重事务，奖额小，得奖面宽，助长侥幸心理的作用不大，希望继续办理。周总理对此作了书面批示，指出总要想出一个办法，如以简单计算机来解决这个计息的麻烦问题，决不能以技术原因动摇政治原则；并且提出，做银行工作的人总是从技术方面想得多，从政治方面想得少。总行据以检查了工作，并立即停办了有奖储蓄。

那个年代，从中央高层到地方各行各业都得提倡"政治挂帅""突出无产阶级政治"，具体到储蓄管理工作也不例外。

银行再次开办有奖储蓄，就到了1981年。这一停就是20多年。根据（81）鲁银储字第5号《关于试办定期定额有奖储蓄的通知》，山东省各地人民银行自1981年4月起，开始试办定期定额有奖储蓄。

新中国成立初期编印的《储蓄讲话》

工会办公室 刘 璇

《储蓄讲话》64 开大小，全书 16 页、12 篇课文、517 字，是中国人民银行山东省分行编赠群众、动员储蓄的小册子，封面如图 2-6 所示。无印制时间，但从内容上推测，当为 1950—1953 期间印发。封二印有毛泽东主席标准像。这本小册子具有一定的特点。

一是通俗易懂，贴近群众。形象介绍储蓄品种、利息，储蓄得益，如第九课：一月存上 2 万元（1 万元旧人民币折合新人民币 1 元），一年本利就有 27 万元，两家合伙买一部步犁还能剩钱。存款百万定期一年，净得利息 18 万元，本利合起来买大牛，种田省力多增产。

二是印有琅琅上口的《爱国储蓄歌》。歌词如下。

第一段：

人民银行为人民，学办储蓄办法新，定期定额和活期，利息优厚实有益，存款取款手续简便，积少成多幸福加

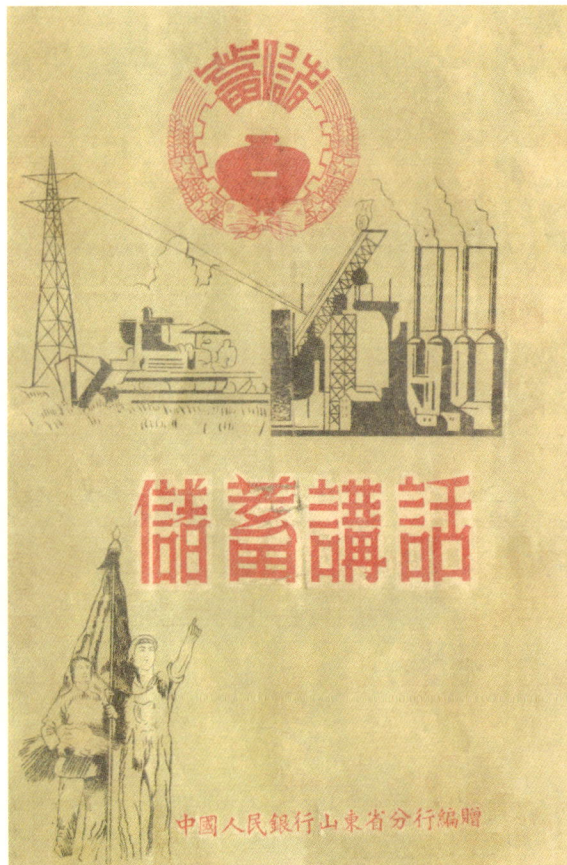

↑ 图 2-6 新中国成立初期编印的《储蓄讲话》
一书封面

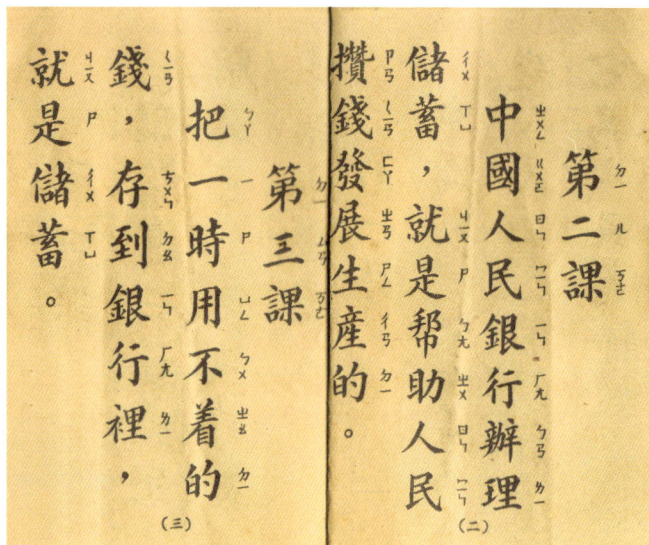

⬆ 图 2-7　新中国成立初期编印的《储蓄讲话》一书内页

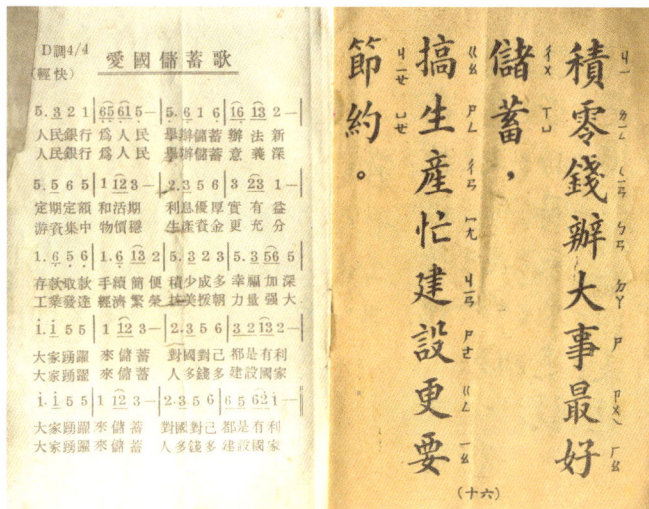

⬆ 图 2-8　新中国成立初期编印的《储蓄讲话·爱国储蓄歌》

深，大家踊跃来储蓄，对国对己都是有利。

第二段：

人民银行为人民，学办储蓄意义深，游资集中物价稳，生产资金更充分，工业发达经济繁荣，抗美援朝力量强大，大家踊跃来储蓄，人多钱多建设国家。

三是透露出当时的金融状况。一年定期存款利率高达 18%，可见国民经济面临着通货膨胀、物价飞涨的严重困难。储蓄品种只有三个：定期储蓄、定额储蓄、活期储蓄。

四是帮助我们认知封面上印制的第一枚储蓄徽志。该储徽是人民银行成立初期（1948 年 12 月 1 日）开始使用的；其图案——外圈的麦穗围绕着内圈的齿轮，小篆书体"储蓄"二字自右向左书写（第二枚储徽中的黑体字"储蓄"自左向右书写），中间画着一只扑满（存钱罐），下端有五颗五角星。该储徽与我们常见熟知的第二枚储徽不一样。1955 年 9 月 25 日，人民银行颁行第二枚储徽，第一枚老储徽停用，时间久了，被人们遗忘了。

《城市储蓄》记忆

开发区支行　耿来意

老"储蓄"们对一种名叫《城市储蓄》的刊物应该不会陌生,它是储蓄工作的一份理论和工作指导性读物,过去从事储蓄工作的人比较容易见到。这个刊物是月刊,是中国工商银行总行储蓄部主办的,我收藏的一本是 1994 年第 5 期(图 2-9),出版日期是 5 月 15 日,总第 298 期。如果从创办之初就是月刊,推算下来,创刊的日子该是 20 世纪 70 年代初,也算年代久远了。

我对《城市储蓄》这份刊物一直怀有一份朴素的感情。我参加工作后,吃的都是"储蓄饭",跟存款打交道,跟储户打交道。我踏入社会的第一课,课堂就是储蓄战线。我脑子里的情与景、人和事,多与储蓄有牵连。还有一点,我喜欢思考一些东西,也喜欢在业余时间将自己的思考写成文字,《城市储蓄》杂志是我学习的园地,

⬆ 图 2-9　中国工商银行储蓄部主办的《城市储蓄》

也曾是我发表习作的一个园地。如我手头的这一期，就在"工作探讨"栏目里发表了我写的文章《对进一步强化大型储蓄所中坚地位的思考》。

我那时 20 多岁，在一个比较大的储蓄所里工作。那时的储蓄工作比较单纯，主要的工作和任务就是存款，银行之间经常搞"储蓄大战"，采取的方法主要有多设网点、开展代办、有奖储蓄之类。那时候有个说法叫"银行多于米铺"，一个县级支行的储蓄网点有十几个，代办点更是遍地开花，这种依靠拉长战线、人海战术的发展方式带有明显的粗放式特点，并不可能有长久的持续性。我的那篇"思考"就是在这样的背景下产生的，虽然有些不合时宜，但事后来看还真不是一种"胡思乱想"，因为几年之后，几乎所有的银行金融机构都开始了网点的裁撤，对代办点也进行了清理，那些在储蓄大战中产生的"偏远小所"都一步一步消失在人们的视线里。我的思考只是顺应了时代的发展，后来的趋势也不可能是因为我的那些思考所致，但毕竟它们是

合拍了。有时想起自己 20 来岁时的那篇"思考"，不免会滋生一丝窃喜：我还是很有前瞻性的嘛。

后来，我在《城市储蓄》还发表了几篇文章，因为没有找到样刊，我曾写信到编辑部，希望能给我寄一份来。令我没有想到的是，我竟收到了厚厚的合订本。是一个叫李雅璋的编辑寄来的，还附了一封信，写了一些鼓励之类的话，还记得那字写得很漂亮。那信那刊物我曾一直珍藏着，2000 年一场大雨过后，我家的小草房进了大水，所有的东西都泡了汤，也包括那些我珍藏的东西，这让我痛惜不已。

《城市储蓄》我有很多年没有见到了，我想极大可能是停刊了。因为现今的银行业得到了空前的发展，储蓄的名头小了，它成了个人金融业务的一个组成部分，《城市储蓄》也就相应地完成了它的历史使命。"在历史中产生的，也将在历史中消失"，但记忆的生命力会更顽强。《城市储蓄》消失了，可关于它的记忆却可以生动地翻翻而来。

1954年发行的国家经济建设公债

山东路支行　李存义

　　1954年1月1日,人民银行开始代理发行"国家经济建设公债",期限8年,年息4厘,从当年10月1日起记息,分8次以抽签还本付息的形式结算,总额为6万亿元(旧币,1万元折合现行人民币1元)人民币。岛城民众爱国热情极高,共认购了1 208亿元,超额51%完成计划,为实现国家的社会主义工业化和社会主义改造作出了积极贡献。

　　此次公债共分1万、2万、5万、10万、50万元等5种面额,我收藏到其中的3种。图2-10所示的公债中,1万元的图案是"谷物联合收割机",其洋名叫"康拜因",20世纪50年代我国还不能生产,从苏联引进了第一批"康拜因";2万元的图案是"汽车运输",

↑ 图2-10　1954年发行的国家经济建设公债

这种汽车是苏联产的"吉斯150"，1956年7月13日，中国产的第一辆解放牌汽车就是仿制"吉斯150"；5万元的图案是"炼钢厂"；这些图案浓缩了当时全国大搞工农业基础建设的火热场景。这是全国解放后第二次发行公债，第一次是在1950年。

青岛工行网点代理发售的 1990 年亚运会彩票

办公室　江世波

近日，中国杭州成功申办 2022 年亚运会，这将是中国的城市第三次承办亚运会。听到这个消息后我有些激动，因为 1989 年我在工行网点参与过"第 11 届亚运会基金奖券"的终端销售工作，所以 1990 年北京举行的第十一届亚运会有工行人的贡献，也有我的辛劳。

彩票也称奖券，是一种熟悉的抽签给奖方式大众筹款渠道，并非是赌博。《辞海》（1999 年版）对彩票（英文：haobc）的解释为："彩票俗称'白鸽票'。以抽签给奖方式进行筹款或敛财所发行的凭证。"《现代汉语词典》则是这样对彩票和奖券分别解释的："彩票，奖券的通称。""奖券，一种证券，上面编有号码，按票面价格出售。开奖后，持有中奖号码奖券的，可按规定领奖。"《彩票管理条例》的定义：是指国家为筹集社会公益资金，促进社会公益事业发展而特许发行、依法销售，自然人自愿购买，并按照特定规则获得中奖机会的凭证。

新中国彩票与工商银行有着千丝万缕的关联，"第十一届亚运会基金奖券""中国社会福利有奖募捐券""中央电视台春节文艺晚会奖券"等等都通过工商银行的网点平台销售过。

新中国彩票的渊源，可以追溯到 1950 年人民银行开办的有奖储蓄。新中国成立后，百废待兴，根据 1949 年 6 月对上海 204 家银行、钱庄的统计数据,存款总额只有抗战前行庄的 1/150,"吸收存款"成为新中国银行的中心货币管理工作之一。为此,中国人民银行 1950 年 2 月 25 日成立了新中国第一个储蓄所——北京杨梅竹斜街储蓄所。1950 年 5 月 1 日人民银行开办了有奖定期折实储蓄,有奖储蓄存单成了新中国成立后最早的彩票形式。1981 年,中国农业银行及中国人民银行分别推出了面额为 5 元、10 元的《定期有奖储蓄存单》,为我国彩票事业的发展鸣响了前奏。

新中国的体育彩票是沐浴着改革春风诞生的。1984 年,福建在福州市兴建体育中心,因基建资金缺口甚大,首次求助于彩票。经福建省政府批准,由省总工会、省妇联、团省委、省青联、省学联和省体育分会等单位共同发起,于同年 11 月 1 日在全省范围内正式发行了《福建省体育中心建设纪念奖券》,这是一个体育与建设复合体的奖券。

经国务院批准国家体委(现国家体育总局)的亚组委牵头,以亚运会基金会的名义在 1988 年推出了《第十一届亚运会基金奖券》,为国际大型体育运动会资金缺口筹款。1989 年 8 月 8 日,由第十一届亚运会基金会主办的《第十一届亚运会基金奖券》在北京举行了首发式,这是中国首次为国际大型体育运动会筹款而发行的体育彩票,也是第一次在全国范围内发行的体育彩票。工商银行的储蓄网点几乎都参与了亚运会基金奖券的销售,销售和认购场面空前火爆。此后,彩票就和普通民众结下了不解之缘,星移斗转,时至今日各种彩票可谓名目繁多。

《第十一届亚运会基金奖券》是目前中国最大套的体育彩票。奖券为竖长方形复合卡纸,券幅为 13.9 厘米 × 5.1 厘米,如文雅的书签式样,既有观赏价值,也有实用价值。精美别致的图案包括各国发行的亚运会邮票,中国古代体育项目,亚运史资料,以及运动项目吉祥物等与体育相关的元素。奖券正面印有亚运会吉祥物熊猫"盼盼"的图像,背面印"支持亚运 振兴中华"八个大字,彰显了亚运会基金奖券发售的意义。此奖券面值 1 元,借鉴了人民银行《储蓄管理条例》"一元起存"的原则,适合当时人民的生活水平和消费意识,也为通过银行终端的储蓄网点销售作了很好的铺垫。

第十一届亚运会基金奖券的特点:一是发行时间长,从 1989 年 8 月 8 日在北京首发至 1990 年

（1-6）

（7-12）

背面

图 2-11　青岛工行网点代理发售的 1990 年亚运会彩票——《中国古代体育项目图案基金奖券》

12月底结束,是目前我国发行时间最长的一套奖券;二是发行区域广,除我国台湾省外,绝大多数省市都发售了该奖券;三是发行数量最多,有40 320万张,有北京、广东、成都、深圳等42组版别;四是中奖次数多,采用即开式和摇号式结合的开奖方式,具有一定的趣味性和悬念效果,第一次开奖为即买、即开、即兑,二次开奖为四位数字,开奖当日各媒体将公布摇出的数字,如相符将获得奖金;五是奖券发售收入免税。1990年北京亚运会基金奖券约销售4亿元,有力地支持了北京亚运会的举办。

品味《中国银行外汇兑换券收藏纪念》

工会办公室 刘 璇

外汇兑换券,简称外汇券,是我国改革开放初期,由中国银行发行的一种替代外币在中国境内流通与人民币等值的人民币凭证。国内居民得到从国外汇入的外汇,必须在中国银行兑换成外汇券,再持外汇券到指定商店购买一些紧俏的进口或国产商品。外汇券从1980年4月1日开始发行,到1994年1月1日停止发行。外汇券由于反映了一段特殊历史和设计印制的图案十分精美等原因,停止流通后逐渐成为藏界新宠。

从1979年至1994年间,中国银行分别发行了壹角至壹百元面额不等的外汇券共计9枚,其中1979年的外汇券有7枚,其图案分别是:

壹角的图案为贵州黄果树瀑布,五角的图案为北京天坛公园,壹元的图案为杭州西湖,五元的图案为黄山风景,拾元的图案为长江三峡,五十元的图案为桂林象鼻山,壹百元的图案为长城(图2-12)。

1988年发行的外汇券共2枚,分别为五十元和壹百元,图案均为万里长城。

图 2-12　1979 版 100 元外汇券

1995 年 1 月 1 日起，外汇券停止在市面上流通，由中国银行回收。1997 年 9 月，中国银行总行将流通过的 9 种式样的外汇券汇集成《中国银行外汇兑换券收藏纪念》（图 2-13）。

图 2-13　《中国银行外汇兑换券收藏纪念》封面

珍藏 50 年《奖给优秀储蓄代办员协储员笔记本》

山东路支行　李存义

图 2-14 所示的这个红色封皮笔记本是我的父亲——在市北区政府工作兼任银行协储员于 1965 年荣获的奖品，硬皮精装，32 开，150 页，封面印有储徽，落款是"中国人民银行青岛市分行 1965.1"。

每当我看到这个笔记本，就仿佛看到父亲晚上在家加班工作、认真写字的身影，一行行工整的字迹仿佛映出慈父严谨的工作风格。

"要想做好细致的工作，首先要放下干部架子，深入到群众中去，和群众打成一片，参加劳动，当群众的小学生，这样群众才能和你说心里的话……；叫群众知道我们是代表群众利益的，我们所做的一切都是为了广大人民的衣、食、吃、住、行，只有这样才能发挥广大群众的积极性。"

这是父亲 1965 年 3 月 19 日写在这册获奖笔记本上的第一篇"群众生活体会"。父亲有着甘当群众小学生、严于律己、一心为公、群众至上的思想观念，并认真践行了一生。父亲的工作、生活作风，也深深地影响着我。

笔记本有十几幅内容丰富的彩色插页，记录了那个年代政治经济形势和有关储蓄、国债业务知识。

笔记本里有毛泽东主席、刘少奇主席、周恩来总理、朱德委员长有关"办好储蓄业务"的语录。第一条就是"我国六亿人口都要实行增产节约、反对铺张浪费。这不但在经济上有重大意义，在政治上也有重大意义"（毛泽东《关于正确处理人民内部矛盾的问题》）。

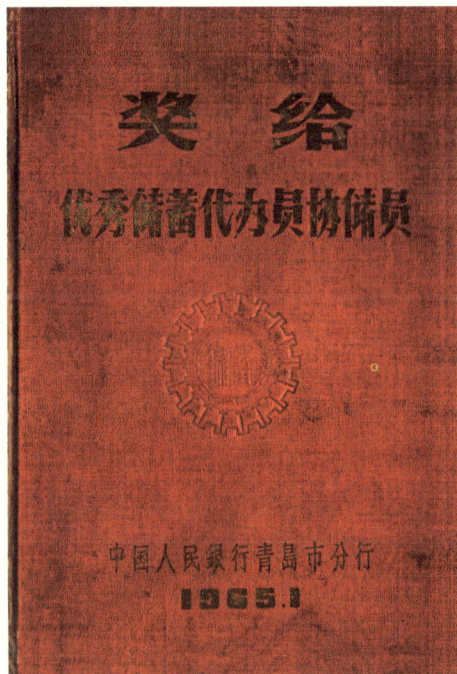

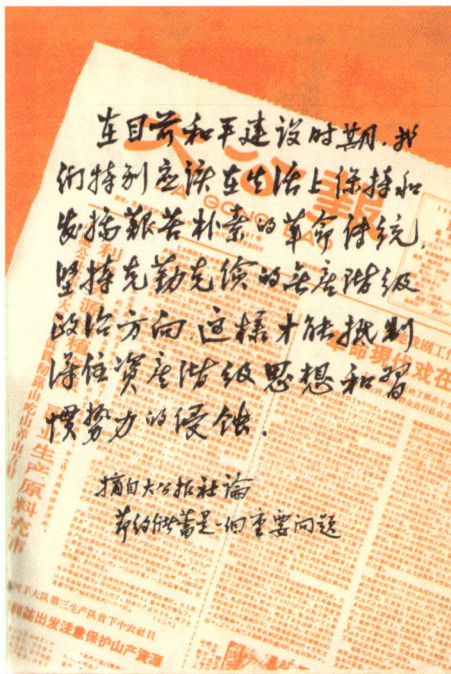

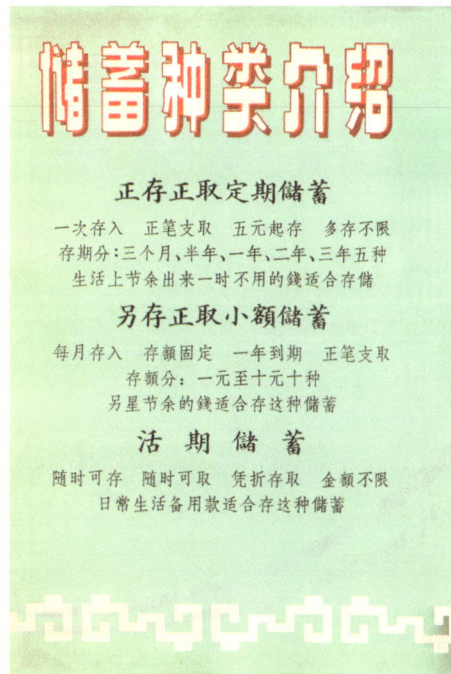

↑ 图 2-14 《奖给优秀储蓄代办员协储员笔记本》内容之一

笔记本里有《中国共产党八届八中全会的决议》,《人民日报》社论《永远保持艰苦奋斗的革命精神》,《大公报》社论《节约储蓄是一个重要问题》,《解放军报》社论《务必保持艰苦奋斗的作风》等共八张插页。

笔记本里有当时的储蓄政策、储蓄种类、定期急用怎么办、储蓄史话、文章《节约就是对国家的支援》、储蓄代办员协储员职责、国家公债中签查对表、现行储蓄利率介绍等内容。

笔记本里还有号召人民节约的宣传材料,如"全国每人节约一两煤,可供青岛到济南的火车跑2 300个来回"。折算一下,当时全国人口是 6.5 亿,每人节约一两煤就是 6 500 万斤,平均每跑一个来回(约 800 千米)耗煤 28 260 斤即 14.13 吨。

↑ 图 2-15 《奖给优秀储蓄代办员协储员笔记本》内容之二

笔记本每页纸的地脚栏中还印有一行格言、口号，如"鼓足干劲,力争上游、多快好省地建设社会主义""勤俭节约是我国进行社会主义建设的一个长期方针""每人每月储蓄一元钱,全国 6.5 亿人口一年就给国家积累 78 亿元建设资金"等等。

笔记本里有当时的储蓄利率:整存整取三个月、半年、一年、两年、三年利率分别为二厘四、三厘九、五厘一、五厘二五、五厘四二。举例:存入 100 元到期利息分别是 0.72 元、2.34 元、6.12 元、12.6 元、19.51 元。那时人均月收入也就是三四十元,能有闲钱储蓄者为数不多。

笔记本为研究当时的经济金融形势提供了准确依据,又是父亲的奖品、遗物,我会永远珍藏。

↑ 图 2-16 《奖给优秀储蓄代办员协储员笔记本》内容之三

两本储蓄工作联系交流会议纪念册

工会办公室　刘　璇

↑ 图 2-17 《六市储蓄工作联系交流会议
纪念 1979》

六市储蓄工作联系交流会议开始于 1960 年。那一年，人民银行总行在武汉召开城镇储蓄工作会议，会议决定组织长春、吉林(市)、济南、青岛四市储蓄工作联系交流会。会议每年召开一次，由四市轮流主办，并于当年 8 月在长春召开了第一次会议，至 1977 年共召开了 8 次会议。1978 年吸收辽宁省旅大市参加，1979 年(在青岛召开)吸收黑龙江省哈尔滨市参加，这就形成了"四省六市会议"。会议给代表们赠送了这本 64 开本塑料封皮的《六市储蓄工作联系交流会议纪念 1979》(图 2-17)。纪念册里印有 1980 年日历、四省六市储蓄工作联系交流会议简介、会议代表名单。青岛人民银行有行长王耀庭、副行长王华等 19 名代表出席会议。

在《四省六市储蓄工作联系交流会议简介》里有这样一段文字：1973 年 5 月，周恩来总理在中共"十大"筹备会上听到全国城镇储蓄存款比"文革"前增加 50 亿元时，高兴地说"储蓄存款的增加说明人民群众对党和国家的信任"。

全国城镇储蓄存款 7 年仅增加 50 亿元,现在来看这个数字微不足道,但在"文革"时期那么混乱、经济严重下滑的情况下,能有这样的增长,说明那时的百姓真是信任政府,响应国家号召,节衣缩食踊跃储蓄,支援国家建设。据《中华人民共和国金融大事记》记载,1965 年末,全国银行各项存款余额 481 亿元。其中,城乡储蓄存款(限于资料,姑且用"城乡储蓄存款"数字,储蓄存款中以城镇储蓄存款为大头)65.2 亿元;1973 年末,全国银行各项存款余额 865 亿元,其中,城乡储蓄存款 121.2 亿元,比 1965 年末增加 56 亿元,增幅 85.9%。

↑ 图 2-18 《八市储蓄工作联系交流会议纪念 1986》

"八市储蓄工作联系交流会议"开始于 1986 年(在青岛召开),吸收沈阳市、齐齐哈尔市参加,形成了"四省八市"会议。那时"人民""工商"两行已经分设,由工行青岛市分行主办这次从"四省四市"会议以来的第十六次会议。会议给代表们赠送了这本 64 开本塑料封皮的《八市储蓄工作联系交流会议纪念 1986》(图 2-18)。纪念册里印有 1987 年日历、四省八市储蓄工作联系交流会议简介、会议代表名单。青岛工行有行长于福忠、副行长张敦涵等 11 名代表出席会议。

北海银行"整存零取"实物储蓄存款存折

开发区支行　刘宝春

图 2-19 所示的是一张 1949 年开出的"北海银行整存零取实物储蓄存折",其特点是"实物储蓄",

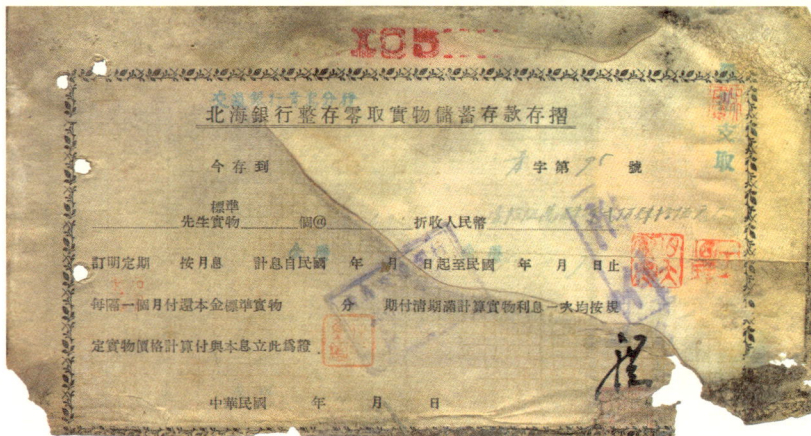

正面

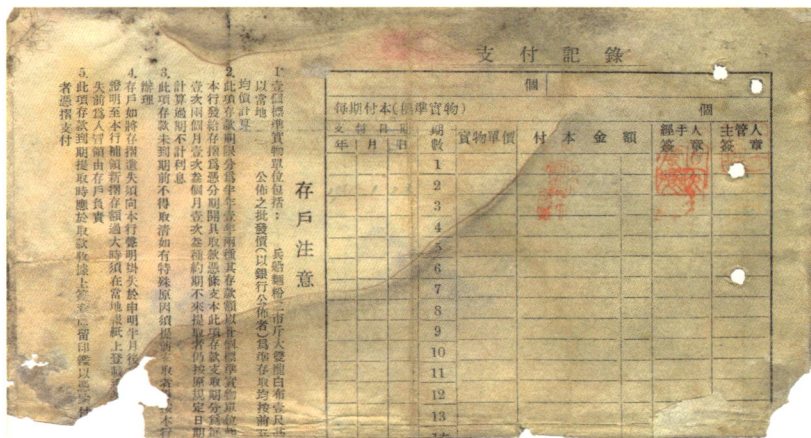

背面

● 图 2-19　北海银行"整存零取"实物储蓄存款存折

而不是常见的货币储蓄。开办"实物储蓄"是为避免物价上涨，保护储户利益，调动储户参加储蓄的积极性。存款时银行将货币按照"折实单位牌价"折算成实物，取款时也按照"折实单位牌价"将货币折成实物或同等的货币，利率亦相同，办理手续和过程非常复杂。

由于北海银行的经营范围仅在山东、华北解放区，范围较小，因此实物储蓄的标准实物只有兵船牌面粉和双龙牌白布两种产品。这两种日常生活用品是民国时期的名牌。兵船面粉是荣家的荣宗敬（荣毅仁伯父）1913 年创办的面粉品牌，双龙白布是瑞蚨祥的招牌产品。

这张在青岛使用的存单，是交通银行青岛分行借用北海银行使用的存单，存款时间是 1949 年（具体时间看不清了），到期日是 1950 年 3 月 7 日，实际取款时间是 1950 年 1 月 23 日，金额是 154 245 元人民币（旧版人民币）。从存单背面存户注意的条款了解，此存单只有半年期和一年期两种存款期限，应属定期存单。

从北海银行的经营时间和人民币的诞生分析，此存折使用时间在 1948 年 12 月至 1949 年 11 月不足一年的时间，在青岛使用的时间更短。1948 年 12 月 1 日，北海银行、华北银行和西北农业银行合并成立中国人民银行，并发行人民币，但因工作需要北海银行继续营业，直至 1949 年 11 月终于完成了

它的历史使命宣告结束。

1949 年 6 月青岛解放后，北海银行胶东分行随解放军进入青岛，并开始在市区营业。同年 11 月，胶东分行迁回莱阳，留下部分骨干成立人民银行青岛市分行，管辖改组后的中国银行、交通银行和民营银行等金融企业。

因北海银行在青岛存在的历史短暂，这份在青岛使用过的北海银行存单虽然破旧但应该是稀有的，它证明了这段金融历史，其史料价值是较高的。

青岛市 1956 年兴办储蓄代办所

工会办公室　刘　璇

计划经济时期，人民银行开办一种储蓄机构叫作储蓄代办所，一位老同事展示的一份老存折，见证了这段史实。

这份老存折（图 2-20）是 1957 年 4 月 16 日，青岛市人民银行崂山郊区办事处第二十三中学储蓄

代办所开具的活期有奖储蓄存折。据《青岛市志·金融志》记载，"1956 年，为适应储蓄业务日益发展的需要，青岛市开始在机关、企业、部队试办储蓄代办所。代办所形式一是由单位全面代办各项储蓄业务，一是由单位开立集体户组织职工集体存储，专

人负责在银行存取款项。1957 年末储蓄存款余额比 1952 年末增加 91.9%;'一五' 期间(1953—1957)平均每年增加 307 万元,1957 年末全市居民储蓄存款余额 3 207 万元"。代办所一直延续到 20 世纪 90 年代,1996 年由人民银行清理终结。

另有一份 1955 年青岛市人民银行台西区办事处宝山路储蓄所开具的活期储蓄存款存折(图 2-21),里面的记账金额是第一套人民币旧金额,存款 10 000 元,折合新人民币 1 元。台西区成立于新中国成立初期,1962 年撤销,其辖区分给市南区和市北区。(市南支行魏屹提供藏品)

↑ 图 2-20 1957 年储蓄代办所开具的活期有奖储蓄存折

↑ 图 2-21 1955 年宝山路储蓄所开具的活期存折

带"语录"的"文革"联行专用信封

开发区支行　刘宝春

　　银行老职工都知道"联行专用"信封,它主要用于银行间的报单、联行报告表、查询书等与联行业务有关凭证的邮寄。

　　联行专用信封是银行内部的俗称,按邮政局的说法应叫作"银行挂号信"专用信封,属挂号信的一种。电子网络在银行运用以前,银行资金的异地划拨要靠邮局邮寄,当然不是寄现金,而是银行的单据,加急的要使用邮局的电报。20世纪80年代我干联行业务需要发报时,要将电报报文拟好,再对照邮电局颁发的《标准电码本》将报文译成一组组电报明码,如"中国人民银行"就译成"0022、0948、0086、3046、6892、5887",送到距离不远的邮电局拍发。邮电局收到的电报就送给银行,由银行员工自己动手译成汉字。今天,我们可以在电脑上轻松地通过网络或网银进行异地资金汇划,这在30年前对银行之间的通讯而言简直是"天方夜谭"。

　　图2-22所示的这几个"文革"时期银行联行信封都印

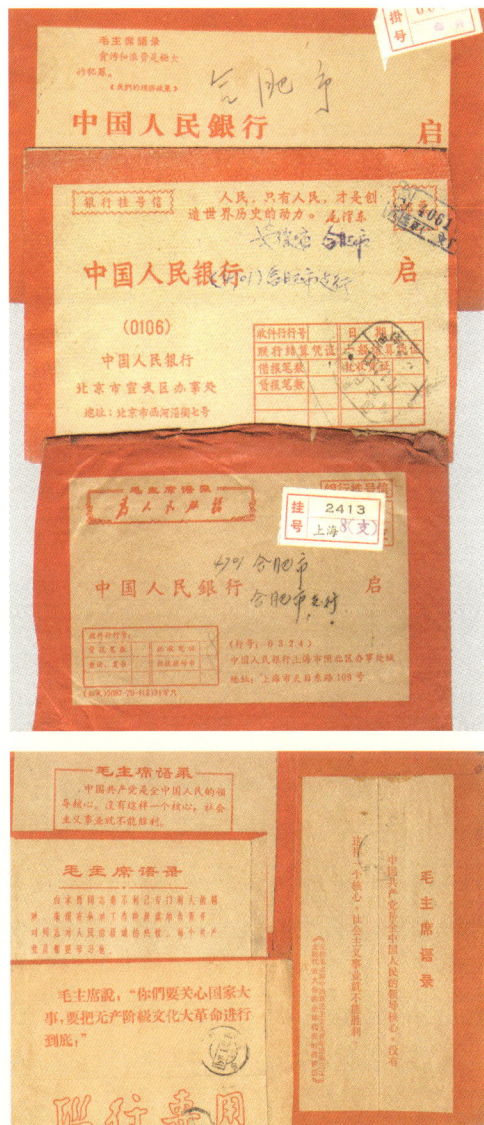

⬆ 图2-22　"文革"中银行使用的"银行挂号信"

有毛主席语录,有的印在正面,有的印在背面,信封的尺寸有大有小,有横版有竖版。信封的使用行有天津分行、广东韶关支行、北京分行、徐州支行、上海分行、安徽省分行,竖版的信封是旅大市分行(大连)的。应该看出,在"文革"时期银行联行信封没有统一的规定。20世纪80年代,为配合邮政编码的使用,人民银行和邮电部联合下文规定了银行联行信封的规格。

进入21世纪,互联网的发展日新月异,联行信封的使用逐渐减少,直至绝迹。

带有浓厚"文革"色彩的《储蓄存款开销户登记簿》

工会办公室 刘 璇

图 2-23、图 2-24 所示的是一本 1969 年青岛市观城路储蓄所使用的《储蓄存款开销户登记簿》,宽为 17 厘米,高为 19 厘米。这本登记簿带有浓厚的"文革"色彩——封皮印有"四个伟大",封二印有"五七指示"。

据 2015 年第 6 期《炎黄春秋》《目睹林彪题写"四个伟大"》一文介绍,媒体第一次推出"四个伟大"始见于 1966 年 8 月 20 日《人民日报》社论《毛主席和我们在一起》。社论说:"1966 年 8 月 18 日,我们伟大的导师、伟大的领袖、伟大的统帅、伟大的舵手毛主席,身着人民解放军军装,同他的亲密战友林彪同志,以及其他同志,在天安门上检阅了无产阶级文化大革命的百万大军。"1967 年,林彪亲笔题写了"四个伟大",并加上"万岁!万岁!万万岁!",刊登在 1967 年 5 月 1 日《人民日报》上,从此风靡全国。

1966 年 5 月 7 日,毛泽东给林彪写了一封信。信中要求,解放军和全国各行各业都要办成一个大

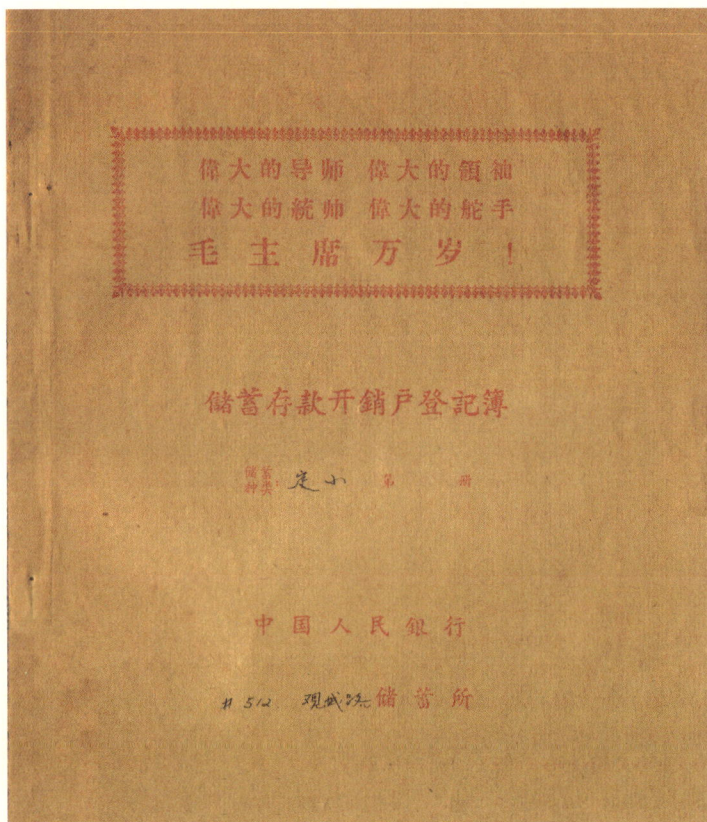

↑ 图 2-23　印有"四个伟大"、《五七指示》的登记簿（封面）

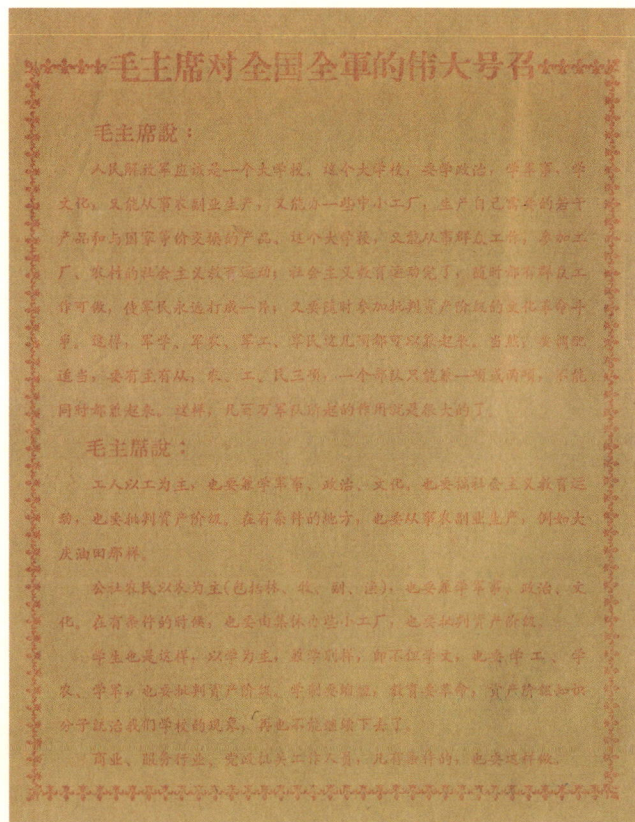

↑ 图 2-24　印有"四个伟大"、《五七指示》的登记簿（封二）

学校,学政治,学军事,学文化,又能从事农业生产,又能办一些中小工厂,同时也要批判资产阶级。这封信史称《五七指示》。我手头有两份活期储蓄存折,印有"全国都要成为毛泽东思想的大学校",这个口号就是依据《五七指示》精神提炼出来的。

银行印制这本《储蓄存款开销户登记簿》恰好赶上这个历史节点。于是,封皮被印上"四个伟大",封二被印上500多字的《五七指示》全文,并冠以

🔼 图2-25 印有"全国都要成为毛泽东思想的大学校"的存折

大字标题"毛主席对全国全军的伟大号召"。不仅如此,当时银行所用的存单、存折、传票、信封都印上了毛主席语录(图2-25)。其实,当时毛泽东对这种做法非常不满,曾指示政治局召开专题会议进行研究,并下发了《关于建造毛主席塑像问题的指示》文件加以制止,但没有起到多大作用。(市南支行魏屹提供藏品)

银行使用的"语录"单证

工会办公室 刘 璇

20世纪80年代之前入行的老员工还能记得,1966～1976年十年"文革"中,银行所用的所有票据、单证、存折上面几乎都在醒目位置印有毛主席语录。笔者收集到的转账支票、现金支票、活期存单、定期存单、特种记账单、委托凭证、现金缴款单、托付结算凭证、借款凭证、转账复出记账单、科目结数单、支票送存簿、记账单封面等20多种(图2-26,

图 2-27）都是这样。例如：

艰苦朴素。

要斗私批修。

要节约闹革命。

备战、备荒为人民。

政治工作是一切经济工作的生命线。

抓革命、促生产、促工作、促战备。

没有正确的政治观点，就等于没有灵魂。

下定决心，不怕牺牲，排除万难，去争取胜利。

世界上怕就怕"认真"二字，共产党就最讲

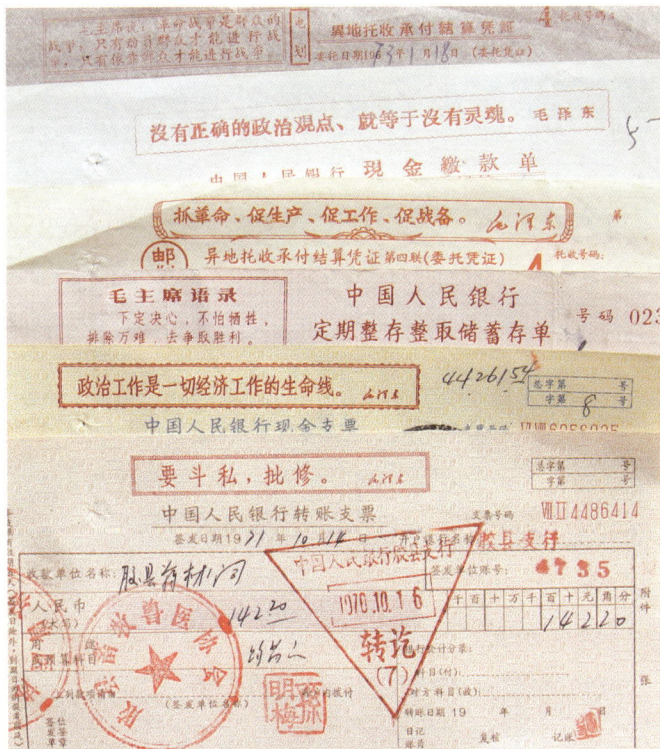

↑ 图 2-26 银行使用的"语录"单证

↑ 图 2-27 各种老存折

认真。

没有贫农，便没有革命。若否认他们，便是否认革命。若打击他们，便是打击革命。

这些印有毛主席语录的单证一直使用到 20 世纪 80 年代，随着时代的变迁，这样的单证退出了历史舞台，成为极具时代特色的银行文物。

想起那些老存单老存折

工会办公室 刘 璇

⬆ 图 2-28 各种老存单

我见过最原始的存折，它很像手风琴能一折一折叠起来塞进一个纸函，存折的"折"即典出于此，但这种老存折已经很难寻觅了。新中国成立以后直至 20 世纪 90 年代，"人民""工商"两行印制了多种多样的存折、存单（图 2-28）。这些存单、存折一是色彩斑斓，图案丰富；二是有活期、定期、定额、贴花有奖、定活两便等多种业务；三是存取均为手写。从 20 世纪 80 年代开始，银行业务逐渐实现电子化，存单、存折一律打印，手写老存单存折慢慢淡出银行柜台。

打印的存单、存折优点是整齐划一，准确清晰，规范工整。但也有缺点：一是单调死板，缺少变化，难以赏心悦目；二是员工几乎不用写字了，造成书写水平大大下降。老员工或许记得，当年银行要求员工做到"三能两好"，即"珠算能手（后来改为电脑能手）、点钞能手、记账能手，一手好字、一手好文章"。"好字"就是为了把存单、存折、传票上的汉字、数码写工整。偶尔看到从旧银行过来的老员工用毛笔写的文字和数码，那不仅仅是中规中矩，简直是潇洒漂亮。然而，最近几十年，人们习惯了在键盘上敲敲打打，甚至连写硬笔字都丑如春蚓秋蛇，柔软的毛笔更是拿不起来了。看看我国的台湾省和同处汉字文化圈的日、韩等国，经济比我们发达，电脑比我们普及，但汉字书写却比我们重视得多，民众的书写水平也很高。这些现象是否应该引起国人的反思呢？

1978 年的红色《贺信》

工会办公室　刘　璇

图 2-29 所示的是一封送给 1977 年度青岛市人民银行先进工作者的贺信，落款是"中共中国人民银行青岛市分行委员会、中国人民银行青岛市分行革委会、1978 年 2 月 15 日"，A3 纸（39 厘米×27 厘米）大小，粉红纸，大红字，很喜庆；不过，字里行间仍散发着浓烈的"文革"气息。

从行文上看，《贺信》属于典型的"文革"体，红红火火，轰轰烈烈，当然也彰显了正能量。这也难怪，1978 年 2 月，距离"四人帮"覆灭、"文革"结束仅仅一年半，人们刚从"文革"噩梦中醒来，下笔行文依然习惯于喊口号、说大话、贴标签。除了给先进工作者送这样一封《贺信》外，也会发一点物

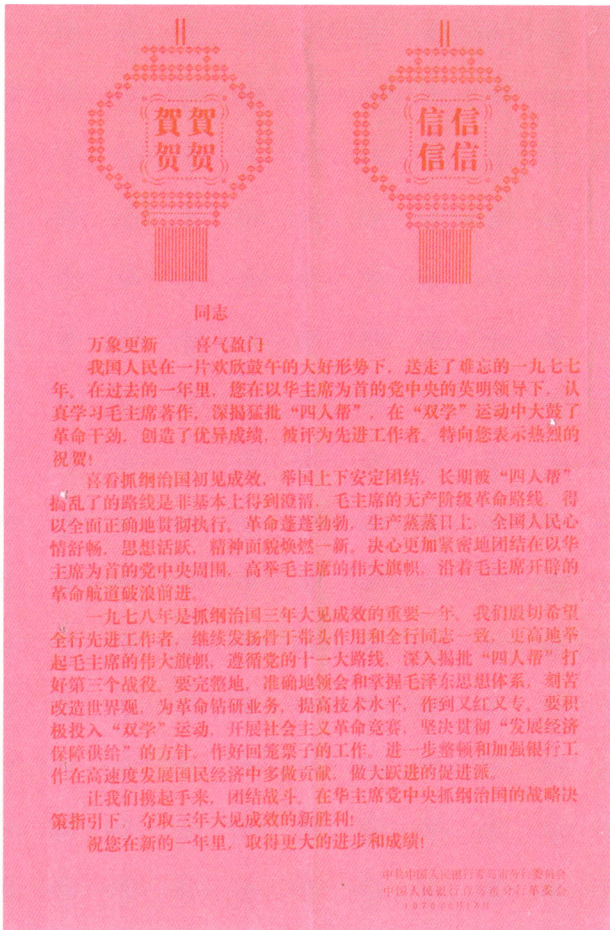

图 2-29　1978 年的红色《贺信》

质奖励，不过是发一个搪瓷缸子、脸盆、暖水瓶等日用品，那也让领到物品的职工很高兴。

今天的青年员工品读这封 37 年前的贺信，首先要搞明白几个词儿，这几个词儿曾经热极一时。

一是华国锋（1921—2008）主席。华国锋担任中共中央主席的时间为 1976 年 10 月 7 日至 1981 年 6 月 28 日。1977 年 8 月召开党的十一大，华国锋继续当选为中共中央委员会主席，叶剑英、邓小平、李先念、汪东兴当选为副主席①。

二是"抓纲治国"。这是 1977 年两报一刊（指《人民日报》《解放军报》和《红旗》杂志）发表的元旦社论《乘胜前进》中正式提出来的治国方针，"纲"就是以阶级斗争为纲。

三是揭批"四人帮"。"四人帮"是指王洪文（曾任中共中央副主席）、张春桥（曾任中央政治局常委）、江青（曾任中央政治局委员）、姚文元（曾任中央政治局委员）。他们于 1976 年 10 月 6 日被中共中央政治局实行隔离审查，随即在全国范围内开展揭批"四人帮"运动。

① 任建树. 中国共产党七十年大事本末 [M]. 上海：上海人民出版社，1991：P554。

1980 年 11 月开始对其开庭审判,1981 年 1 月 25 日对其宣判[1]。

四是"革命委员会"。这是 1968—1979 年间中国地方政府、企事业单位领导机构的名称。

五是"回笼票子"。这是华国锋执政期间对全国财政银行系统提出的要求,这句话的全文是"要多回笼票子"。

六是"欢欣鼓午"的"午"。"午"用在这儿是第二批简化字的规定。1977 年 12 月 20 日,国务院公布了第二批 853 个简化字方案。该方案引起大多数相关专家的强烈质疑和坚决反对。第二批简化字于 1978 年 4 月教育部通知停止使用,1986 年 6 月国务院宣布废止。

20 世纪 50 年代人民银行的《优待售粮储蓄存单》

开发区支行　刘宝春

1953 年秋,中国人民银行总行为配合国家对主要农产品的统购统销,促进粮棉油的收购,下发了《关于在农村积极开展售粮优待储蓄的指示》,除新疆、西藏外,各省人民银行都开办了优待售粮储蓄存款业务,有的省分行还发行了二套甚至三套优待售粮储蓄存单。目前能够见到的省级分行发行的此类存单有 40 多套。

1. 存单发行的背景

新中国成立后,国民经济逐步恢复,从 1953 年开始,全国进行大规模的经济建设,社会对商品粮

---

① 翟泰丰,鲁平,张维庆.邓小平著作思想生平大事典 [M].太原:山西人民出版社,1993:P416。

的需求日益增大。由于夏粮受灾,粮食减产,灾后农民惜售,夏粮征购大大减少。因此,有的城市粮食供应告急,个别地方出现抢购粮食的现象,粮食供求矛盾进一步加剧。为了解决粮食的供求问题,中央专门召开了全国粮食会议,拟定了农产品统购统销办法,经中央政治局通过。从1953年秋开始,我国对粮食等主要农产品实行统购统销,包括计划收购、计划供应、国家严格控制粮食市场以及中央对粮食统一管理等四项措施。考虑到粮食统购时期,国家货币投放增多,将引起通货膨胀。为保持金融物价的稳定,国家除大量供应物资回笼货币以外,还必须在货币投放上加以适当控制。当时最好的办法莫过于强制储蓄,以延缓购买力对市场的冲击。随后,中央财政委员会又发出开展粮棉优待储蓄的指示,要求把它作为统购粮棉工作的一个组成部分,各地党政统一推行优待售粮储蓄工作,于是优待售粮、棉、油料储蓄存单的名称也就应运而生。

2. 优待售粮储蓄的组织发动

优待售粮储蓄是全国性的工作,也是一项政治任务,各地党政、财政和银行领导高度重视,统一部署,积极组织与发动群众,将储蓄任务层层落实到每个乡村的各家各户。优待售粮储蓄任务数一般占售粮价款总数的30%～40%。

3. 优待售粮储蓄存单的主要内容

按中国人民银行总行的指示,大体规定了优待售粮储蓄业务的名称、面额、存款期限和利率的范围,各省根据自己的情况制定了具体的实施细则。

(1)从1953年开始至1955年初停止优待售粮储蓄业务,各地银行推出的优待储蓄,相应就产生了各种名称的储蓄存单,有的省分行发行两套以上存单,每套名称也不一样。例如,四川省的"中国人民银行优待售粮定期定额储蓄存单"、贵州省分行的"优待售粮储蓄存单"、湖南省分行的"优待售粮储蓄定额存单"、东北区行的"特种优待储蓄存单"、山西省分行的"优待粮棉储蓄定额存单"、浙江省分行的"定期定额优待农民售粮储蓄存单"、西康省分行的"农村优待售粮储蓄存单"、山东省分行的"优待售粮定期定额存单"和"优售粮棉油料定期定额存单"等等。还有的省份用普通的定额储蓄存单加盖"优待售粮储蓄存单"或"代优待售粮储蓄"等字样临时代替"优待售粮储蓄存单"。不管用什么名称,都是为收购农民的粮、棉、油而举办的一种有优惠利息的储蓄品种。山东省分行1954年发行的第二套存单"优售粮棉油料定期定额存单"是全国唯一一套具备了粮、棉、油三种农产品的储蓄存单。山西省分行有优待粮、棉两种农产品的储蓄存单，其他的分行全部是单一的售粮储蓄存单。

（2）优待售粮储蓄实行的是定额存单，版式有横版，大多数为竖版。面额一般为人民币1、3、5、10万元（老币值）四种，但各省分行也不完全一致，如贵州省分行的"优待售粮储蓄存单"就分1、3、5、10、20万元五种面额；云南省分行的竖版"农村优待售粮储蓄存单"分5、10、30万元三种面额；山东省分行第一套"优待售粮定期定额存单"分1、3、5、

↑ 图2-30　山东省优售粮棉油料定期定额储蓄存单

10、50万元五种面额,第二套"优售粮棉油料定期定额存单"分2、5、10、30万元四种面额。由此可知,有的分行根据本地的实际情况灵活掌握储蓄存单的面额范围。发行大面额存单的省一般为解放得较早,群众基础好,或者是粮食产量较高的省份。

(3)根据人民银行文件规定,优待售粮储蓄的存期为一至六个月,由农民自由选择。具体到各地也有一些差别,如广西省分行的三套存单里有两套背面的储蓄章程规定的存期为一至六个月及一年七种期限,广东省分行存单背面印有的"注意事项"规定存期为一、二、三个月三种。总的来说,大多数分行的优待售粮储蓄存期为一至六个月,只有少数例外。另外,为了达到分期付款,缓解大量货币对于市场的冲击,有些存单还印有不准提前支取,绝大部分存单上都印了"不准抵现、禁止流通"的规定。

(4)优待售粮储蓄业务的利率。按中国人民银行总行下发的指示,优待售粮储蓄的利率为:一至二个月月息一分(当时同期存款的月息为七厘),三至六个月月息为一分五厘(当时同期存款的月息

为九厘),但也有一些例外。例如,贵州省分行的"优待售粮定期定额储蓄存单"横版,存单上手写有三个月月息一分五厘,四至六个月月息二分;广东省分行的"优待售粮储蓄存单"背面印有存期一至三个月月息为一分五厘,等等。

4. 优待售粮储蓄存单的收藏与鉴赏

由于人民银行总行没有统一规定存单的版本格式,每个省都印制了自己的优待售粮储蓄存单,各省的存单图案、色彩、尺寸、板式(横版、竖版)各不相同,不少存单的设计都体现了地方特色,这就增加了存单的观赏性和趣味性。例如安徽省的存单设计的最具特色,也是最具观赏性的存单(图2-31)。存单上部分图案为一送粮骡队,走在广阔的田野上,远处是高耸的烟囱和水塔,宛如一幅优美的田园风光,它表达了农民售粮给国家的高昂热情,也透露出当时当地以骡马为乡村主要运输工具的生产力现状。浙江省和江苏省的存单也有农民送粮和农业生产的图案。东北地区的存单与全国不一样,由人民银行东北区行统一印制发行的1953年的"特种优待储蓄存单"可在全东北使用,不同

图 2-31　安徽省优待售粮储蓄存单

的地区套印不同的地名,而 1954 年印制发行的"优待售粮储蓄存单"是全国印刷质量最好、存单的尺寸最大的,全东北也是一致的,仅是在存单的下方套印了黑龙江、吉林、辽宁、热河等不同省分行。这就是东北的特色,东北地区解放较早、工业基础发达,它们有条件统一印制存单,统一管理,这样节约成本,不易造成浪费。

各省的优待售粮储蓄存单大多还带有防伪暗记,有的存单票面底纹印有满版的花纹或"中国人民银行"字样的图案,部分存单上还印有"增加生

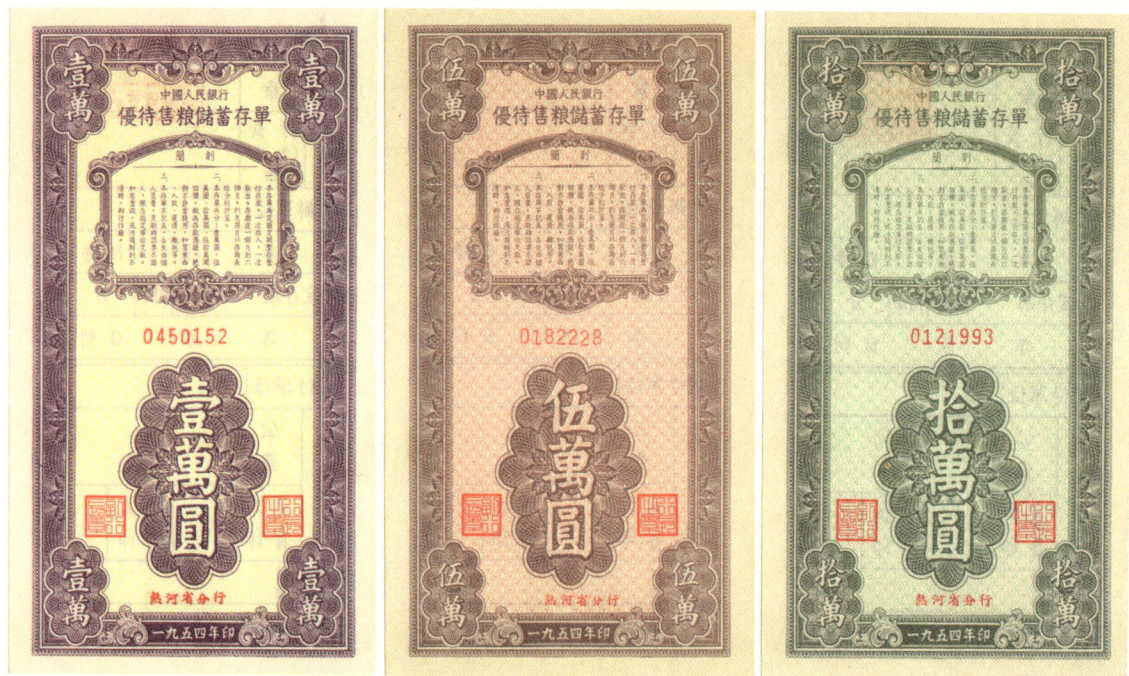

↑ 图 2-32　热河省优待售粮储蓄存单

产,厉行节约。抗美援朝,保家卫国。踊跃卖粮,支持国家建设。储备资金,积极发展生产。增产节约、爱国储蓄"等口号。这些存单反映了一个时代的政治、经济形势,是记载历史的实物,也给我们留下了宝贵的金融文化遗产。

优待售粮储蓄存单发行于 1953 年至 1955 年,距今已有 60 多年了。由于开展优待售粮储蓄的时间仅有短短几年,加之有价单证无论是使用收回的还是未用空白的都要销毁,而有的省份早已撤销(西康省、绥远省、平原省、热河省),因此存世量很少,收藏难度极大,集全全套存单非常困难,但这也给存单的喜爱者带来了收藏乐趣。

20世纪八九十年代的有奖储蓄存单

工会办公室　刘　璇

人民银行自1960年停办有奖储蓄,之后沉寂了20年,人民银行又开始办理有奖储蓄,而且连续举办了多期。

据《山东省志·金融志》(山东人民出版社1996年出版)记载:1981年4月,人民银行总行将增设储蓄种类的权限下放至分行,山东省人民银行据此举办了第一期"定期定额有奖储蓄",每户20元,期限1年,共收储150万户;5月举办第二期,每户10元,期限1年,收储600万户;第三期起改为以各地市行为开办单位,自定户数和金额,青岛工行举办的第三期每户仍为10元。"定期定额有奖储蓄"摇奖抽号,抽中得奖,最高奖500元;未得奖的期满支取,没有利息。1986—1998年期间,青岛工行先后举办过房屋有奖有息储蓄、定期定额有奖有息储蓄、贴花有奖储蓄等多种储蓄品种,满足客户对储蓄品种多样化的需求。

现在来看,10元、20元、50元是微不足道的,但那时工

中国工商银行青岛市分行

1988年20元面额定期定额有奖储蓄

(1988年1月举办)

第一次开奖中奖号码单

(本次开奖于1988年3月9日在青岛工人剧场当众举行)

奖　级	中奖号码		各 得 奖 金
头奖（与存单对奖号码末尾五位数相同者）	43104		5000元 另外赠送琴岛—利勃海尔电冰箱购货券及十八英寸青岛牌彩电购货券各一张
二奖（与存单对奖号码末尾五位数相同者）	50735	99574	2000元 另外赠送琴岛—利勃海尔电冰箱购货券一张
三奖（与存单对奖号码末尾三位数相同者）	237		100元
四奖（与存单对奖号码末尾二位数相同者）	89		10元
末奖（与存单对奖号码末尾一位数相同者）	8	4	2元
幸运奖（与存单对奖号码末尾五位数相同者）	88535　75690 25536　02198 47424		200元

说明:中奖储户自88年3月19日起,限六个月内领取奖金,逾期不领,作自动放弃论。

↑ 图2-33　1988年20元面额定期定额有奖储蓄第一次开奖中奖号码单

↑ 图 2-34 （自上而下）

① 房屋有奖有息储蓄存单

② 定期定额有奖有息储蓄存单

③ 定期定额有奖储蓄存单

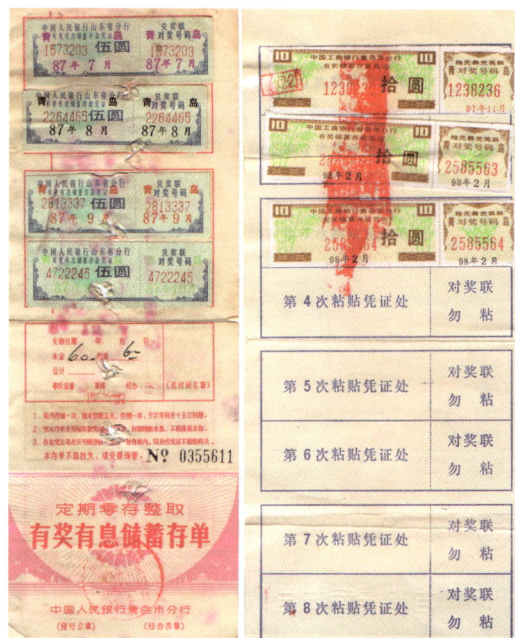

↑ 图 2-35 定期零存整取有奖有息储蓄存单
（贴花 5 元、10 元）

↑ 图 2-36 贴花有奖储蓄 1988 年 1 月份中奖号码单

资普遍很低。我当时大学毕业分入山东银行学校教书,之前还有7年工龄,按照国家统一规定定为行政22级,月薪52元,但在同事中已经算"高薪"。如此对照,一下拿出20元存上1年就不算少。

证书印章折射银行业的改革足迹

信贷与投资管理部　董良迪

改革开放30多年来,中国银行业的定位发生了巨变,由原先是政府附属的金融管理机关发展演变为完全独立的市场主体,尤其是中国工商银行已跻身于国际一流银行行列。期间,政府对国有银行的干预由强到弱,最终国有银行不再扮演政府财政出纳的金融角色。这个过程从几份证书中的用印中可以窥探一二。

证书一:1988年1月,青岛市人民政府对1987年度(被称为"四大员")的先进财政驻厂员、税务专管员、银行信贷员、驻厂审计员颁发的证书(图2-37),加盖市政府印章,反映出国有银行作为当地政府的附属地位。期间,市长到国有企业(部分集

↑ 图2-37　青岛市先进四大员荣誉证书封皮、内页

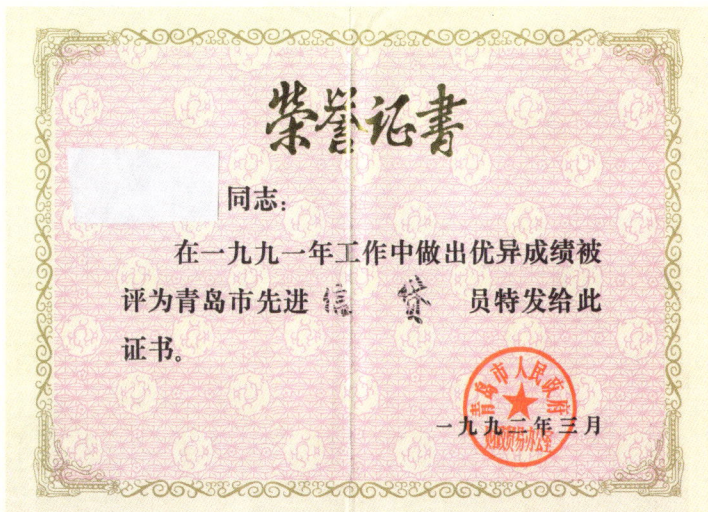

图 2-38　1991 年度青岛市先进信贷员荣誉证书

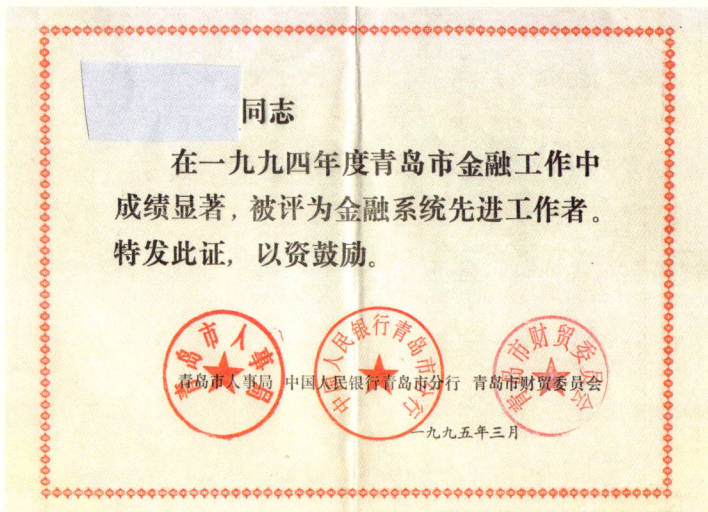

图 2-39　1994 年度青岛市金融系统先进工作者荣誉证书

体企业)现场办公,银行及税务部门必不可少,对困难企业的政策无非就是税收免税、银行贷款,出现了不少市长办公贷款、发工资贷款等,体现出政府对银行信贷的强烈干预色彩。

证书二:1992 年 3 月,青岛市人民政府财政贸易办公室对 1991 年度青岛市先进信贷员颁发的证书(图 2-38)。这时,银行信贷员已退出"四大员"行列。期间,《商业银行法》的正式颁布,使专业银行开始向商业银行转变。市政府委托主管金融的财贸办公室颁发证书,体现出银行与政府正逐步脱离。

证书三:1995 年 3 月青岛市人事局、中国人民银行青岛市分行、青岛市财贸委员会对 1994 年度青岛市金融系统先进工作者颁发的证书(图 2-39)。期间,《中国人民银行法》颁布,证书上人民银行角色的出现,标志着银行业监管职责在逐步完善,政府对银行的干预继续弱化。

进入 21 世纪,国家加速银行市场化改革,实施了国有独资商业银行股份制改革和公开上市,其地位越来越独立,政府对国有银行的干预更加淡化,对国有银行的先进的评奖活动相应减少。

来自首届全国科技贷款成果展览会的两件墨宝

工会办公室　刘　璇

据《中国工商银行行史（附录卷）》记载，1990 年 4 月 23 日至 29 日，工商银行与国家科委在北京联合举办了首届全国科技贷款成果展览会，全国 43 个省、自治区、直辖市、计划单列市的科技贷款成果参加了展览。本届展览荟萃了工商银行支持的星火计划、火炬计划、科研、电子计算机、军转民等 6 类、874 项优秀科技贷款成果，比较全面地展示了几年来金融与科技结合所取得的巨大成就。展会期间，国务院总理李鹏，副总理田纪云，国务委员邹家华、王丙乾、宋健、李贵鲜等同志为大会题词。

工商银行总行行长张肖（1985 年 7 月—1997 年 1 月任工总行行长、党组书记）、著名书法家张瑞龄为这次展览题词。张肖的题词是"发挥科技贷款的催化剂、粘（黏）合剂作用"。张瑞龄的题词是"万壑泉声沉宝磬，千峰云影护禅关"（泰山红门楹联）。

张瑞龄，1936 年出生于河北唐山市，中国当代著名书法家，教授，研究员。其书法结构严谨，方正奇妙，稳健灵动，线条刚中藏柔，

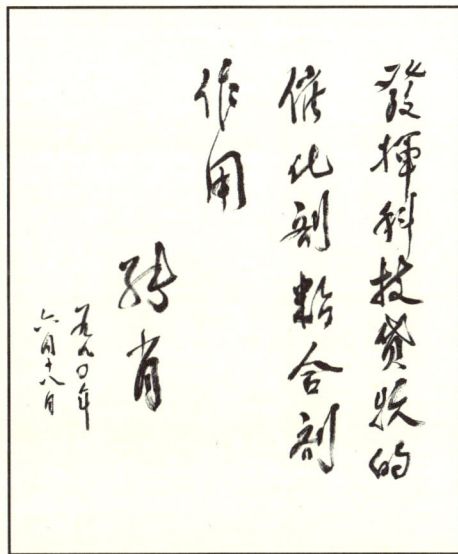

⬆ 图 2-40　张肖为首届全国科技贷款成果展览会题词（本书封三）

韵律丰富,古典厚实。国内著名的华北英雄纪念碑,碑的正面是毛泽东同志题词,碑的右面是邓小平同志题词,碑的左面是江泽民同志题词,碑的背面碑文则是由张瑞龄先生书写。他的作品多次作为国礼珍品赠送给许多国家的元首和政要,代表作有《唐诗三百首小楷墨迹》《宋词三百首小楷墨迹》《元曲三百首小楷墨迹》等。

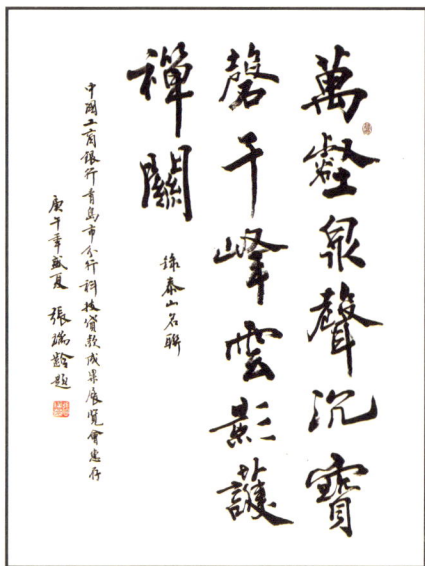

↑ 图 2-41　张瑞龄为首届全国科技贷款成果展览会题词(本书封三)

山东省分行重印《百家姓》毛笔字帖

开发区支行　刘宝春

图 2-42 所示的是一本 1986 年 7 月由工商银行山东省分行储

封面　　　　　选页一　　　　　选页二

↑ 图 2-42　《百家姓》毛笔字帖

蓄部重印下发的楷行两体毛笔竖版字帖,内容是大家熟悉的《百家姓》和银行储蓄术语用字,正楷与行草对照,共计 40 页 1 272 字,封面印有一枚"中国工商银行山西省分行印制"的红色篆印。《再版前言》说明,原版是山西省分行编印的,在其支持下山东省分行将《百家姓》重印发给全省储蓄干部,希望大家能够练好书法,更好地为广大储户服务。字帖中的毛笔楷书作者是徐文达,行草作者是王留鳌。字的大小 4 平方厘米,用毛笔、钢笔临写均可。

人民银行《储蓄工作常用字字帖》

图 2-43 所示这份字帖,大红封面,烫金帖名,从左下角篆印看出是由中国人民银行山东省分行储蓄处印发的,32 开,8 页,印发年代不详。字帖的主要内容是阿拉伯数码、数字的汉字写法、银行工作常用词汇、全国各省市自治区简称、《百家姓》等常用字词。

在电脑普及时代之前,各行各业的文字工作全靠手写,员工把字写好非常重要实用,山东银行学校对学生基本技能的要求就是"三能两好(珠算能手、点钞能手、记账能手、一手好字、一手好文章)"。新人入行,练字也是重要工作之一。字帖中的《百家姓》很实用,像蒯、仉、阚、隗、笪、缑、璩、夔等生僻姓氏平时难得一见,练过《百家姓》才能会写会念。练字还能磨性子,稍微中和一下年轻气盛的鲁莽和浮躁,这些对于做好临柜服务都很重要。

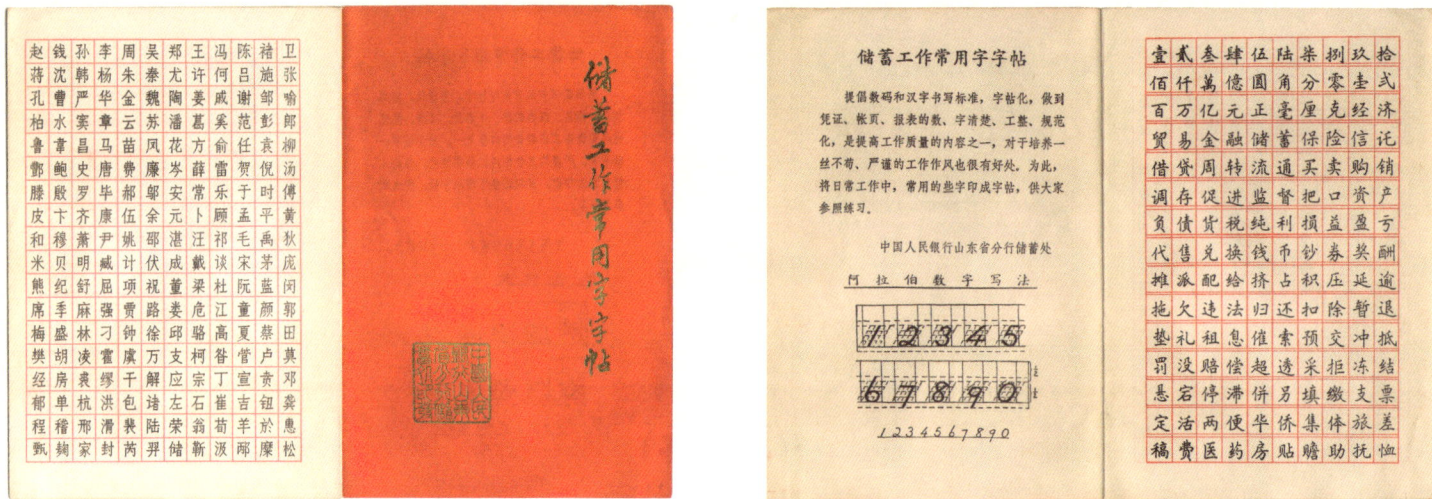

图 2-43　人民银行《储蓄工作常用字字帖》

1958 年春节的揽储《慰问信》

工会办公室　刘　璇

　　1958 年,岛城跟老百姓打交道的银行只有人民银行一家,虽然不存在同业竞争,但要想完成上级下达的增储计划也不是那么容易。因此,春节前夕向广大客户赠送《慰问信》,宣传动员客户储蓄就是一项不可或缺的工作。

　　图 2-44 所示的这封《慰问信》长为 15 厘米,宽为 11 厘米,就是薄薄的一张纸片;一面印着《慰问信》全文,一面印着储蓄品种。通过这封短信,我

们可以了解到那个时代的信息。

一是号召群众为实现"三个现代化"积聚资金。中央提出"在 10 年到 15 年内,把我国建成一个具有现代工业、现代农业和现代科学文化的社会主义强国,并争取在钢铁和其他重要工业产品的产量方面,赶上和超过英国。"

二是全市储额今昔相比天壤之别。1958 年末,青岛市(含即墨、胶县、胶南)储蓄存款余额仅为 4 149 万元。经过 57 年的发展,至 2014 年末,全市(不含莱西、平度)储蓄存款余额达到 3 913.62 亿元,是 1958 年的 9 433 倍。

三是储蓄品种与今有异。当时开办定期储蓄、活期存折储蓄、活期有奖储蓄和零存整取有奖储蓄。零存整取有奖储蓄分为整户(4 元)、二分之一户(2 元)、四分之一户(1 元) 3 种,真正体现出"粒米成箩、滴水成河"的储蓄精神,折射出那个年代人民币购买力之强和百姓生活之紧。

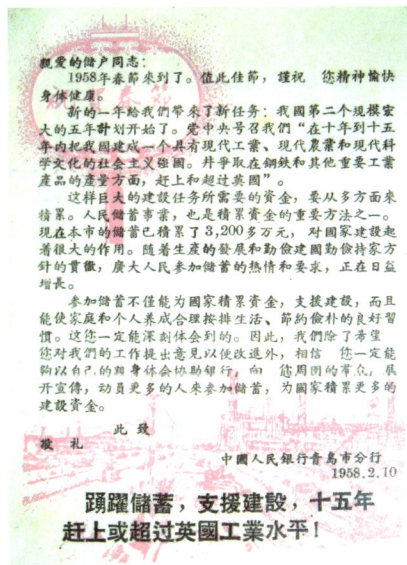

正面

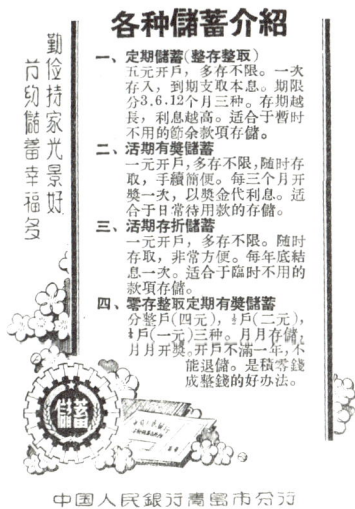

背面

🔶 图 2-44　1958 年春节的揽储《慰问信》

青岛工行周末京剧社会公益票

工会办公室　刘　璇

为丰富岛城市民文化生活,增强工行社会美誉度,工商银行青岛市分行于1997年6月14日(周六)上午10时,开始在青岛市遵义剧院(现已拆除)举办"周末京剧社会公益演出"活动。这次活动由青岛工行赞助,向社会各界群众免费赠送戏票。客户可以到工行各储蓄网点咨询并领取门票。这项演出每到周六上午10时均准时开始,持续了好几个月,由青岛华天京剧团国家一、二级演员和优秀青年演员担纲演出。

图2-45所示的我手头留存的这张门票就是1997年6月14日那天的。我不懂京剧,却去扎了一头。已经是夏天,场内热气腾腾,坐满老头老太,穿着大汗衫、大裤衩,摇着大蒲扇,兴致勃勃地等待着。青岛市政协副主席祝盛业、李宝芳,市工

行行长齐延臣到场观摩。一开场,一名年轻武生扑通、扑通翻着跟头跳到舞台中央,拉出个燕子小飞式,一声高亢入云的叫嗓,赢得满场喝彩。可惜,麦克风失真走调,听着有点刺耳。

这时我突然悟到,难怪旧时候有钱人家将戏班子请到家里唱堂会,一家老小几十口人近距离欣赏京剧,聆听纯正的唱腔,原来京戏这么吸引人。古人说"丝不如竹,竹不如肉"——丝弦的乐器声不如竹质的乐器声好听,竹质的乐器声不如嗓音好听。笔者曾经到青岛人民会堂听过一次合唱艺术团演唱。舞台上除了一个录音用的麦克,再没有其他麦克,演员身上也不带隐形麦克,观众听到的是演员发自肺腑的真正的歌声。有一首《半个月亮爬上来》,那个绵长细腻的"来"字拖腔,令人心中闪

现出"月上柳梢头，人约黄昏后"的纯美意境，确实不同凡响。全场鸦雀无声，品味那真正的歌声，所谓佳音盘空、绕梁三日，如同孔夫子听韶乐，三月不知肉味。

不用麦克，是小众艺术，曲高和寡；用上麦克，是大众艺术，下里巴人；各有圈子，各有所好吧。

欣赏老版本的储蓄宣传画

工会办公室　刘　璇

为组织发动群众参加储蓄，各级、各地人民银行绘制、编印过大量宣传画，图文并茂地介绍储蓄相关情况，吸引储户自觉自愿地到银行参加储蓄。这组宣传画均为彩色对开幅面，不仅介绍了不同时期的储蓄政策，还折射出当时的经济状况和时代精神，仔细品读，颇多感悟。

1.《有奖储蓄》（图2-46）

中国人民银行印制。这是新中国成立初期，人民银行开办有奖储蓄的宣传画。其宣传口号是"一人储蓄一家欢乐，人人储蓄国家富足"。头奖2 000万元（折新币2 000

正面

背面

↑ 图2-45　青岛工行周末京剧社会公益票

元），每月 10 日开奖，平均每 25 户有 1 户中奖。有四个特点：有奖有息，保本保值，零星存入，整笔支用；每月缴款一次；存满 12 次，取还本息；中途需用，开户 6 个月后，可随时退储。请注意画的下端印有一枚储蓄徽志，它与我们常见的储蓄徽志不同，是人民银行早期颁行的储蓄徽志。

2.《有奖储蓄办法越来越好》（图 2-47）

中国人民银行上海市分行 1953 年 5 月 1 日印制 10 000 张，注明"经上海市人民政府工商局认定不视为广告"，说明这是人民银行动员储蓄的宣传画，并非企业的一般广告。那时流通的是第一版人民币，大面额，10 000 元相当于后来的 1 元。此画将

⬆ 图 2-46　储蓄宣传画之一

⬆ 图 2-47　储蓄宣传画之二

新旧有奖储蓄办法从六个方面加以对比,凸显新办法的优越性,"更符合广大储户的利益",号召"继续贯彻爱国主义储蓄的精神,为国家建设积累更多的资金而努力",以此吸引激励储户认购更多的有奖储蓄存单。据 1990 年出版的《中国金融百科全书》介绍,1953 年,全国城镇储蓄存款仅为 12.2 亿元,农村存款仅为 11 亿元,合计 23.2 亿元。当时新中国成立不久,百废待兴,又参加"抗美援朝",建设资金奇缺,因此,国家将动员群众参加储蓄作为国策向全国城乡居民进行宣传。这一国策一直坚持到 20 世纪末。进入新世纪,国家对储蓄宣传作出调整,开始号召居民消费,以此作为一个重要的经济增长点。

3.《为您算算利息账》(图 2-48)

中国农业银行江苏省分行印制。从画面上推测,是供 20世纪"文革"结束后七八十年代信用社营业所的业务员深入农村宣传储蓄用的。其画面举了五个实例帮助农民搞明白储蓄的本金、存期、利率、利息是怎么回事,特别是用所得利息可以购买什么商品,将"存款有息"的储蓄政策予以形象化。例如,"定期一年,月息四厘八,存款一百元,到期可得利息五元七角六分,可作一个小学生的学费","定期八年,月息七厘五,存款三千元,到期可得利息二千一百六十元,能盖瓦房三间"。

↑ 图 2-48 储蓄宣传画之三

4.《积极参加储蓄,支援社会主义建设》(图2-49)

人民银行福州市支行 1972 年 12 月印制。介绍储蓄种类:一是整存整取定期存款,政策是"十元开户,多存不限,一次存入,定期一年";二是零存整取定期储蓄,政策是"每月存入,存额固定,一年到期,积少成多";三是活期存款,政策是"一元起存,多存不限,随时存取,灵活方便"。

5.《发扬艰苦奋斗的革命传统》(图 2-50)

人民银行云南省分行印制,似是 20 世纪"文革"期间的作品。其背景是革命圣地延安宝塔山,山野上正在战天斗地的劳动群众,笃行"新三年,旧

↑ 图 2-49　储蓄宣传画之四

↑ 图 2-50　储蓄宣传画之五

三年,缝缝补补又三年"的解放军战士,实践"先治坡,后治窝"的大庆油田。画面主体是相貌酷似爷俩的劳动者,手持活期储蓄存折,精神饱满,体格健壮。

6.《每人储蓄一元,全国可以积累七亿元》(图2-51)

人民银行云南省分行印制。那时有个口号叫"七亿人民七亿兵,万里江山万里营",是自我鼓劲,准备应对随时来犯的帝修反(即帝国主义、修正主义、各国反动派)的豪迈口号。银行女干部身背"为人民服务"军用挎包,手持第三版1元人民币。因此,可以断定这张画是20世纪"文革"期间的作品。根据7亿元人民币可以买到的商品,我们可以算出:当时,一台履带式拖拉机14 000元,一吨化肥140元,建设1千米铁路581 395元。

7.《储蓄画刊》(图2-52)

人民银行湖南省分行与《长沙日报·刺玫瑰漫画组》1980年5月合编。刊登了20多幅(组)宣传

↥ 图2-51 储蓄宣传画之六

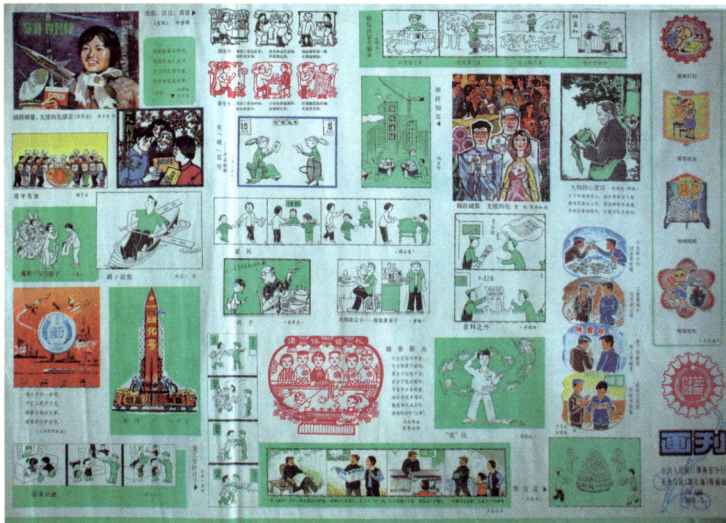

↥ 图2-52 储蓄宣传画之七

储蓄的漫画,很有看头。当时改革开放刚起步,银行之间竞争尚未开始,党报将提倡储蓄作为分内之事加以宣传。

8.《银行办理国库券贴现和抵押贷款》(图2-53)

内蒙古自治区国库券推销委员会办公室1985年绘编。国家于1981年首次面向企事业单位、个人发行国库券,规定还本期限为5年,不得作为货币流通,不得自由买卖。当时民众不了解也不太接受这种新的债种,政府下了大力气进行宣传推广。国库券发行满5年之后,国家以抽签方式对中号者进行还本付息。内蒙古自治区用国库券办理贴现和抵押贷款是个新事物。

9.《储蓄原则》(图2-54)

中国农业银行江苏省分行印制。这幅宣传画

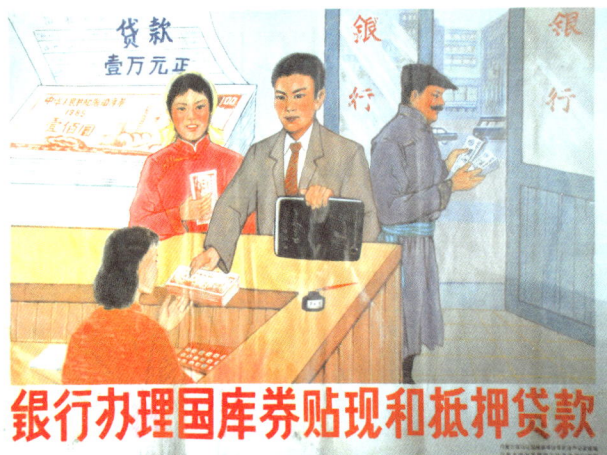

↑ 图2-53 储蓄宣传画之八

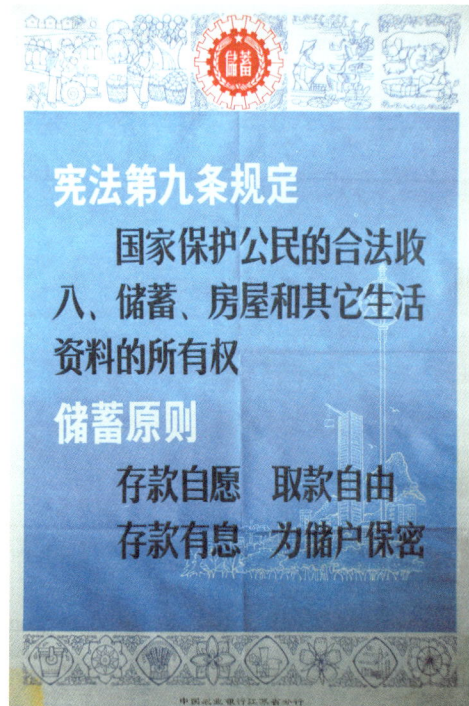

↑ 图2-54 储蓄宣传画之九

将《宪法》保护储蓄、银行的储蓄原则以大字印出，用以引起储户注意。经查阅资料，一是新中国成立前夕通过的《1949临时宪法》第三十七条，1954年《宪法》第十一条、1975年《宪法》第九条、1978年《宪法》第九条、1982年《宪法》第十三条均规定国家对储蓄进行保护和鼓励；二是现行的储蓄原则"存款自愿，取款自由，存款有息，为储户保密"是1972年国家修订储蓄章程时确定的（据中国工商银行《储蓄》教材）。据以上两点，该画应是1975年《宪法》修订颁布后编印的。

10. 1956年的储蓄宣传书签（图2-55）

中国人民银行上海市分行印发。正面是吉祥云纹环绕的和平鸽灯笼、"祖国万岁，和平万岁"口号；背面是储徽和宣传韵文"庆祝国庆，锣鼓喧天。五年计划，执行四年，胜利在望，快马加鞭，多快好省，贯彻全面。安排生活，克勤克俭，踊跃储蓄，力量增添。加速建设，幸福无边。"（本文宣传画均为姜海藏品）

↑ 图2-55　1956年的储蓄宣传书签

抗美援朝口号存单和宣传"优售粮棉油料储蓄"宣传画

工会办公室　刘　璇

图 2-56　宣传"优售粮棉油料储蓄"的木刻画

据《山东省金融志》记载，1954 年 7 月，人民银行在全省第二次开办"优待售粮定期定额储蓄存款"，面额有 2 万元、5 万元、10 万元、30 万元（旧币 1 万元折现行人民币 1 元）4 种，存期 1 个月至 1 年不等，利率优惠。至当年底，全省农村共收此类储种 4 355 亿元（旧人民币）。

为广泛宣传这个储蓄品种，当时有关部门印发了许多宣传画，图 2-56 所示的是其中很有代表性的一幅木版画。从画中五位主体人物的衣着打扮看，他们是北方的农民，手中拿着一张面值壹万元的《优售粮棉油料储蓄存单》；从画面上下标语内容看,这幅画创作时间似应在 1953 年 7 月抗美援朝停战协议签订之前。画家是谁辨识不出。

当时许多储蓄存单、商家发票上都加盖"捐献飞机大炮,打败美国强盗"之类的口号印记(图 2-57),营造支援抗美援朝的浓厚氛围。

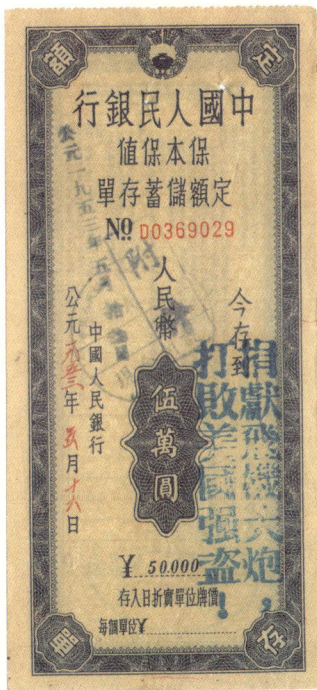

图 2-57　带有抗美援朝口号的安徽省优待售粮储蓄存单(刘宝春藏品)

难忘的"小报"情结

现金营运中心　王　伟

1979 年,我从当时的台东区办(今市北一支行)调到分行储蓄科,也就是后来的储蓄部,从事统计和宣传工作,当然也包括宣传小报的编辑工作。当时分行有一份对外宣传材料,名叫《储蓄宣传资料》,16 开大小,主要刊登储蓄动态、先进典型、经验介绍等,大多分发到各储蓄所以及周边的机关、部队、企业、学校和街道等,也算是工行对外宣传的一个窗口吧。当时业务比较单一,主要是储蓄业务,但依靠社会力量办储蓄却是当时的一大主流,所以,行领导也非常重视小报的宣传作用,储蓄外勤出去开展工作时包里总是装着我们的宣传小报。

随着时间的推移,周边的郊县如即墨、胶南、胶州等陆续划归青岛管理,这样分行管辖的面就大了。这时，为了更好地发挥小报地宣传功能，从1982年开始，分行决定将《储蓄宣传资料》更名为《人民储蓄》，版面改为8开双面，其内容也更多了。

报纸的编辑工作很有意义，当然也很辛苦，我也是边学习边实践，既要组织、编辑稿件，又要学着排版、画版，联系印刷和校对，最后还要负责发行和计发稿费。因为当时人手少，这些活基本上都是我一个人干。所以，当每期带有墨香的报纸出刊后，心里还真有点成就感。为了提高可读性，我们还将报纸分设了几个小栏目，有时事新闻、社会动态、业务知识、生活常识等。形式上也尽量做到多种多样，有报道，有评论，有图片，有诗歌和文学作品等，力争做到喜闻乐见、可读性强。记得现中央电视台著名主持人、当时在青岛曲艺团工作的相声演员赵保乐所创作的山东快书《见钱眼红》，就是在我们的《人民储蓄》报上发表的，现在看来也相当有纪念意义。

由于小报的内容比较丰富，宣传效果也不错，社会反响也挺好。在行领导的支持下，从1988年开始，将《人民储蓄》更名为《青岛储蓄报》，并在市委宣传部办理了内部刊物许可证，也由原来的8开版扩版为4开4版，其内容也比原先更加丰富了，

如图2-58所示。这可不同于一般的更名和扩版，因为从此《青岛储蓄报》便成为一份在市委宣传部备案的正规内部报刊了。同时，工行也加入了由市委宣传部牵头成立的《青岛市企业报联谊会》，与《青岛港报》《火车头报》《青钢报》等一些青岛市知名企业的报纸一起成为企业报联谊会的理事单位。每当新的一期报纸编印出来之后，我们就与青岛市各大企业报，与全国主要省市我们的同行报纸进行交流，既互相学习，又扩大了影响，而且报纸的编辑工作也按照报业出版的要求越来越规范了。为此，我们还组建了一支遍布各支行的通讯员队伍，除了工行员工以外，社会各界甚至连外地读者也纷纷投稿，稿件的质量越来越高，可读性越来越强。1989年黄岛油库发生大火时，当时黄岛区办的王敬军同志及时采写了描写工行员工冒险抢救银行账款的通讯《熊熊烈火见真情》。该文章经《青岛储蓄报》发表后，在社会上引起很大的反响，并在当年由市委宣传部组织的企业报好新闻评选活动中被评为好新闻特等奖。

后来，随着工作重点的转移和变化，传统的储蓄业务已经不能满足日益发展的个人金融业务的

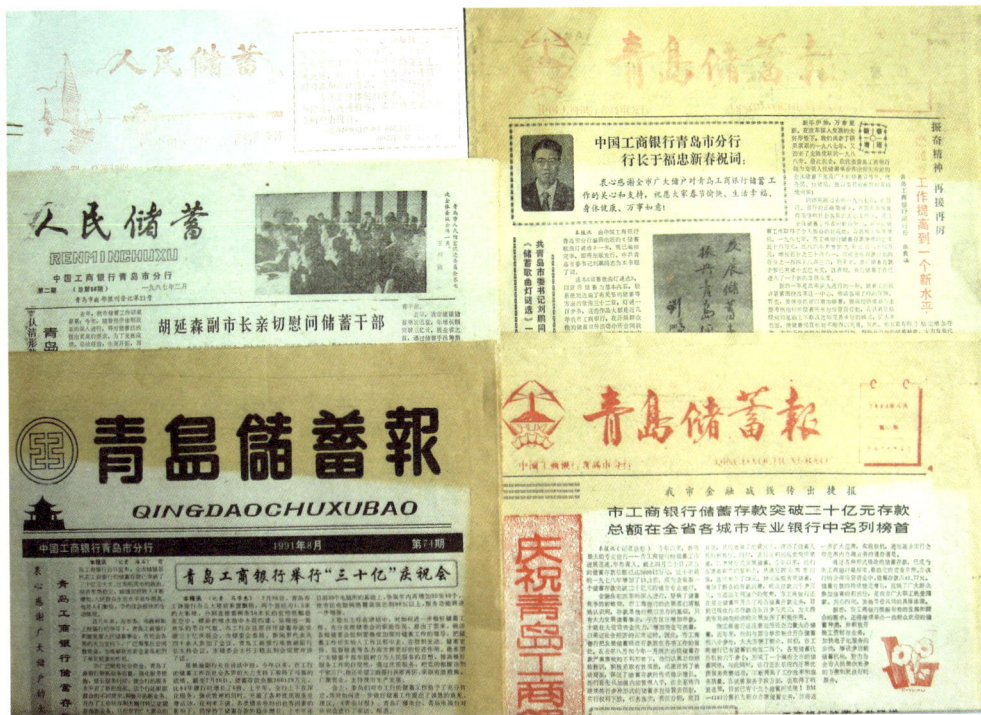

⤴ 图 2-58　王伟编辑的几种储蓄报

需求了,储蓄业务已被"大个金"业务所包含,宣传手段和宣传方式也更加丰富、更加完善,之后《青岛储蓄报》也就不再出刊了。回头看来,通过一张小小报纸的变迁,折射出工商银行快速发展的历程。就拿储蓄存款来说,1979 年全行储蓄存款余额只有1.3 亿元,至 2014 年末已突破 600 亿元,这是多大的变化啊。现在,每当我翻起这些已经有些泛黄的报纸时,对比过去的一切,确实感到今非昔比,因此也更加体会到我们工商银行所取得的巨大成就和发生的深刻变化,并为今天工行的辉煌而骄傲。

图 2-59 《储蓄宣传作品选集》封面

图 2-60 储蓄美工窦世魁作品

储蓄美工与《储蓄宣传作品选集》

工会办公室 刘 璇

《储蓄宣传作品选集》(图 2-59)由山东美术出版社 1993 年 6 月出版,12 开本,73 页,印数 2 000 册,时任工商银行山东省分行行长宋艾术担任主编并作序,收录全省工行 43 名员工所创作的 109 幅美术作品,其中大多数作品以储蓄宣传为主题,包括青岛工行 7 名美工所创作的 17 幅作品。

该《选集》第一位作者是中国书法家协会理事、全国著名书画家魏启后,第二位作者是中国美术家协会会员、青岛分行的窦世魁,其他还有青岛市南区办事处的陈裕基、彭晖逊,四方区办事处的徐黎、赵海霞,市北区办事处的谭青德,沧口区办事处的马旭。

那时,储蓄宣传品的制作全靠这些一专多能的储蓄美工用手工来书写、描绘、剪刻,把储蓄业务的原则、种类、办法、好处等形象地表现出来,五彩缤纷,赤

图 2-61　储蓄美工陈裕基作品

图 2-63　储蓄美工徐黎作品

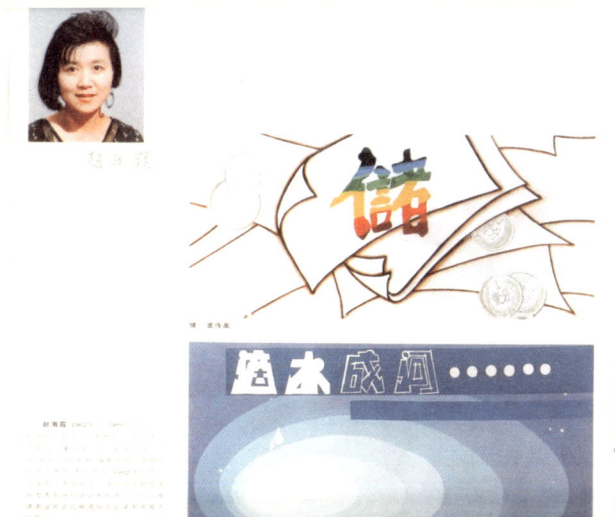

图 2-62　储蓄美工赵海霞作品

图 2-64　储蓄美工彭晖遨作品

↑ 图 2-65　储蓄美工谭青德作品

↑ 图 2-66　储蓄美工马旭作品

橙黄绿,吸引客户,争揽存款,为超额完成储蓄任务贡献艺术才华。为提高美工的创作水平,人民银行山东省分行曾于 1982 年在青岛市委党校(现无棣四路附近天地山城院内)举办过有 40 多人参加的全省储蓄美工培训班,青岛分行的美工陈裕基给大家讲过怎样写美术字。

大约从 20 世纪 90 年代后期开始,社会上广告公司所使用的电脑装帧美术迅速普及,很快取代了储蓄宣传品的手工制作,"储蓄美工"这一银行内的特殊工种也随之消失。这本《储蓄宣传作品选集》记录了当时储蓄美工及其作品曾经的辉煌。

工商银行编印的《储蓄实用美术》

工会办公室 刘 璇

图 2-67 所示的这本《储蓄实用美术》由陕西人民美术出版社 1994 年 4 月出版,24 开本,165 页,印数 10 000 册,夏长文主编。

该书第一页印有工行行徽,行徽下注明"中国工商银行荣誉推荐";第二页印有工行行徽黑白标准图和行徽制作图。

书内分为刊头撷英、尾花争艳、储海拾贝等三部分,收录全国工行 175 名员工所创作的 1 300 多幅储蓄宣传所用的刊头、尾花和美术字作品,包括当时青岛分行市南区办事处储蓄美工陈裕基的作品。陈裕基同志和山东省行郑梅生同志曾在青岛和潍坊由省人民银行举办的全省储蓄美工培训班上讲课,颇得学员好评。

20 世纪 90 年代之前,数码相机尚未问世,用

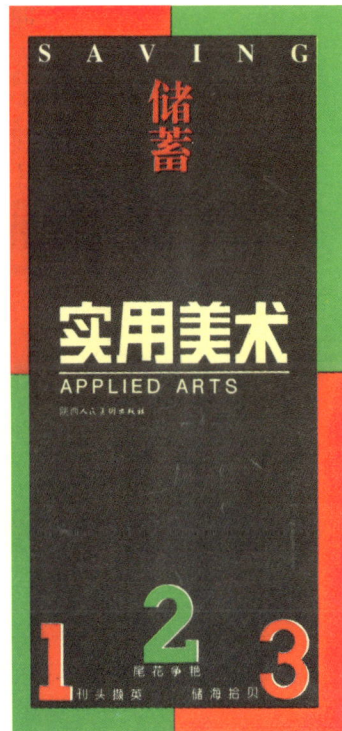

↑ 图 2-67 《储蓄实用美术》封面

胶卷拍照相当麻烦,因此,报刊上使用照片数量少、篇幅小,多使用手绘的刊头、尾花和美术字来美化版面。储蓄美工也经常在银行业务宣传画上大量使用手绘的刊头、尾花和美术字,这是储蓄美工的基本功之一。手头若有一本《储蓄实用美术》,就可以借鉴参考,启发思路,备感方便。这本画册选用的刊头、尾花和美术字,也形象地折射出当时的社会经济生活的常态,让过来之人有所回味。

⬆ 图 2-68 《储蓄实用美术》
刊头撷英选图

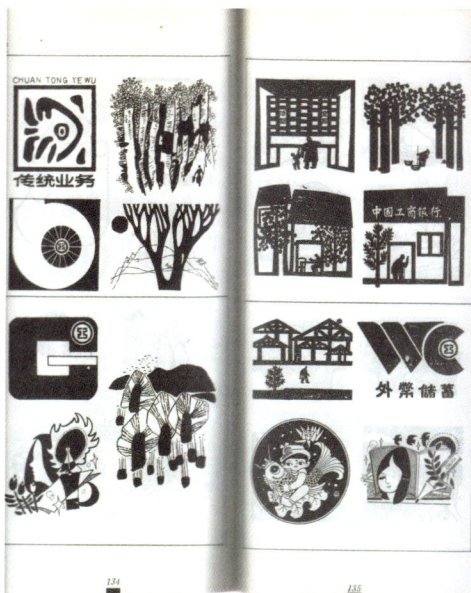

⬆ 图 2-69 《储蓄实用美术》
尾花争艳选图

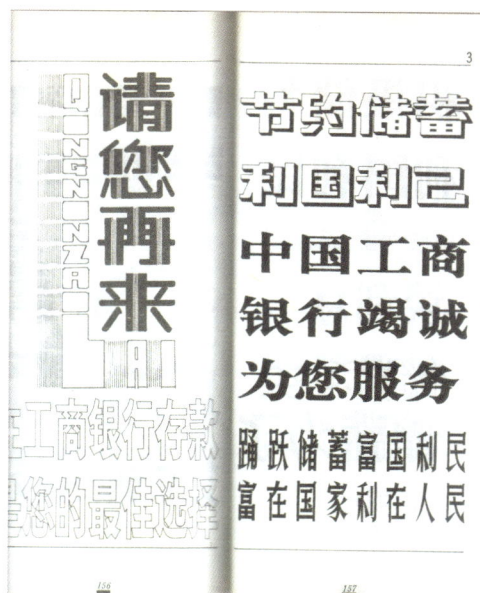

⬆ 图 2-70 《储蓄实用美术》
储海拾贝选图

1981 年的《储蓄美术宣传手册》

莱西支行　王兰青

图 2-71 所示的这本《储蓄美术宣传手册》由中国人民银行吉林省分行编印,1981 年 7 月发行,32 开,94 页;汇集了银行储蓄宣传海报常见的艺术字体、报头插图、储蓄的原则口号等带有鲜明时代烙印的专题素材。例如,"全国每人储蓄一元钱,就是十亿元,可买拖拉机 10 万台,可买钢材 133 万吨,可建化肥厂 100 个,可建纺织厂 66 个,可解决住宅 7.4 万户",即那时建一套普通住宅需要 13 500 多元。

改革开放初期,国家建设急需资金却找不到资金,只有依靠民众压缩消费、积极储蓄这一种办法来积攒,银行则竭尽全力宣传储蓄、争揽储蓄。

封面

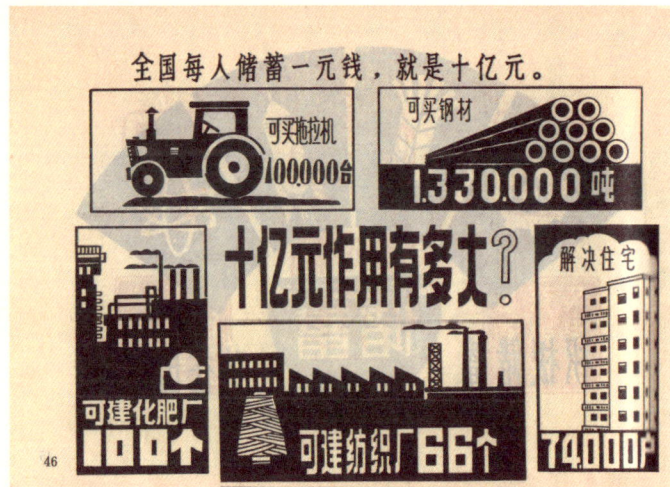

内页

↑ 图 2-71　1981 年的《储蓄美术宣传手册》

我与储蓄宣传

渠道管理部　赵海霞

1989 年，我从山东纺织工学院毕业，分配到工商银行青岛市四方区办事处。领导看我是学实用美术专业的，就安排我到储蓄科做储蓄宣传工作，简称"储蓄美工"。这是我入行后的第一个岗位。

"储蓄美工"的主要工作是为储蓄所作储蓄宣传，具体方式就是在墙上挂镜框、张贴刻字、大横幅标语等。记得用不干胶纸刻字，是在废报纸上手工写好要宣传的内容，再将每一个字固定在不干胶纸上，用壁纸刀一笔一画刻透，抖掉边角料，撕掉不干胶膜，将字帖在预先备好的底板上，装上镜框，一幅"单面墙上灯箱"便大功告成。一个刻有"存款自愿，取款自由，存款有息，为储户保密"字样的单面墙上灯箱，是我来到工商银行第一件"作品"。

那时，行里经常举办宣传活动。宣传理财产品

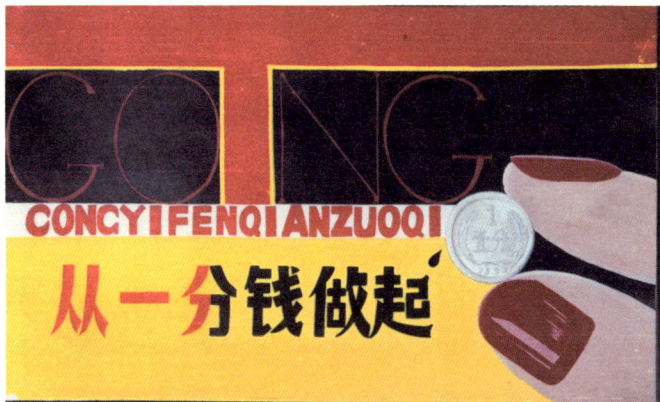

图 2-72　赵海霞创作的储蓄宣传画之一

"大额存单"等,我们就将一张大红纸折叠成想要的大小间距,铺开直接手写黑体美术字。有位男同事手写黑体字美术功力很深,不亚于电脑上的标准。如果赶上新年放假通知,就将粉色的纸对开,毛笔行书,每个网点各写一份,比较过瘾。

1993年,省工行要出一本储蓄美术宣传的书,要求全行每个美工人员报送2～3幅作品。我画了两幅装饰画,现在看相当幼稚。一幅《储》,散落的一叠存单上点缀着几枚硬币,晕染的手法,当时还感觉不错呢;还有一幅《滴水成河》,用颜色减淡的构成手法表现河水的涟漪,几滴水滴寓意储蓄的重要性。1993年6月,《储蓄宣传作品选集》由山东美术出版社出版了,还配了我2吋个人照片。

一天,一位朋友找到我,要我为青岛中信银行设计一张大额存单,要求黑白稿即可。我利用业余时间,翻阅了一些中外纸币的资料,设计了一张以中国传统花卉卷纹为主的适合纹样,用小号的针管笔一点点绘制,点出黑白素描关系,费了不少时间。青岛中信银行拿走后比较满意,并且印刷采用了,还付给我500元人民币稿费。遗憾的是当时没有留下底稿照片,要不然,如果中信银行举办老物件纪念展览,我也可以拿出来参加呀。

写这篇小记,就是一次美好的回忆,年轻、温馨、悠远……

↑ 图 2-73 赵海霞创作的储蓄宣传画之二

赠送客户的《方成漫画挂历》

工会办公室 刘 璇

20世纪八九十年代,每逢年末岁尾、辞旧迎新之际,包括各大银行在内的大小商家纷纷印制种类

工商银行您忠实的朋友

⊙ 图 2-74 赠送客户的《方成漫画挂历》

繁多的挂历、台历赠送客户,用以联络感情、宣传企业。特别是那些艺术挂历,因其题材多样、画面优美、印制精良,深受客户欢迎。诸如古今伟人、自然风光、书法绘画、影视明星等题材挂历,至今已成为售价不菲的收藏品。进入 21 世纪,受社会审美趣味变化、艺术品种类增多、住房装潢档次提升等原因影响,挂历热逐年降温。至 2013 年中央"反四风"通知下达,2014 年挂历在市场上严重滞销,银行也大大减少赠送数量。

图 2-74 所示的我手头这份工商银行青岛市分行印制于 1997 年的《方成漫画挂历》,对开幅面,收有著名漫画家方成的 6 幅作品。

庆祝工商银行储蓄突破 5 000 亿元贺年有奖明信片

工会办公室 刘 璇

据《中国工商银行行史 1984—1993 年》记载,1988 年,工商银行首台 ATM 在上海分行投入使用;1990 年,工商银行开始在上海、济南、青岛等13个城市分行装备ATM120台，牡丹卡开始在 ATM、POS 上使用。1993 年，为让更多客户认识接受 ATM，便在每年一度的邮政贺年有奖明信片上发布了 ATM、自助银行广告。

据《中国工商银行统计1984—1993年》记载，1993 年 9 月末，工商银行储蓄余额为4 985.36 亿元，10 月末为 5 091.16 亿元。为此，工总行发行了《庆祝中国工商银行储蓄存款突破 5 000 亿元 1994 年（狗年）贺年有奖明信片》，一套几张不详。

2013 年末，工商银行储蓄存款余额为73 020.81 亿元，是 1993 年末的 14.34 倍。当年发行的明信片中一张的广告语是"（ATM）自动柜员机服务现代文明社会，自助银行助你事业成功"（图 2-75）。

↑ 图 2-75　邮政贺年有奖明信片

"卡通老鼠"进银行

工会办公室　刘　璇

　　在农耕时代,多数人住在更接地气的农村,少不了与老鼠打交道。农民对待老鼠,既恼怒其偷粮啃物,又感叹其生命力顽强——十二生肖居然以被"人人喊打"的过街老鼠领头,成语、歇后语里面有着不少鼠类因素,民间多有"一公加一母,一年二百五""老鼠偷油""老鼠嫁女""老鼠成精害人"等传说、歌谣和图画;现在人们雕刻珠宝玉器,还有老鼠趴在一堆铜钱上面的造型,这叫作"鼠(数)钱",类似员工点钞,很得爱钱人士的欢心。银行赶上鼠年,在贺年有奖明信片上做广告,便是顺理成章的事情。

　　手头有《中国工商银行储蓄宣传中国邮政贺年(有奖)明信片(1996鼠年)》当中的第5、6、7、8张(图2-76),全套一共几张不详。背面均为工行储蓄广告,分别是享受现代化的储蓄服务,存款请到工商银行,住房储蓄使您美梦成真,储户新年好——耗子"成精"进银行,那些画面挺有趣。

图 2-76　1996 鼠年邮政贺年有奖明信片

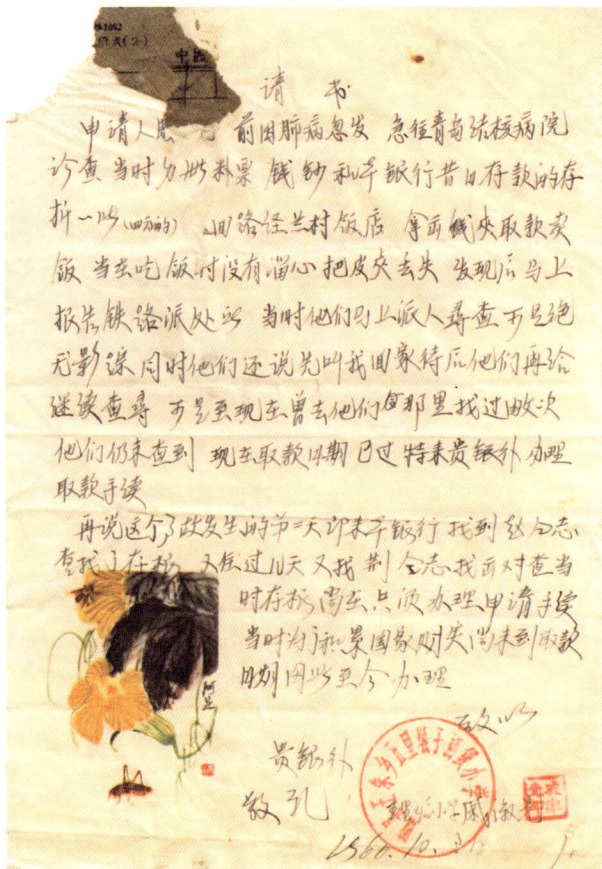

↑ 图 2-77　1960 年的"客户作文"

一份特殊的客户作文《申请书》

工会办公室　刘　璇

偶然收到几张 50 多年前储蓄客户写给人民银行储蓄所的《申请书》《证明信》。按照当时人民银行的规定，储户丢失存折、存单，要想取款，就要所在单位出具证明信，写明丢失原因，加盖单位公章，银行方可受理查阅存根，属实后支付存款。一般的《申请书》《证明信》，大都只有几行字，写明原因、请求即止，唯独有一封《申请书》与众不同，竟然洋洋洒洒 300 字，很像一篇记叙文，详述前因后果，读之生动有趣（图 2-77）。全文如下：

"申请人周□□，前因肺病复发，急往青岛结核病医院诊察。当时身带粮票、钱钞和本银行昔日存款的存折一张（四方的）。回路经蓝村饭店，拿出钱夹取款买饭，当在吃饭时没有留心把皮夹丢失，发现后马上报告铁路派出所。当时他们马上派人巡查，可是绝无踪影，同时他们还说先叫我回家，待后他们再给继续查询。可是至现在，曾去他们那里找过数次，他们仍未查到。现在取款日期已过，特来贵银行办理取款手续。

再说这个事故发生的第二天即来本银行找到赵同志查找了存根。又住过几天，又找到荆同志，找出查对当时存根尚在，只须办理申请手续。当时为了积累国家财富尚未到取款日期，因此至今办理。

致以贵银行敬礼

王朱乡□□小学签名（私人名章）

1960.10.3 启

胶县王朱乡五里□□初级小学公章"

需要指出的是，1960 年是三年困难时期，生产纸张的原料低劣，纸张质量很差，很多书刊、传票、单证都是用黑乎乎、粗不拉几的再生纸印制，但这张信笺却是色白且印有齐白石的国画小品。这在 1960 年要算是很讲究的信笺了。

青岛工行第一次职代会代表证

工会办公室　刘　璇

中国工商银行青岛市分行成立于 1984 年 10 月。根据《关于召开全行首届工会代表大会和首届职工代表大会的有关事项的通知》（88 青工银工字第 11 号），全行首届工代会于 1988 年 9 月 19 日至 20 日召开，全行首届职代会于 10 月 20 日至 22 日召开，会议地点均在青岛崂山宾馆。代表总数占职工总数的 7%，大约 250 人左右，代表着全行 3 500 多名职工。

图 2-78 所示的是中国工商银行青岛分行第一次职工代表大会的代表证。

↑ 图 2-78　青岛工行第一次职代会代表证

1995 年的《职业道德和优质服务规范手册》

胶南支行　刘　囡

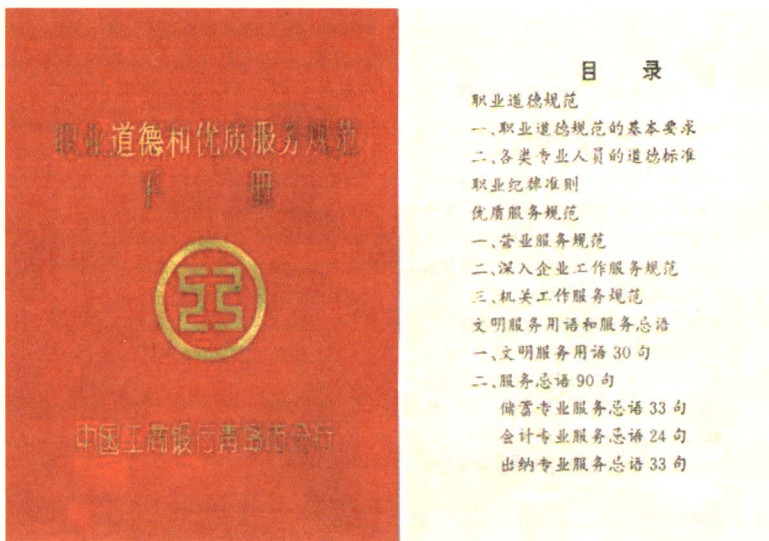

目　录

职业道德规范
一、职业道德规范的基本要求
二、各类专业人员的道德标准
职业纪律准则
优质服务规范
一、营业服务规范
二、深入企业工作服务规范
三、机关工作服务规范
文明服务用语和服务忌语
一、文明服务用语 30 句
二、服务忌语 90 句
　　储蓄专业服务忌语 33 句
　　会计专业服务忌语 24 句
　　出纳专业服务忌语 33 句

⬆ 图 2-79　1995 年的《职业道德和优质服务规范手册》

为进一步加强工商银行职业道德建设，提高优质服务工作水平，塑造良好的工行形象，市分行于 1995 年 8 月印发了如图 2-79 所示的这本《职业道德和优质服务规范手册》，员工人手一册，供大家学习，以规范和指导员工的道德行为和服务标准。手册共分职业道德规范、职业纪律准则、优质服务规范、文明服务用语和忌语四部分。文字简练，内容具体，便于记忆，便于操作，便于监督检查。

这是早期印发的职业道德、服务规范手册。进入 21 世纪，总行、分行又多次修订印发过此类手册。

1963 年的工资定级公函

胶南支行　徐明顺

1963 年 10 月 26 日，中国人民银行胶南县支行面向各营业所、分理处以及机构本部各股发出了一份工资定级公函，图 2-80 所示的是发给支行会计股的工资定级公函中的一份。

1962 年 11 月，昌潍专区中心支行分配至胶南县支行一批高等、中等学校学生至 1963 年 10 月工作满一年以后，按规定应为其定级。定级标准是，大学本科、专科学习一年和高等班学习四年（初中毕业在校学习四年）的肄业生，参加工作满一年以上，应按国家机关工作人员工资标准定为 25 级或 26 级（“文革”前一段时间国家机关工作人员工资级别共分 30 级）。具体操作方法是：在定级前先由本人写出一年来的工作总结，再根据定级标准结合本人的工作与思想表现情况，召开所务会（股务会）进行研究，初步确定推荐意见和定级级别报县支行审核批准。

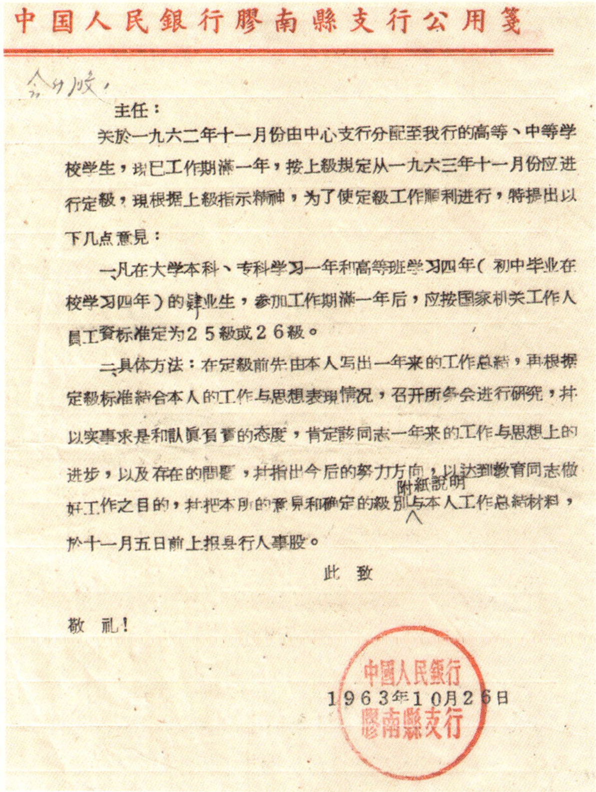

中国人民銀行膠南縣支行公用箋

会计股：

主任：

关於一九六二年十一月份由中心支行分配至我行的高等、中等学校学生，現已工作期滿一年，按上級規定从一九六三年十一月份应进行定級，現根据上級指示精神，为了使定級工作順利进行，特提出以下几点意見：

一、凡在大学本科、专科学习一年和高等班学习四年（初中毕业在校学习四年）的肄业生，参加工作期滿一年后，应按国家机关工作人員工資标准定为２５級或２６級。

二、具体方法：在定級前先由本人写出一年来的工作总結，再根据定級标准結合本人的工作与思想表現情况，召开所务会进行研究，并以实事求是和認眞負責的态度，肯定該同志一年来的工作与思想上的进步，以及存在的問題，并指出今后的努力方向，以达到教育同志做好工作之目的，并把本所的意見和确定的級別附紙說明与本人工作总結材料，於十一月五日前上报县行人事股。

此　致

敬　礼！

中國人民銀行膠南縣支行

１９６３年１０月２６日

图 2-80　1963 年的工资定级公函

1951 年人民银行使用的《算术课本》

开发区支行　刘宝春

图 2-81 所示的这本《算术课本》(第一册)，是 1951 年华东人民出版社出版，适用于机关职工业余学校中级班，32 开，44 页；封面上盖有 2 枚公章——"中国店员工会青岛市人民银行分行委员会""中国人民银行青岛分行职工业余学校教导处"。公章上的字是自右往左排列的繁体字，说明这是新中国成立初期、1956 年第一批简化汉字公布之前刻制的印章。

课本的《说明》介绍，本书供小学程度的机关职工业余学校之用。全书共分五册，普通班三册，中级班二册，五个学期学完，即相当于高小毕业程度。

从目录看出，课本内容有三块——"百分法及其应用"，包括汇兑和保险、赋税、赚和赔、加成和折扣、利息(一)—(四)；"簿记"；"简易统计图表"。其内容重点突出，贴近经济金融实际，非常切合银行职工日常工作的需要。

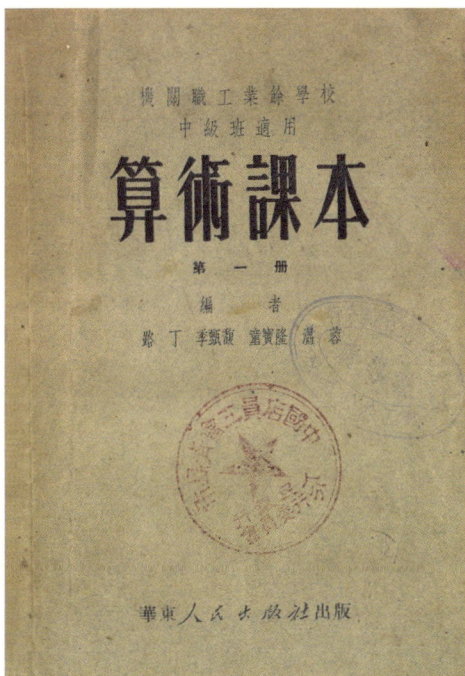

封面

和是多少元？

(6) 月利1分2釐，借款15,000元，一年後的本利和是多少元？

(7) 存款5,000元，月利1分2釐，一年後的本利和是多少元？

(8) 這一筆存款，改做年利1分5釐計算，可得本利和多少元？

十四 利息(三)

例：合作社有一筆存款，月利5釐，7個月後得到利息1,050元，存款是多少元？

7個月的利息1,050元，1個月的利息是1,050元÷7。

一個月的利息當子數，月利率0.005當成數，本金當母數。

$$子數÷成數＝母數$$

所以 1,050元÷7÷0.005＝30,000元

子 成 母(本金)

答：存款是30,000元

習題十三

(1) 月利1分，5個月的利息是450元，本金是多少元？

(2) 布5疋，半年後賣出，共得利息13,500元，計算利息，是年利15%，每定布的成本是多少元？

(3) 年利2分，半年得利息1,500元，本金是多少元？

(4) 年利90%，5個月得利息450元，本金是多少元？

(5) 年利6釐5毫，五年半得利息21,450元，本金是多少元？

(6) 有一筆年利2分5釐的存款，4年後收回，得利息25,000元，本金是多少元？

(7) 月利2分半，借款4年，期滿時付息8,600元，本金是多少元？

(8) 月利1分4釐，存款5月，得息140元，本金是多少元？

十五 利息(四)

例一 合作社借入款20,000元，2年期滿付利息3,200元，年利率是多少？

3,200元÷2＝1,600元（每年的利息）

1,600元÷20,000元＝0.08（年利率）

兩式合併：

3,200元÷2÷20,000元＝0.08＝8%

答：年利率8%

所以利息÷時期÷本金＝利率

例二 本金15,000元，月利1%，幾個月可得利息450元？

15,000元×1%＝150元（一個月的利息）

450元÷150＝3（月）

兩式合併：

450元÷(15,000元×1%)

内页

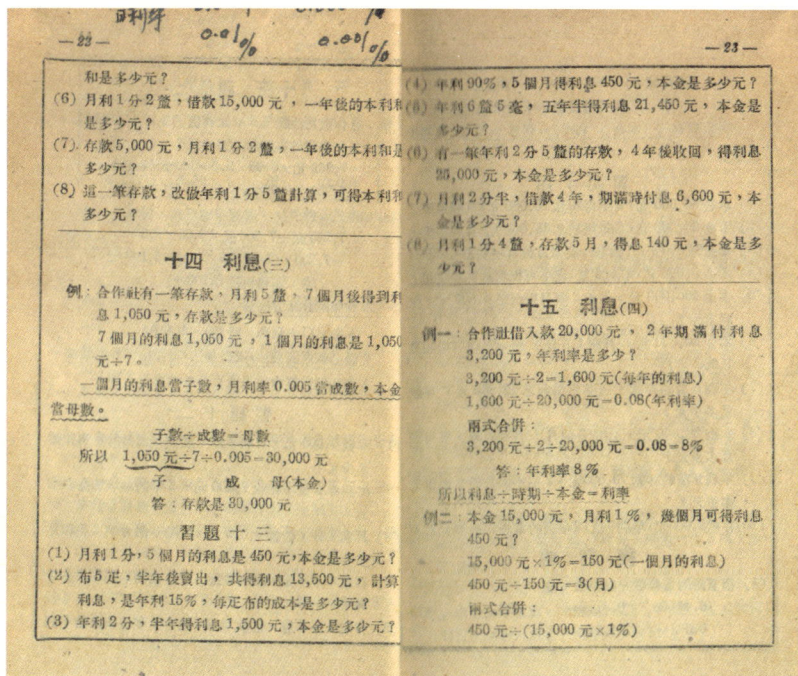

⬆ 图 2-81　1951 年人民银行使用的《算术课本》

工商银行中专学校试用教材《储蓄》

开发区支行　刘宝春

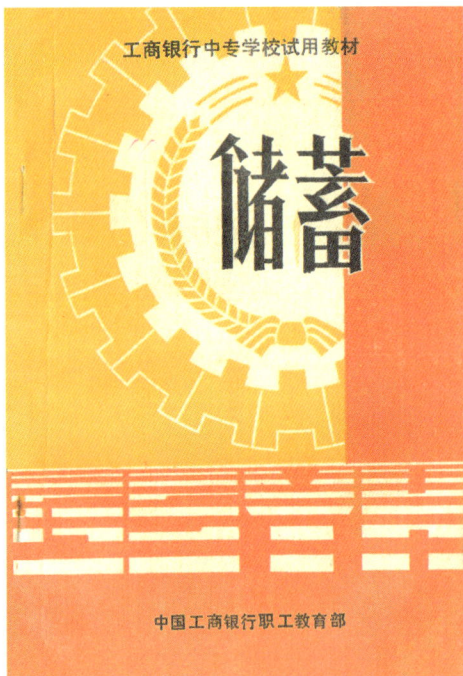

图 2-82　工商银行中专学校试用教材《储蓄》

　　图 2-82 所示的是一本由中国工商银行职工教育部编写的工商银行中专学校试用教材(送审稿),1987 年内部发行。《前言》说明,"本书是为工商银行干部和职业高中教学需要而编写的试用教材,也是工商银行系统职称考试指定的复习用书。同时,可供函授、业余及银行岗位培训储蓄人员学习"。

　　银行老职工都有亲身体会,20 世纪七八十年代,"十年动乱"刚刚结束,银行通过"顶替"和招工入行的职工,文化水平普遍较低。随着经济、金融体制改革的发展,银行急需提高职工的整体素质,各分行纷纷办起业余或脱产的职工中专教育,再加上事关职工切身利益的职称考评工作正进行得热火朝天,急需银行培训资料。总行适时发行了这本《储蓄》教材。

　　该教材 32 开本,165 页,共有 10 章 34 节,详细阐述了储蓄的形成和发展、储蓄的性质和作用、储蓄的种类、储蓄的政策和原则，以及储蓄利息的计算等内容，在当时是一本非常适合在职银行员工培训的教材。

1992 年获得电脑储蓄培训合格证书

开发区支行　耿来意

我进银行工作的时候，是 20 世纪 80 年代末，银行的业务是手工操作的，每天班前的一项重要工作，是从保险柜里搬出一盒一盒的活期存折卡片、定期存款存根等，放在柜台下面的滑道上，以备办理业务时取用。如办理一笔活期存折存款或取款，要从盛满存折卡片的盒子里抽取该存折对应的卡片，登记盖章。业务终了，根据传票手工编制日报表，账平款符后再把存折卡片及新办理的存单存根归置进盒子里，锁入保险柜。这种手工操作模式一直持续到 1992 年，从此便一去不复返了，因为从那年始，银行鸟枪换炮，用上了高科技的东西——电脑。

90 年代初，电脑还是个新奇的玩意儿，见过的人不多，会玩的人更少，能玩几下子的便是高科技人才了，会让人刮目相看。我在此之前就没有摸过电脑，当储蓄所里要配置电脑的消息传来的时候，每个人的心里除了好奇，还有一丝淡淡的不安，因为大家都是"大姑娘上轿——头一回"。对于基层行操作人员的这种心理，上级行自然是心知肚明的，因此，还在电脑配置以前，市分行就组织了操作培训，派了相关部门的人员到基层行进行"强化训练"。

我记得自己参加的培训班设在胶南宾馆的一个大房间里，听老师们讲什么是键盘、什么是主机、什么是终端、什么是登录、什么是录入、什么是拼音打字、什么是五笔打字,房间里还安装了几台电脑,每个来培训的人都有机会摸一摸,增加一些感性认识。那时候怎么学的,都学到了些什么,现在也记不清了,当时只是觉得那个叫电脑的东西真是太神了,那些教电脑的老师们真是太牛了。

印象深刻的是那时头一次听说了"五笔字型"打字法,培训的老师说这种打字法在当时是打字最快的方法,但学习起来会困难一些,不要求在培训中掌握,如果谁感兴趣可以问他们。那时候,拼音打字还弄不明白呢,谁还敢去碰那高深的东西呢?因此老师的话说过以后,也就没有人表示对"五笔字型"感兴趣了。不过,我一直把老师的话记在脑子里,几年后终于掌握了这种打字法,而且至今引以为傲的是,后来在一次全支行的业务比赛中,我的汉字录入成绩竟然力挫群雄取得了第一名,我从小到大,从来就没有得过第一名,那可是我人生中的头一个第一名,而且是在"高科技"领域,因此得意之形溢于言表。

1992 年的那次培训,对于许许多多人来说是铭记于心的,因为那次培训意味着一个非常重要的转折,一次非常重要的飞跃,我们所就职的工行从此大跨步地迈上了电子化的发展道路,而我们也从"搬箱倒柜"的体力中解放出来,由"手工业工人"摇身变成了掌握高科技武器的"现代化工人"了。

那次培训之后不久,我们拿到了烫金的培训"证书"(图 2-83)。我的"证书"编号为 0207,上书:"耿来意同志:在计算机储蓄业务操作培训中,经考核合格,准予上岗。"三个鲜红的大印赫然在目:市

图 2-83　1992 年获得电脑储蓄培训合格证书

分行教育处,市分行科学技术处,市分行储蓄部。20多年过去了,多少东西从我的手里随风而去,而这个"证书"却完整地保存了下来,它虽是一张薄纸,却记录着一份厚重。

据说,1992年工行网点配置的那批电脑是德国援赠的,我不得详情;根据百度搜索,大体上推测了一下。

青岛市与德国的友好城市是曼海姆市,于1995年缔结友好城市关系。1989年当选曼海姆市第一副市长的艾格(NORBERT EGGER)博士非常关注青岛与德国的友好往来,多次造访青岛,力促两个城市结好,推动了一批文化、经济交流项目。艾格博士分管的工作是金融、住房、供电、供水以及交通等领域,对青岛的银行进行计算机的援赠是极有可能的,如果工行网点配置的电脑确系德国援赠,应与艾格博士推动的经济交流项目有关。2004年1月,青岛市政府授予艾格博士青岛市"荣誉市民"称号。

今天,电脑已经得到空前的普及,早已飞入寻常百姓家了,小孩子都能"无师自通",玩得顺顺溜溜,银行也不会再组织像"计算机储蓄业务操作"这样的上岗培训了。回头看看,如在眼前,可又仿佛"换了人间"。都说科技改变生活,1992年的初识电脑,让我时时感受到了这种改变,它让我贴近了这个时代,感受着这个时代的日新月异。

张绪春荣获的劳模立功证书

四方支行　于孝业

1994年10月24日,面对一名企图纵火抢劫银行巨款的歹徒,四方支行张绪春同工行原瑞昌路储蓄所全体同志忠于职守,临危不惧,紧密配合,在被歹徒造成身体伤害的情况下,以大无畏的精神与歹徒展开搏斗,保住了工行85 300多元现金和553 300多元有价证券及储蓄所的安全,为维护社会稳定作出了贡献。1994年至1995年他们先后被四方区委、区政府授予"见义勇为好公民"称号,被中

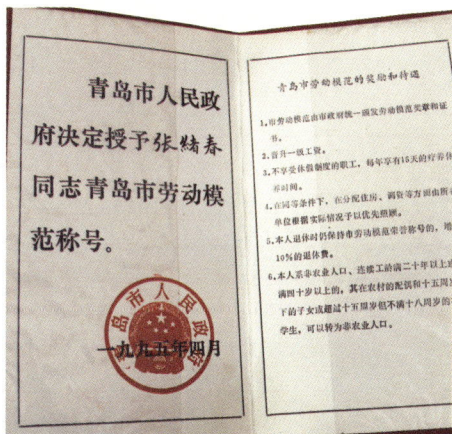

↑ 图 2-84 张绪春同志被评为青岛市劳动模范

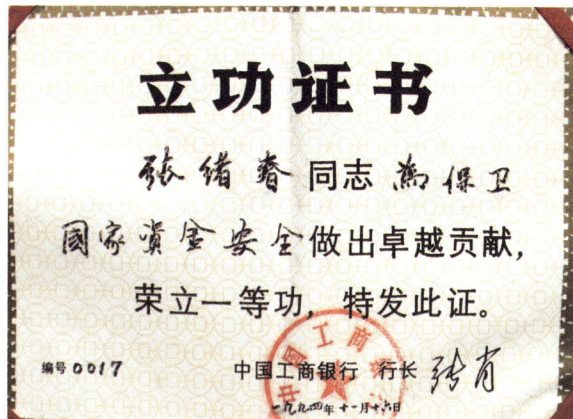

↑ 图 2-85 张绪春同志被工商银行总行授予一等功

国工商银行授予一等功,被青岛市委、市政府评为"社会治安综合治理先进个人",被青岛市人民政府授予"青岛市劳动模范",被青岛市总工会评为"青岛市职业道德标兵"等光荣称号(图 2-84,图 2-85)。

1994 年 10 月 24 日 8 点左右,四方支行瑞昌路储蓄所 3 名工作人员领取库款包进所后不久,一位 60 多岁的老太太来所内存款,随后跟进来一名青年男子,趴在柜台上,好像是在填写存款凭条。当在柜台外打扫卫生的所主任张青同志打开柜台边门回头关门上锁时,那名填写存款凭条的青年男子从柜台旁窜过来,使劲推门往里闯,并拿出早已准备好的装满汽油的啤酒瓶向张青头部、肩部打去。张青忍着剧痛奋力拦着歹徒,她意识到歹徒要抢劫银行,便立即大喊:"张师傅,张师傅,快按警铃!快按警铃!"

此时,歹徒甩开张青,点燃事先藏在身上的瓶内汽油向张绪春和杨俊打来。顿时,杨俊的衣服、头发和放在地下的账包被油火点燃,所内烟雾弥漫,火光四起,情况万分紧急。所主任张青怕万一警铃失灵而报不出警,转身冲出储蓄所,奔向附近的瑞昌路派出所,一边跑,一边喊:"快救火!快救火!有人纵火抢银行!"复核员杨俊在裤子和头发着火的情况下，迅速锁好现金抽屉，拉响了连通派出所的警铃，带着身上燃烧的烈火跑到柜台外关闭大门，堵截犯罪分子。

当时，张绪春正在清点刚接进来的客户的3 000元存款，听到所主任的喊声，抬头看到歹徒冲过来，还向自己扔点燃的汽油火球。张绪春躲过火球，放下手中的现款，顺手操起大算盘向歹徒手臂打去。同时，张绪春用另一只胳膊肘将柜台上的客户存款拨拉地下。歹徒见拿不到钱，再次向张绪春扔出一个火球，即刻烧着了柜台内的桌子和散落在地上的现金。当年张绪春已57岁了，身体不太好，有较严重的腰椎病，平时稍不注意腰就扭伤。但面对穷凶极恶的歹徒和柜台内的大火，张绪春没想自己能不能斗过一个二十来岁的歹徒及其后果，只有一个念头："只要有我在，歹徒休想抢走国家一分钱；别说是拿火烧，就是拿枪打我也不怕。"高度的责任感使张绪春增添了勇气和力量。张绪春冲上前去，抱住歹徒使劲将其摔倒在地，在火中滚来滚去。张绪春的手被火烧掉了皮，脸被打肿了。当时他一点也没有感觉到疼，死死抱住歹徒，不给他一

丝抢劫钱款的机会。

歹徒拼命挣扎，看无便宜可占，企图夺门而逃，慌乱中他把厨房门当作出口。"不能让他到伙房去。"张绪春爬起来，冲上去又将歹徒摁倒在地。此刻，张绪春确实感到没力气了，有点支持不住了，歹徒趁机把他压在地下，随即又向门外跑去。"不能让歹徒逃跑。"张绪春坚持爬起来，使尽全身力气，再次抓住歹徒将其摔倒在地。这次他骑到歹徒身上，双手卡住他的脖子，使其动弹不得，就这样他和歹徒从柜台内滚打到柜台外的厨房门口，又从厨房门口滚打到储蓄所大门边，硬是将歹徒困在室内，使其抢钱不成，逃跑不能。

瑞昌路派出所接到报警后，正在值班的五名干警迅速赶到现场，将犯罪分子抓获，同时将大火扑灭。

在搏斗中，虽然所主任张青被歹徒打得左脑挫伤，杨俊头发、眉毛被烧焦，双脚二度烧伤，张绪春的头发、眉毛被烧焦，但是，能抓住犯罪分子，保护了所内全部账务和现金的安全，他们感到值得，也感到自豪。

宋旭东荣获《青岛市见义勇为公民荣誉证书》

李沧一支行　李广兵

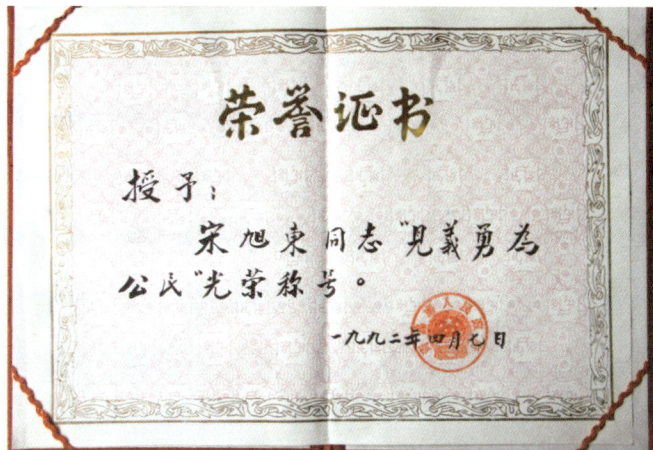

1992年4月,青岛市人民政府对全市10名见义勇为公民进行了表彰,工商银行李沧一支行宋旭东榜上有名,这在银行员工中是不常见的荣誉。证书上用毛笔书写"授予:宋旭东同志'见义勇为公民'光荣称号,一九九二年四月七日",盖有"青岛市人民政府"印章(图 2-86)。该证书至今被宋旭东珍藏。

事过23年了,现近50岁、就职于工行李沧一支行个人金融业务部的宋旭东,回忆起当时的情景历历在目,脸上不禁流露出一丝自豪。

那年,宋旭东刚从部队转业不久,在工商银行青岛市崂山县支行北山储蓄所做储蓄员。4月的一天,一个中年男人来到北山所,递进一张大额可转让 1 000 元定期存单要求取出。宋旭东接过存单,陡然发现,这竟是青岛市公安局破案留底的那张存单!

——青岛颗粒饲料厂曾发生企业财务室保险柜被撬开刑事案件,丢失一张工商银行北山储蓄所开出的面值 1 000 元的大额可转让定期存单,这是唯一一条线索。青岛市公安局把这张存单号码留底北山所,作为报案的依据。那时此类存单不记名,在哪个网点存入只能从哪个网点取出,兑取时认单不认人,所以嫌疑人有可能冒险前来取款。

为了稳住来人,宋旭东对当时的储蓄所主任交换眼色向支行保卫科、110 报警,并说"请稍等,上趟厕所"。于是,宋旭东从后门转出去堵在储蓄所正门门口,防止来人逃跑。该人发现情况不对,突然拔腿向外逃跑。宋旭东心想逃跑更说明了这人有问题,立即紧追上去,边跑边喊抓罪犯。追出去 2 千米,路边的群众也陆续加入到追赶队伍中。这时宋旭东冲在最前面,一个空中飞腿制服了该人,在群众的协助下将其押解回到北山所门口,后来从该人带的包中发现一把大斧子。支行保卫科和公安人员来到现场将该人带回审讯后,确认他就是青岛颗粒饲料厂盗窃案的嫌疑人并有其他刑事案件在身。

不久,青岛市人民政府在市政府会议大厅为宋旭东等 10 位市民授予"见义勇为市民"光荣称号,并颁发荣誉证书和 500 元奖金,《青岛日报》报道了他们的相关事迹。宋旭东为青岛工行赢得了荣誉。

翻阅《齐鲁珠坛》创刊号

工会办公室 刘 璇

手头有一册 1980 年 3 月出版的《齐鲁珠坛》杂志创刊号(图 2-87),薄薄 50 页,32 开,山东省珠算协会(筹委会)编辑。

1980 年 1 月,我大学毕业,分配到坐落于济南黄台北路 20 号的山东银行学校当教师。报到那天,我走进校门——严格说还没有校门,因为那时山东银校刚由全省分点办学改为集中省会办学的时间不长,正规的校门尚未建好,就听到一阵阵"哗啦啦哗啦啦"的声响,像是淙淙山溪。靠近教室向里张

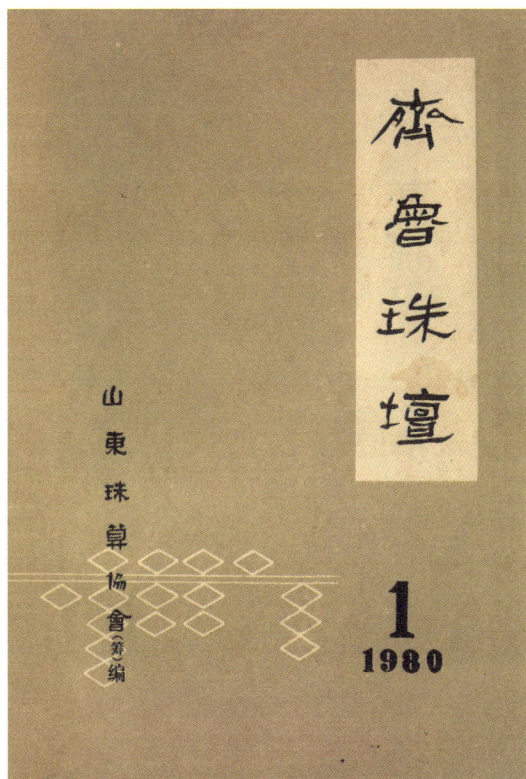

封面　　　　　　　　　　　　　封三

↑ 图 2-87 《齐鲁珠坛》创刊号

望,才发现居然是学生们集体上早自习,都在埋头打算盘,那声响是几百名在校生一起打算盘汇聚成的奏鸣曲,真正是"嘈嘈切切错杂弹,大珠小珠落玉盘"。

这之前我对算盘的认识接触来自上小学时学

过的几堂珠算课,好像还练习过"打百子",就是1+2+3+4+5…直至连加到 100,正确答案是 5050。在粮店干财务的妈妈曾经想对我"早教"珠算,但朽木不可雕,"智力开发"没有结出硕果。进了银校,又知道银校学生的基本技能是"三能两好(珠算能手、点钞能手、记账能手、一手好字、一手好文章）"，每名学生要想毕业，就都得通过珠算级别的考试，所以，在校生们早、晚自习就拼命练习打算盘和点钞票。

再后来，认识了一位教珠算课的杨锡琪老师，当时他已经年近六旬，拖着一条伤腿，走起路来一瘸一拐，但生性乐观开朗。1979 年，山东科学技术协会批准成立山东珠算协会筹委会（挂靠省财政厅、省人民银行，以省人民银行为主），筹委会主任是山东省人民银行行长王杰，副主任是山东省财政厅副厅长于政辉，还有 20 多位理事，杨老师名列其中。杨老师对于珠算教学和珠协业务极为热心，成绩斐然，赢得师生、同行的爱戴。

我那时喜欢摄影，帮杨老师拍过珠算比赛的照片。那时候学校电力供应短缺，有一阵晚上老停电，学生都自备蜡烛。有一天晚自习又停电，我跑到教室，借着烛光拍了一张学生秉烛打算盘的照片，起名《停电以后》。杨老师对此照大加赞赏，推荐发表在《齐鲁珠坛》1991 年第三期封底（图 2-88）。前不久在网上看到消息，杨老师已于 2011 年病逝，享年 88 岁。

在《齐鲁珠坛》创刊号上发表文章的，有省人民银行行长王杰、后来担任省工行行长的汪效民、山东珠协理事姚克贤、全国著名算盘收藏家上海的陈宝定等名人。《齐鲁珠坛》现在仍然正常出版，扩大到 A4 版面，双月刊。

《齐鲁珠坛》创刊号刊登了一篇消息《出类拔萃——山东省金融系统珠算技术比赛大会侧记》。这次比赛大会于 1979 年 12 月 3 日在济南举行，进行了手工点钞、机器点钞、珠算、记账、储蓄计息、统计报表和使用电子计算器等 15 个项目的比赛。其

↑ 图 2-88 《齐鲁珠坛》1991 年第三期，摄影《停电以后》

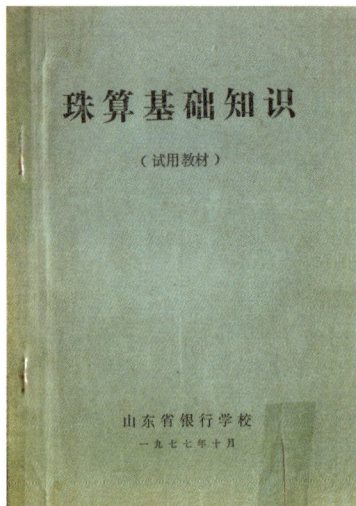

封面

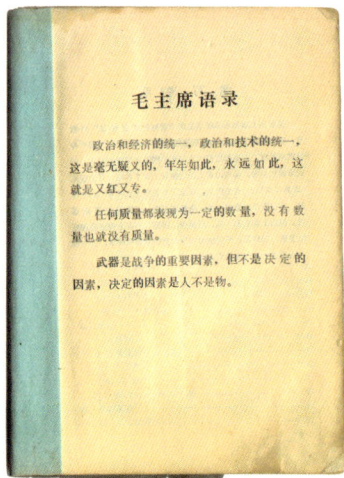

毛主席语录

政治和经济的统一，政治和技术的统一，这是毫无疑义的，年年如此，永远如此，这就是又红又专。

任何质量都表现为一定的数量，没有数量也就没有质量。

武器是战争的重要因素，但不是决定的因素，决定的因素是人不是物。

内页

🔸 图 2-89 1977 年山东省银行学校编印的《珠算基础知识》

中,工商银行青岛市台东区办事处许坤媛获得"百笔储蓄存条连加"第一名(成绩 1 分 29 秒 2),封三还刊登了许坤媛的比赛场景照片。

我珍藏了 30 年的《珠算基础知识》

市南四支行　洪艳霞

图 2-89 所示的是我 1984 年考入山东银行学校时使用的教材《珠算基础知识》,青岛人民银行印刷厂 1977 年 12 月印刷,32 开,104 页。书中对珠算的加减乘除、翻打凭条、百分比、复核连续加减等常用方法均有详细介绍,是一本通俗易懂的好教材,对提高我的珠算水平起了非常重要的作用,也让我经常回忆起当年没白没黑练习打算盘、考珠算级别的青春时光,对它我非常珍惜,保存至今。

这本书的《编写说明》还带有鲜明的"文革"痕迹,是这样写的:遵照伟大领袖和导师毛主席"教材要彻底改革"的教导,我们编写了这本《珠算基础知识》作为我们学校内部中专班试用教材。在编写过程中,得到中国人民银行山东省分行的审阅和指导,参考山东人民出版社1973 年 5 月出版的《珠算基础知识》有关图文,征求了各教学点有关同志的意见,并在附录中增加一部分珠算练习题,以便学生课余练习。

在《引言》中,把算盘这个计算工具与阶级斗争、新旧社会对比联系起来议论一番,要求学生树立"为革命打算盘"的思想等等,凸显着40多年前的时代印记。

想起 30 年前的岗位练兵

台东支行 朱 宁

回眸工行30年,巧合的是自己入行是1984年,正是工商银行成立之年。时光飞逝,勾起点滴回忆,当时的练兵场景是那样的温馨。

我刚刚入行被分配到支行营业部会计科,对周围的事情特别好奇,每日早晨提前40分钟到行,长长的一排排工作桌,分别是联行柜、同城柜、托收柜、商业柜等。大家擦完桌椅,坐下练习算盘,因那时的明细账、分户账、总账好多都是手工记账,每日需要核打凭证,核对账务,过硬的珠算能力是非常重要的。

当时的算盘有大珠木质的,有小珠塑料的。师傅们常用装有滑石粉的小布袋在算珠上、档柱上轻轻涂抹一下,防止算珠发涩。这个细微的举动却很实用,拨起算珠来更顺溜,效率更高。

师傅们手把手教我指法,指导我左手翻传票,右手拨算珠,藏头法,心算尾数,手幅度不可过大等等,我才知道要打好这小小的算盘学问也挺大。师傅们在教学上从不吝啬保守,这个指点你的手法,那个指正你的错误之处,大家的练兵热情一直很高,经常是老师傅掐表、年轻的一帮比赛,每日的晨练欢声笑语,兴致昂扬。

我们练习的项目除去最基本的打算盘还有书写数码、汉字,参照着《储蓄工作常用字帖》练习,看谁的数码、汉字写得又快又好,大家经常一起练一起比赛。手工账是数码、汉字组成的,如果写得潦草不规范,会造成记账错误,影响核算质量,还要耗费功夫查找错账。大家对此也非常重视,支行、分行经常组织数码、汉字书写比赛,好多同事都获得过奖项。

练习出纳点钞也是亮点。观摩出纳师傅的扇面点、单指点、多指点,都眼花缭乱、目不暇接、羡慕

图 2-90 练习用凭条和传票算题

图 2-91 工行 1993 版练功券

感叹,真是行行出状元、功夫不负有心人。练习点钞,最多用的是练功券、小面额纸币等,不同的练兵内容都有内在技巧,学习中要勤动脑、勤动手,在边学边练中提高技能。

回忆当年,感动的是周围师傅们的倾情相帮,是没有保留的教导,这种传帮带的作风一直延续下来。现在虽然没有珠算练兵,仍然还有机打凭条、机打汉字、手工点钞、机器点钞等项目,它正是"工于至诚,行以致远"的工行精神,是我内心深深的工行情结。

25 年前的点钞奖状

山东路支行 李存义

书橱里,偶然发现了这份 25 年前得到的奖状(图 2-92)。奖状很小(宽 9 厘米,高 13 厘米),套在土里土气的红色塑料皮里,这是我"在 1989 年出纳专业业务技术比赛中,单指点钞获'市级能手'称号"的奖状。

按照当时的技术标准,员工要在 10 分钟内将 20 多把钞票清点完毕,将有长短款差错的剔除并作出标记,打上腰条,盖上印章,经监管人员复查认可后才能被授予"市级技术能手"。达到这个标准是有一定难度的,但这是出纳员工"应知应会"的基本功。因此,那时我们这帮青年员工在业余时间都非常努力地练习点钞,有单指单张、多指多张和扇面三种点法,涌现出不少点钞高手。

记得还练习过以手点的办法来鉴别假币,就是把假币掺在一把真币中,闭上眼睛,在规定的时间内把假币找出来,以此练习手感,掌握假币和真币的区别。此外,当时还组织过用算盘翻打传票并开

↑ 图 2-92　点钞奖状

展比赛,后来算盘被电脑淘汰,此项练兵和比赛也画上了句号。

如今,我已离开出纳岗位多年,虽说这份奖状并不起眼,但可以自信地说,从未有一张假币在我的手中流出。

奋斗得来的《珠算等级证书》

莱西支行　王兰青

我在山东银行学校学习时,珠算还是做为一门必考课。自习课上,你能听到整个教室里算盘声响成一片。

我的珠算老师是一位老者,不惜年迈体弱,常常牺牲休息时间指导我,让我参加心算班、速算班等。在她的指导下,曾经一个阶段,我能对任何数与单位数的乘积一口算出,并将平方数、除法变乘法等许多技巧运用到珠算上。作为一个大老爷们儿,我的手指太粗,其灵活程度与女生相比总存在

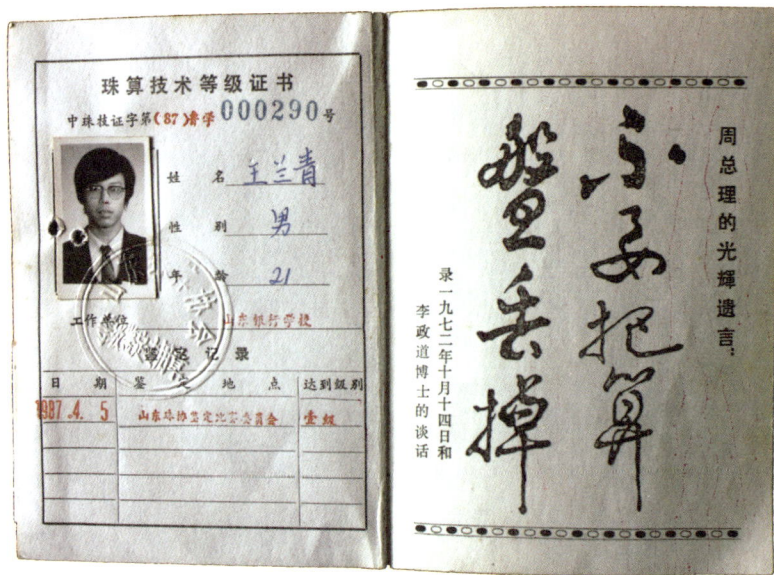

图 2-93 《珠算等级证书》

一定的差距(起码我这样认为),更多的是靠技巧。可惜那时我太好玩,仅仅获得普通级别的一级(图 2-93),在晋升高级别运算时未能有出色的表现,辜负了老师对我的厚望。不过那样的成绩,对我来说也属不易,毕竟班级中只有两人达到一级水平,我便是其中之一。

毕业后,带着在学校时身经百战的"余威",参加工作仅 年,便夺得山东省技术能手称号,我很清楚记得,我参赛的项目是票币计算。

现在,单位的技术练兵与比赛均将算盘丢在历史博物馆里了,计算机的普及和运用,使现代商业银行的银行柜员省去了许多"用算盘计算"的机会,如果谁的桌面上还摆着一把算盘的话,不是恋物一族,也是落伍一代。

面对获奖证书,珠算老师关注自己苦练算盘的"情景"历历在目,只是再用算盘计算一下加减乘除等运算,已是明日黄花了。脑子里除了任何数与 2、5 或 11 的乘积能一口算出以外,其他如两位数的平方、两位数与两位数的乘积等运算技巧早已丢在了脑后。双手捧着证书,眼前浮现出的只有我那慈祥的珠算老师殷切的目光。

毕业前的珍贵赠言

胶南支行　徐明顺

图 2-94 所示的是我在银校毕业前获取的一份珍贵的赠言。这份赠言是学校第一阅览室负责人史齐花老师1987 年 4 月 22 日写给我的,内容虽然很简短,但对我以后的工作和学习起到了积极的激励作用。

1986 年 5 月,因 84 级学生毕业离校,校方从 85 级 10个班里抽调了 4 名学生兼任第一阅览室图书管理员,在课余时间轮流值班。在史老师领导下,我们团结协作、互帮互助,结下了深厚的友谊。临别之际,我找到史老师,请她在我的留言簿上写下了这份赠言,并郑重地盖上了"山东银行学校第一阅览室"的印章。

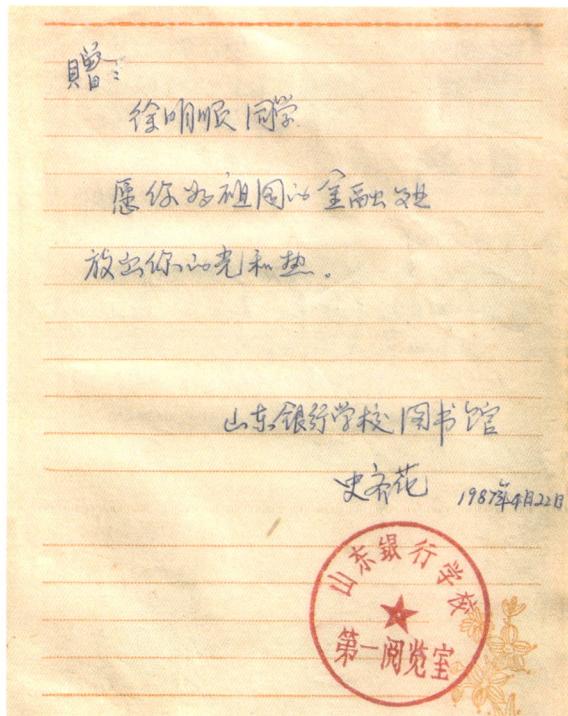

↑ 图 2-94　毕业前的珍贵赠言

图 2-95 《山东省工商银行系统首届
业务技术比赛大会资料汇编》

30 年前全省工行大比武

胶南支行　丁廷云

我藏有一本《山东省工商银行系统首届业务技术比赛大会资料汇编》（图 2-95），由中国工商银行山东省分行编印，16 开本，111 页，记载了全省工行系统首届业务技术比赛大会盛况。

1985 年 10 月 28 日至 31 日，省工行在济南举行了全省工商银行系统首届业务技术比赛大会。比赛内容涉及会计、出纳、储蓄、计划统计、信贷、电子计算机、文印打字、汽车司机和炊事烹调等 11 个专业的 45 个项目，有 310 名选手参加了比赛。省工行宋修义行长发表了讲话，山东省马世忠副省长为获奖选手颁了奖。

在这次规模空前的比赛中，青岛分行代表队有 12 名选手获得多个单项第一名：即墨支行刘冬梅获得"整整计算利息"第一名，胶南支行王红梅获得"翻打活期凭条"第一名，市南区办李珊获得"储蓄外勤"第一名，沧口区办刘惠玲获得"信贷项目电报"第一名，台东区办陈健桢获得"点钞机维修"第一名，四方区办舒光瑾获得"工交信贷经济活动分析(甲组)""工交信贷调查报告(甲组)"第一名,市北区办董泉祥获得"工交信贷经济活动分析(乙组)"第一名,市南区办胡孝仁获得"商业信贷调查报告与分析(甲组)"第一名,市南区办徐军获得"商业信贷经济活动分析(乙组)"第一名,机关赵晓文获得"行政打字员打字"第一名,机关韩伯钧获得"汽车司机驾驶"第一名,机关姜延年获得"炊事员炒菜"第一名。他们为工行青岛分行争得了荣誉。

老行长的亲笔信

胶南支行　丁廷云

1987 至 1990 年,我在胶南支行小口子分理处担任负责人。那时的交通和通讯十分不便,平时的上下沟通大多都是口头捎信传达,重要的事以亲笔信的方式告知。图 2-96 所示的这封信是 1990 年 7 月 27 日,时任胶南支行行长孙作敬给我的亲笔信。信的内容是:如小口子分理处头寸不足,让我在部队"八一"建军节前,安排人员到县支行调拨头寸,务

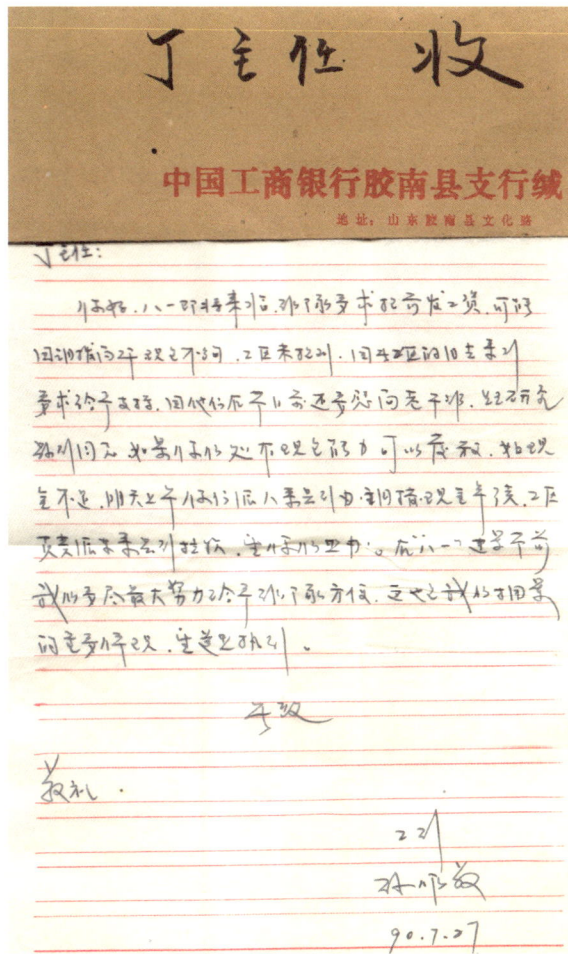

⤊ 图 2-96　老行长的亲笔信

必保证部队需要。信中指出："在'八一'建军节前，我们要尽最大努力给予部队方便，这也是我们拥军的重要体现，望遵照执行。"由此看出，当时的老行长是多么重视和部队的关系。

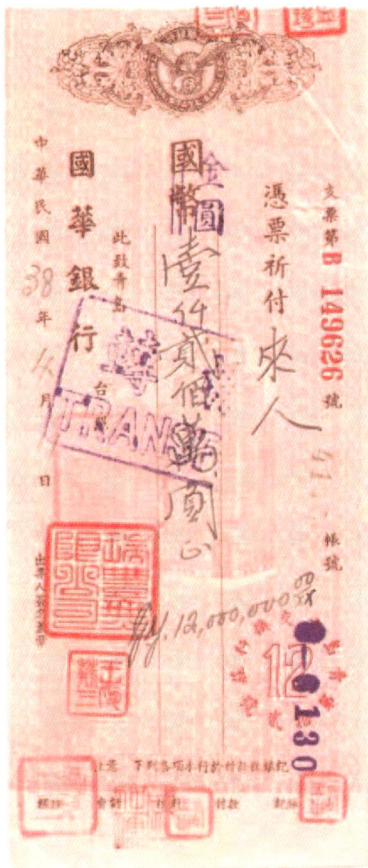

图 2-97　加盖"瑞丰无限公司"印章的老支票

老支票中的"瑞丰无限公司"

市北二支行　刘志民

在我收藏的一张支票(图 2-97)中，看到了"无限公司"印章。《公司法》规定，公司分为有限责任公司和股份有限公司。据上网查证，无限责任公司在世界范围内也很少，但是，无限公司即无限责任公司在民国时期是存在的，也正是这张支票佐证了这一点，同时表明了当年青岛的经济形式多样。这张支票是民国时期的，出票人是"瑞丰无限责任公司"——王荆三。

无限责任公司与有限责任公司相对应，无限责任公司股东对公司债务负有完全责任。民国时期的青岛"瑞丰无限责任公司"是搞进出口贸易的，来往于香港、伦敦、纽约等地。王荆三是解放前岛城的名人。我曾经打听过一同事，他回家问其父亲，知道王荆三是日伪时期的维持会长，在岛城干过实业、交通、信托、银行等。解放后,回到蓬莱,隐居乡野。为打听其具体情况,我专门找到了蓬莱司家庄村支书司继双(全国劳模,著名民营企业家)。司继双介绍道,改革开放之始,曾请王荆三出山一起创业,两人结下了忘年友谊。王荆三去世时,身边没有子女,是司继双为其操持的后事。司继双进一步介绍道,王荆三解放前有三房妻妾,大房的一块回了老家,其他两个跑到了台湾。王荆三的大儿

子现在东北,还有一个儿子跑到了台湾,干到旅长位置。王荆三的货运船队被蒋介石征用后,一直没有归还。王荆三的大儿子曾和我电话联系,说到其父亲王荆三时,电话中的声音没有任何变化,只是说道,他父亲的具体档案都封存在青岛市公安局。和司继双相识后,曾有机会听其弟弟司继进(享受国务院特殊津贴专家)讲课,课间聊天时,得知他也知道并提起这张支票,相谈甚欢。

青岛大陆银行的结算凭证

开发区支行　刘宝春

民国时期,大陆银行是中国主要商业银行之一,1919年4月在天津成立,1942年总行迁至上海,主要业务以组织存款和发放贷款为主,并办理信托、仓储等业务。1922年同盐业银行、金城银行和中南银行组成四行联合营业事务行,成为"北四行"重要成员。大陆银行是民国著名金融家谈荔孙与

他人共同注资组成,谈荔孙任董事长和总经理,由于其稳健审慎、经营有道,使大陆银行在旧中国极其恶劣的环境下得以发展。

大陆银行在青岛的分支机构,较为曲折复杂。1923年10月1日,青岛支行在青岛天津路开业,隶属山东分行,1925年6月15日对外改称办事处,

1927 年 5 月停业;1928 年 10 月又以支行名义复业,行址改为即墨路 42 号,后迁至河南路 16 号;1931 年 4 月改为分行,管辖济南支行;1934 年 9 月迁入中山路、费城路拐角的自建银行大楼。青岛的大陆银行除办理一般的商业银行业务外,还设货栈部办理存货,同时还承办保管箱出租业务。青岛解放后该行仍坚持营业,1952 年 12 月加入公私合营银行青岛分行。

大陆银行青岛分行的旧址是中山路 70 号,占地面积 733 平方米,建筑面积 1 582 平方米,地上四层,地下一层,欧式风格,建筑造型简洁典雅,至今保留完好,为青岛著名历史建筑。

我收藏的这两张青岛大陆银行的结算凭证:一是"往来款项每月对账通知单"(图 2-98),就是现在银行的银企"对账单",正面印有大陆银行的行徽,背面有对账金额和"青岛大陆银行结单"结算专用章;二是"青岛大陆银行送款回单"(图 2-99),类似现在银行的现金交款单,盖椭圆型青岛大陆银

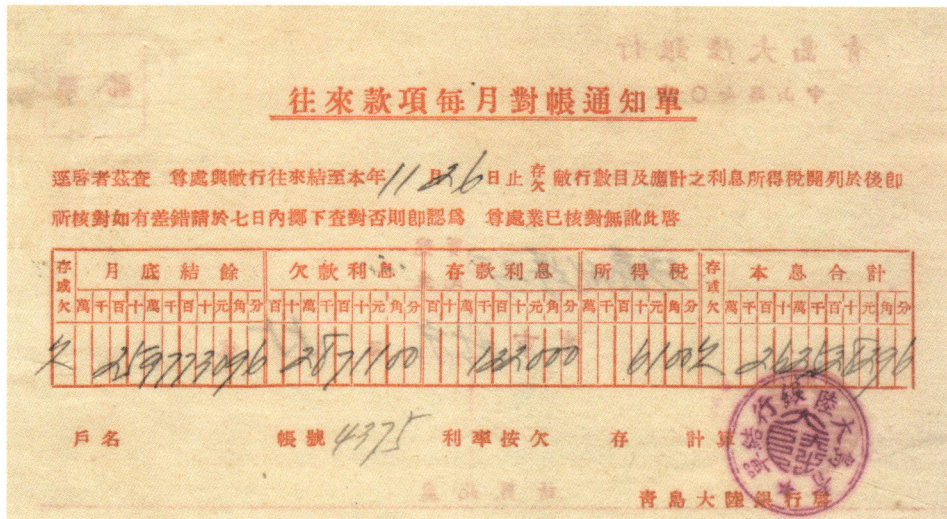

图 2-98　大陆银行"往来款项每月对账通知单"

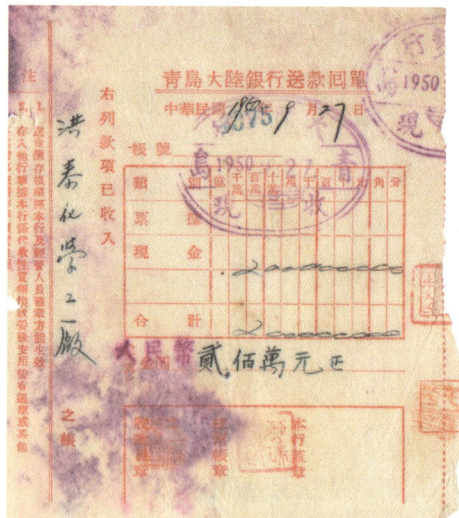

图 2-99　青岛大陆银行送款回单

行现金收讫章。这两张凭证的使用时间是青岛解放后的 1950 年下半年，原国民政府的"国有"银行已被新中国全面接收，民族资本银行仍在经营，直至公私合营改造后，青岛的大陆银行才结束使命退出历史舞台。

带"语录"的汉维储蓄存款托收凭证

开发区支行　刘宝春

图 2-100 所示的这张"文革"时期人民银行新疆分行储蓄存款异地托收委托书凭证，极具时代特色。凭证的文字全部用汉、维两种文字标注，凭证的左右上方分别用汉、维文字印有毛主席语录，盖有"中国人民银行新疆分行辖内联行凭证专用章"。由于凭证是使用两种文字印刷，又印有两种文字的毛主席语录，所以凭证的票幅巨大，比

⬆ 图 2-100　带语录的汉维储蓄存款托收凭证

同时期内地储蓄异地托收凭证大出很多,在银行凭证里是罕见的。这张双文字语录储蓄存款异地托收凭证,品相完好,字迹清晰,印章齐全,数量稀少,目前为仅见品,在金融票证里非常珍贵。

工行发行的大额可转让定期存单

即墨支行　黄淑娟

🔺 图 2-101　10 000 元大额可转让定期存单

🔺 图 2-102　1990 年 8 月 25 日《青岛日报》登载大额存单广告

20 世纪 90 年代初期,工行发行了一款大额可转让定期存款单(图 2-101),该存款利率高于储蓄存款利率,设有如下规定:存单面额分为 500 元、1 000 元、5 000 元,10 000 元四种面额;存单不得提前支取,不分段计息,到期后一次偿还本息,不计付逾期利息;存单可以转让,并可做抵押贷款等担保之用;凡未经转让过的存单如果遗失、被盗可以到原发行行办理挂失;已转让过的存单要凭最终取款人身份证兑付本息。存单由发行行填写日期,加盖公章。存款人要当面核对,不得涂改,否则无效。为推销大额存单,工行还在《青岛日报》上刊登了广告(图 2-102)。

工商银行发行的储蓄旅行支票

开发区支行　刘宝春

　　1986年，随着城市经济体制改革的深入发展和人民生活水平的日益提高，国内旅游事业和城乡个体经济日趋兴旺，群众外出旅游、经商采购等携带大量的现金既不安全，又不方便；当时银行卡刚推出，没有现在那么普及，异地提取现金更不方便。为了适应当时经济的发展，更好地服务客户，同时占领这一未开垦的市场，工商银行推出了全国旅行支票业务（图2-103）。根据1986年9月7日《中国工商银行储蓄旅行支票暂行办法》，储蓄旅行支票是由银行签发，仅供个人使用的一种异地结算凭证，它是为了方便个人旅游、探亲、出差及异地采购，减少携带大量现金而设。

　　从1986年10月1日开始，工总行在全国十大城市42个储蓄所办理此项业务。支票分为100元、500元、1 000元三种面额，第二年扩大至全国省会城市、计划单列城市和经济发达县级市。1988年增设5 000元面额；1992年发行第

↑ 图2-103　工商银行总行发行的储蓄旅行支票

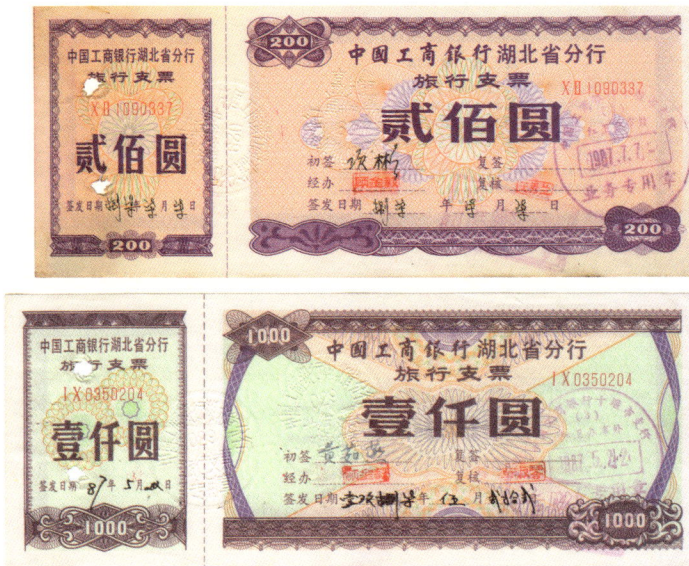

↑ 图 2-104　工商银行湖北省分行发行的储蓄旅行支票

二版旅行支票,面额为 500 元、1 000 元、5 000 元三种;1994 年增设 10 000 元;1997 年发行第三版旅行支票,票面为 1 000 元、5 000 元、10 000 元三种;2000 年发行第四版旅行支票,票面仍为 1 000 元、5 000 元、10 000 元三种。2003 年该项业务结束其历史使命,它为收藏者留下了不同年份五种面额的 14 种储蓄旅行支票。

另外,1987、1988 年工行湖北省、上海经济区、浙江、江西、江苏、福建、安徽等分行也各自发行了旅行支票(图 2-104),湖北的扩大了使用范围,但也基本是以储蓄为主。这些地方分行的旅行支票因与总行业务冲突而中途夭折,使用时间较短因而留存较少。

1988 年的"保值储蓄"存单

开发区支行　刘宝春

1988 年下半年,中国经济出现了明显的通货膨胀,物价上涨幅度超过储蓄存款利率,形成了储蓄存款的负利率。国务院决定人民银行从 1988 年 9 月 10 日起开办人民币长期保值储蓄存款业务。保值储蓄于 1988 年 9 月 10 日开办,1991 年 12 月 1 日停办,1993 年 7 月 1 日恢复办理,1996 年 4 月 1 日再次停办。

保值储蓄是对全国各银行、城市和农村信用社以及邮政储蓄等金融部门的城乡居民个人三年以上定期存款实行保值补贴。人民银行参照国家统计局的社会商品零售和服务项目价格总指数为依据,公布全国统一的保值补贴率。

保值补贴额 = 本金 × 保值补贴率 × 保值期

我收藏的这两种山东省工行保值储蓄存单(图 2-105)属 1988—1991 年的保值储蓄存款第一阶段。一种是在山东省工行的定期整存整取储蓄存单上加盖"保值储蓄"印章。原因是这种业务属于特急业务,人民银行今天发出通知,各专业银行明天就必须办理的业务,所以来不及印制专门的存单,各银行延用传统的习惯做法,在原有的存单上加盖"保值储蓄"章,盖了章的存单就是保值储蓄存单。另一种保值存单使用时间较晚,山东省工行印制了专门的保值储蓄存单,1991 年印制发行的,但使用时间较短就停用了,因此也比较难收集到。

收藏这些存单,实质是收藏一段历史经验和教训,它警示和教育我们,保持人民币币值的稳定是经济体制改革顺利进行的关键。

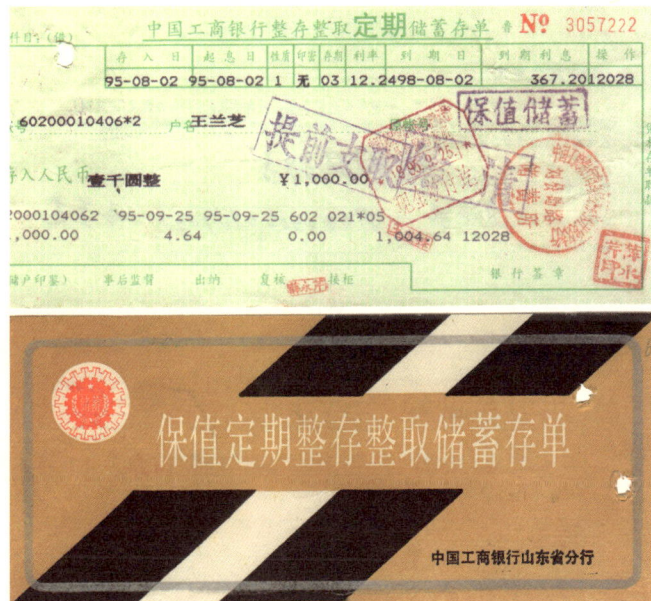

↑ 图 2-105 1988 年的"保值储蓄"存单

1989 年青岛分行的《彩电奖售储蓄兑奖单》

工会办公室　刘　璇

据《中国工商银行史(1984—1993)》(中国金融出版社 2008 年 11 月出版)记载,1988 年 9 月,工商银行印发《关于开办活期有奖储蓄的几点意见》(88 工银储字第 13 号),在全辖按照奖额低、中奖面适度的原则,以奖代息,开办了 10 元起存、多存不限、随时可取、头奖不超过 5 000 元、中奖面在 40%、开奖期 3 个月的活期有奖储蓄。同年,国务院确定拿出 100 万台彩电同储蓄业务挂钩,以促进货币回笼。1988 年 12 月,工商银行印发《关于办好奖售储蓄业务的通知》(88 工银储字第 18 号),部署各级行按照存单面额适当、奖额低、中奖面宽、多吸储的开办了实物有奖储蓄。该储种一般分为实物奖售定期储蓄和实物贴水定期储蓄两种。

实物奖售定期储蓄是储户购买银行定期定额储蓄存单,银行按法定利率计付利息,不保值,不能提前支取,只通过摇号对中奖者发给购物证,储户凭证到指定商店购物。

当年,城镇居民耐用家电消费需求进入井喷期,但国内生产能力严重不足,彩电、冰箱、洗衣机、轻骑摩托等大件供不应求。那时一般职工收入不高,记得 1993 年我的月薪 274.30 元,1989 年应该更低一些,而当时买一台青岛产 18 英寸彩电得 1 380 元左右,银行用奖售彩电等大件家电吸储,确实是个好办法。据资料,1988 年山东省分行组织彩电 1 000 多台、冰箱 900 台、自行车 150 辆,吸收存款 6 000 多万元。

1989 年 2 月,工商银行与国家商业部联合下发《关于调拨一批彩电与储蓄业务挂钩的联合通知》((89)工银发字第 20 号),开办了由商业部门组织调运和结算彩电货款、由工商银行以有奖代息的实物有奖储蓄。手头这张 1989 年青岛分行尚未发出的《彩电奖售储蓄兑奖单》（图 2-106）就是印证这段历史的实物。

充满希望的定活两便礼仪储蓄卡

台东支行　朱　宁

图 2-107 所示的是一张 1994 年发行的定活两便礼仪储蓄卡，面值为定额 60 元，也是工行顺应时代发展开发的一种作为春节期间亲情、友情相赠的"红包"。存单的正面附有客户手写的赠言"霞霞：叔叔希望你早日长大"。从赠言内容可以感受到其叔叔的殷殷期盼之心。储蓄卡背面印有一幅亲情照片和吉语"天伦之乐，健康长寿"。当时一般员工月收入不过二三百元，这位侄女一下得到 60 元算是"发了"一笔小财。按照工行有关规定，虽然这张储蓄卡距今已有 20 年，但拿到工行仍然可以兑现。

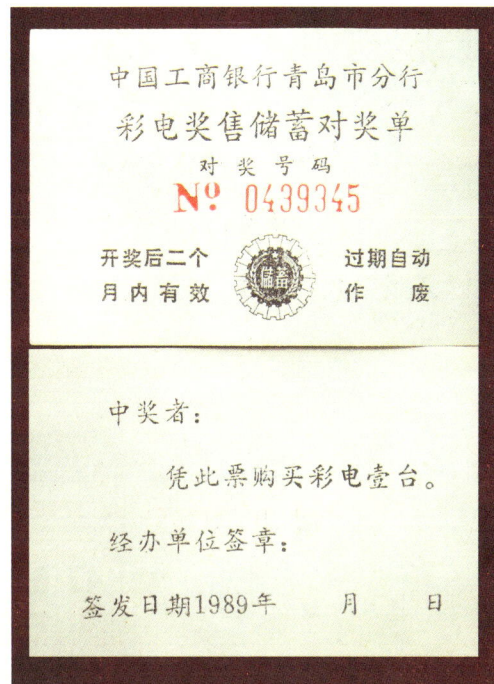

中国工商银行青岛市分行
彩电奖售储蓄对奖单
对奖号码
№ 0439345
开奖后二个　过期自动
月内有效　作　废

中奖者：
　凭此票购买彩电壹台。
经办单位签章：
签发日期1989年　　月　　日

↑ 图 2-106　1989 年青岛分行《彩电奖售储蓄兑奖单》

（副联）

陆拾圆 ¥60

中国工商银行

山东省分行定活两便礼仪储蓄卡

存入日期　年　月　日

经办　　复核

取款日期　年　月　日

No.0336912

本金　¥60

利息　¥＿＿＿

经办　日　复核

No.0336912

陆拾圆　¥60

赠言　霞女

叔叔希望你早日长大

九四年春节

无副券公章无效

天伦之乐

健康长寿

⬆ 图2-107　定活两便礼仪储蓄卡正面、背面

工商银行新疆分行伍仟圆定额汇票

开发区支行　刘宝春

定额汇票是由银行指定通兑行处签发交由申请单位或个人、在银行定额汇票通兑点范围内取现、转账的支付凭证。

工商银行为了适应商品经济发展的需要,方便国内单位和个人旅游、公差及异地采购,于1987年10月1日在广州分行、深圳分行和海南分行试点开办定额汇票结算业务,次年6月该业务在全国逐步推开,1990年因银行非定额汇票的大量使用而停办。

其实,银行定额汇票在20世纪50年代中国人民银行曾经大量使用,是一种很普通的银行结算方式,后来停用,直至改革开放后工行率先开办。

图 2-108 所示的这张伍仟圆整的工商银行新疆分行定额汇票,是 1989 年 5 月 22 日签发、由乌鲁木齐市支行汇往奇台县工行的,汇票图案设计精美,采用维、汉双文,盖有红印、钢印。因缺乏资料,不知新疆分行共发行了几种面额的定额汇票。这是我在网上拍购的。工商银行管理严格,流出的定额汇票非常少见,这张定额汇票也是目前我唯一见过的工商银行定额汇票。

↑ 图 2-108　工商银行新疆分行伍仟圆定额汇票

一组中俄双文的人民银行汇票

莱西支行　于　华

图 2-109 所示的这一组汇票共有 6 张,面额为 5 元、10 元、25 元、30 元、40 元、50 元,汇票文字使用中文、俄文,售出银行行名用了俄文,不知道它是前苏联的银行还是蒙古国的银行。汇票的售出时间在 1961—1963 年期间,其防伪措施是设定了"收款

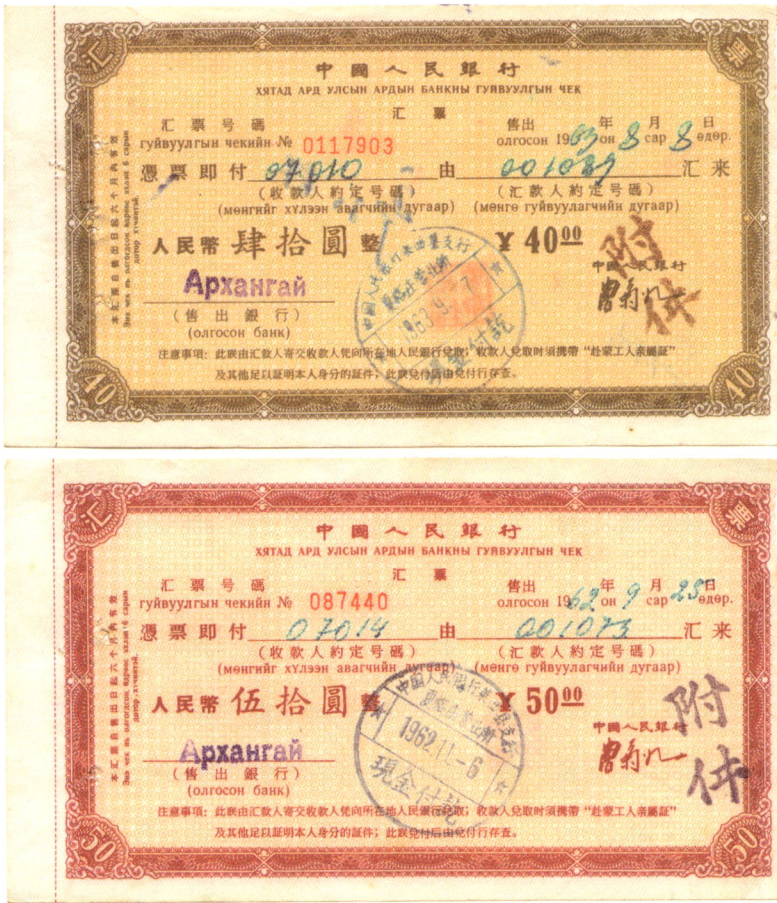

↑ 图 2-109　一组中俄双文的人民银行汇票

人约定号码""汇款人约定号码",兑付行是莱西县人民银行夏格庄营业所。注意事项提示:"此联由汇款人寄交收款人凭向所在地人民银行兑取;收款人兑取时须携带《赴蒙工人亲属证》及其他足以证明本人身份的证件;此联兑付后由兑付行存查。"汇票上还有行长签名"曹菊如"。曹菊如(1901—1981)是福建龙岩人,1954—1964年任中国人民银行行长兼党组书记。

取款人为什么要出示《赴蒙工人亲属证》? 原来,1949—1973年,中国应蒙古国要求,派遣超过30 000名中国工人及其家属赴蒙援建,相应就发生援建工人工资怎样寄回中国的问题。蒙古国要求中国工人的工资就地花在蒙古,不要寄回中国,但实际上还是有一些工资寄回了中国,这一组汇票就是物证。对这一事件近年来有学者进行了追溯探讨,揭示出许多鲜为人知的历史真相。

"文革"中的活期存款折及内部记账卡

开发区支行　刘宝春

图 2-110 所示的是一组 20 世纪 70 年代人民银行山东省分行使用的活期存款折及配套的内部记账卡，存款折给储户，银行保留相应的记账卡。记账卡记录了储户的姓名、账号、每笔存取款流水账，与存款折的记录一致，以备储户查询、对账和挂失等用。这组储蓄凭证带有鲜明的"文革"色彩，存款折印有手写体毛主席语录"艰苦朴素"，记账卡印有毛主席语录"抓革命，促生产，促工作，促战备"，凸显那个时期的时代印记。存款折清户收回后，和记账卡钉在一起保存，到了保存年限即可按规定销毁。

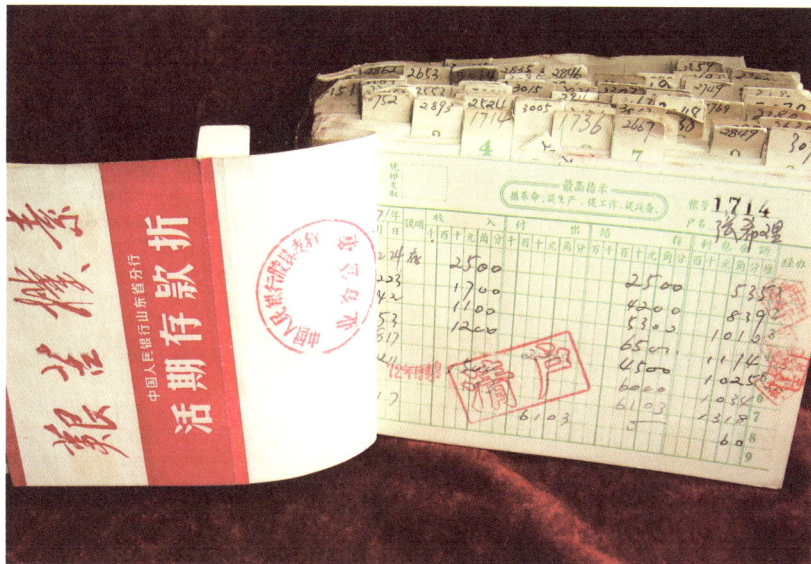

⬆ 图 2-110 "文革"中的活期存款折及内部记账卡

"人民""工商"两行的"对子存单"

开发区支行　刘宝春

图 2-111　"对子存单"活期储蓄存单

中国古钱币里对某些同一种年号,其穿孔大小、钱体厚薄、铜色成分相同而只有钱文各异的钱币称为"对子钱",又称"对钱"。"对子钱"五代始创,宋代最多,宋代以后不再铸行。

我收藏的人行和工行山东省分行的一些存单(图 2-111,图 2-112),有点像钱币里对子钱那样成对的存单,我把它称为对子存单。20 世纪 80 年代"人民""工商"两行分家,工商银行接受了人民银行除货币发行、金融监管和外汇管理外的几乎所有商业银行业务,包括个人储蓄业务。工商银行成立初期业务凭证的印制秉承了人民银行时期的规定,凭证图案有很多与人民银行的相似,有的仅仅改了行名。

"活期储蓄存单"(图 2-111)一张是中国人民银行山东省分行印制的,一张是中国工商银行山东省分行印制的,两张存单图案、色彩完全一致,只是行名有所改变;"定期另存整取储蓄存单"(图 2-112)也是由人行山东省分行和工行山东省分行分别印制,两张存单名称一样、图案格式基本一样,色彩方面工行的存单将人行的绿色改为桔黄色,从整体上看这两张存单都像亲兄弟,也算是一对对子存单。

20 年前的十年行庆节目单

工会办公室 刘 璇

1994 年 10 月,工商银行青岛市分行迎来成立 10 周年。分行组织开展了隆重的庆祝活动,其中的重头戏就是文艺演出。手头这份《热烈庆祝青岛市工商银行成立十周年节目

↑ 图 2-112 "对子存单"定期储蓄存单

10月30日演出节目顺序

(下午2:00)

演出顺序	演出形式	节目名称	作者	演出单位
1	舞蹈	工行在前进	曹刚勇 编舞	即墨支行
2	山东琴书	闪光点晶晶亮	彭金学 词 赵景明 曲	平度支行
3	相声	猜谜	王峰	黄岛区办
4	女声独唱	十月放歌	叶书林 词 吴国强 曲	安全印制公司
5	配乐诗朗诵	秋天的喝采	刘志坚	平度支行
6	弹拨乐	欢腾的工行	胡高伟	即墨支行
7	小品	爱的回声	杜修明	莱西支行
8	女声独唱	赢得光辉的今天	陆中立 词 徐明顺 王冬梅 曲	胶南支行
9	配乐诗朗诵	献给储蓄员的歌	荀在安	中专学校
10	女声独唱	我爱你,工行储蓄员	李广林 词 于桂英 姜连文 曲	莱西支行
11	小品	满意在工行	韩乃林	即墨支行
12	女声独唱	信任	张克良 词 刘明高 曲	崂山区办
13	诗朗诵	一腔热血献工行	王永	胶南支行
14	舞蹈	腾飞吧,工行	李燕 编舞	黄岛区办
15	小品	三代情	盖龙恩	高科园支行
16	独舞	工行颂	李燕 编舞	黄岛区办
17	京韵大鼓演唱	愿为工行立新功	孙永伦	开发区支行
18	男声独唱	我把青春献工行	刘欣荣 词 吕振业 曲	胶州支行
19	小品	让你信得过	魏文祥	崂山区办
20	舞蹈	一片丹心为工行	姜萍 编舞	胶州支行

ICBC 节目单

ZHONGGUO GONGSHANG YINHANG

中国工商银行 青岛市分行

1994.10.26

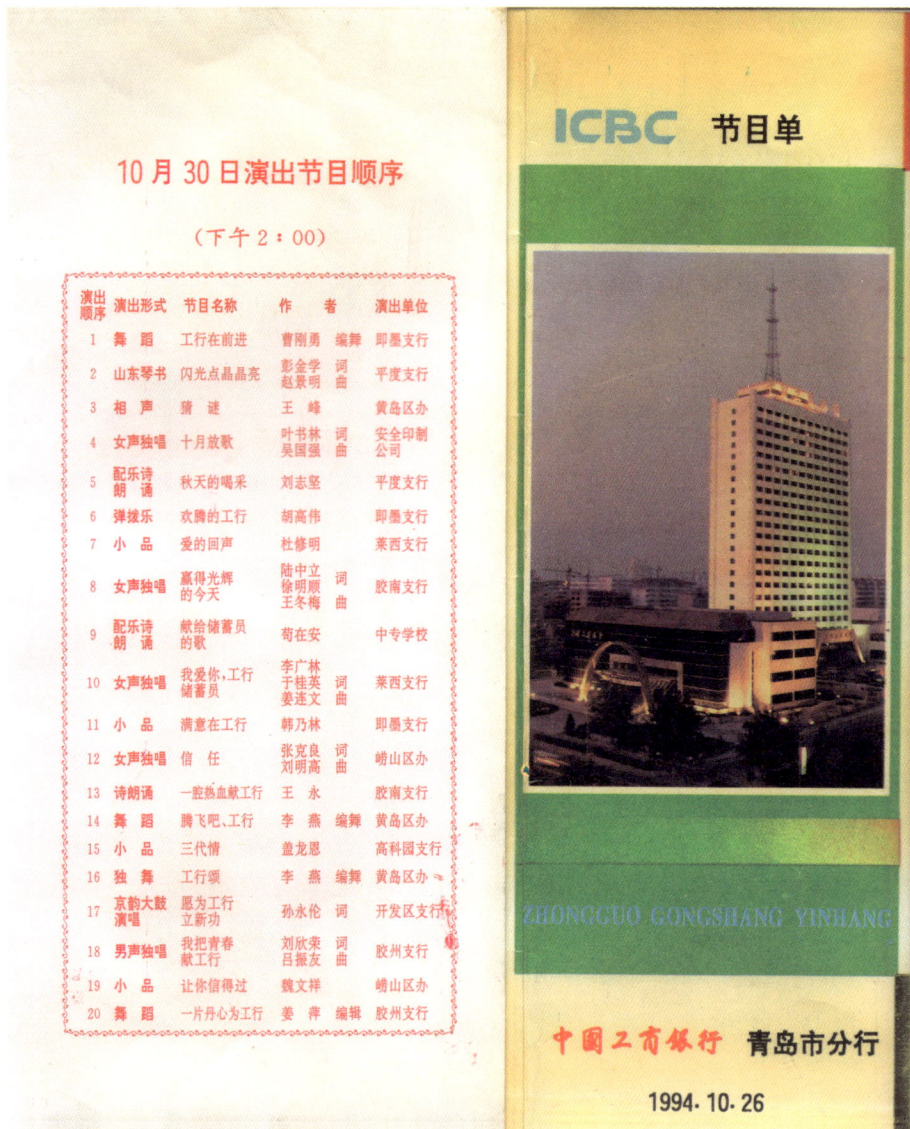

↑ 图 2-113 十年行庆节目单(封面,10月30日节目)

单》(图 2-113)反映了那场文艺演出的盛况。

20 年前,青岛工行办公大楼在山东路上是数一数二的地标式建筑,周边没有太高的楼,这在《节目单》正面的照片上可以验证。现在围绕在分行大楼四周的楼群,是 1994 年以后才陆续建起来的。

《节目单》上,印有市分行齐延臣行长对社会各界朋友、全行干部、职工及家属们予以亲切问候的致辞。文艺演出进行了两场:10月26日(星期三)晚 6:30 一场,14 个节目;10月30日(星期天)下午 2:00 一场,20 个节目;均在分行多功能厅;其创作人员、演员各不相同。

两台演出的全部 34 个

节目中，除橡胶二厂的山东快书、胶南第一希望小学（工行捐建）的歌舞朗诵外，其他节目均为工行市区区办、郊区支行、分行机关、安全印制公司、幼儿园的职工、教师、离退休老干部自编自演，有歌曲、舞蹈、诗朗诵、山东琴书、京韵大鼓、小品、相声等多种艺术形式。

分行邀请了各级党政领导、优秀企业家、高端个人客户、部分员工前来观赏。记得我也看过一场，好像是在晚上，印象中有一位储蓄部领导上台向观众报告青岛分行储蓄存款又突破了多少亿元；紧接着，灯光转暗，即墨支行的舞蹈《工行在前进》火热登场……

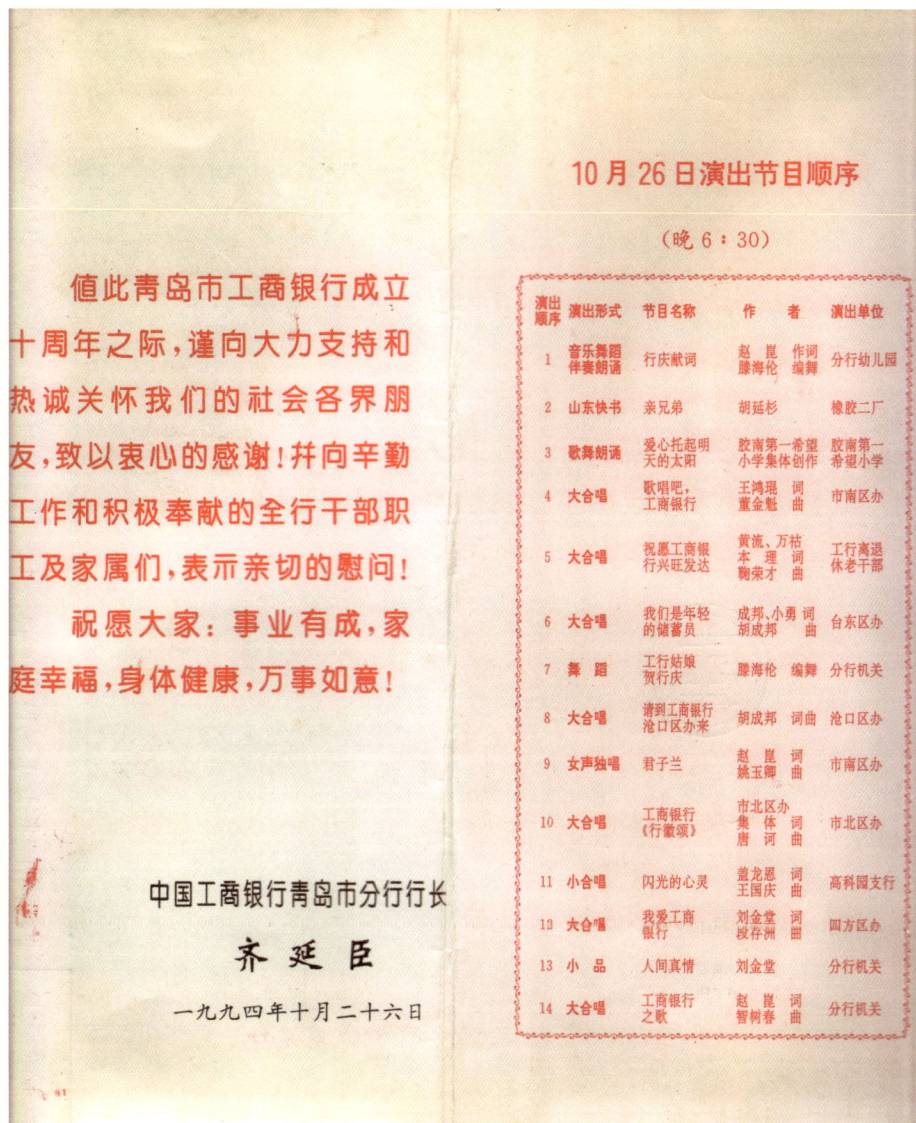

值此青岛市工商银行成立十周年之际，谨向大力支持和热诚关怀我们的社会各界朋友，致以衷心的感谢！并向辛勤工作和积极奉献的全行干部职工及家属们，表示亲切的慰问！

祝愿大家：事业有成，家庭幸福，身体健康，万事如意！

中国工商银行青岛市分行行长

齐延臣

一九九四年十月二十六日

10月26日演出节目顺序

（晚6：30）

演出顺序	演出形式	节目名称	作者	演出单位
1	音乐舞蹈伴奏朗诵	行庆献词	赵崑 作词 滕海伦 编舞	分行幼儿园
2	山东快书	亲兄弟	胡延杉	橡胶二厂
3	歌舞朗诵	爱心托起明天的太阳	胶南第一希望小学集体创作	胶南第一希望小学
4	大合唱	歌唱吧，工商银行	王鸿琨 词 董金魁 曲	市南区办
5	大合唱	祝愿工商银行兴旺发达	黄流、万祐本 理词 鞠荣才 曲	工行离退休老干部
6	大合唱	我们是年轻的储蓄员	成邦、小勇 词 胡成邦 曲	台东区办
7	舞蹈	工行姑娘贺行庆	滕海伦 编舞	分行机关
8	大合唱	请到工商银行沧口区办来	胡成邦 曲	沧口区办
9	女声独唱	君子兰	赵崑 词 姚玉卿 曲	市南区办
10	大合唱	工商银行《行徽颂》	市北区办集体 词 唐河 曲	市北区办
11	小合唱	闪光的心灵	盖龙恩 词 王国庆 词	高科园支行
12	大合唱	我爱工商银行	刘金堂 词 投存州 曲	四方区办
13	小品	人间真情	刘金堂	分行机关
14	大合唱	工商银行之歌	赵崑 词 智树春 曲	分行机关

🔺 图 2-114 十年行庆节目单（行长致辞，10月26日节目顺序）

《牡丹卡迎新春》大型舞蹈晚会

工会办公室 刘 璇

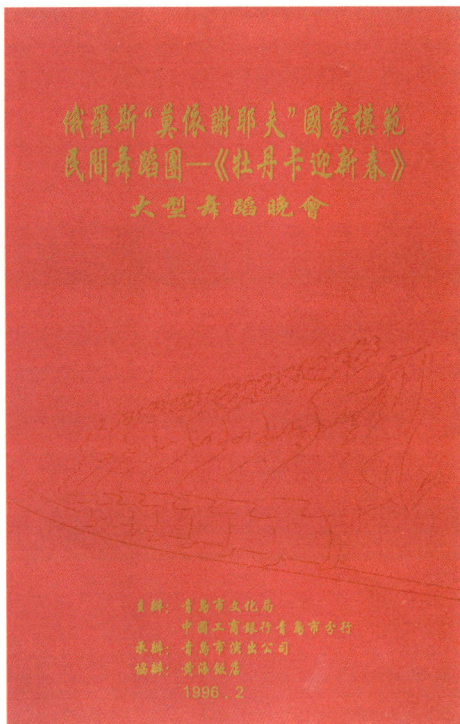

封面 内页

⬆ 图 2-115 《牡丹卡迎新春》大型舞蹈晚会宣传册

1996 年 2 月，俄罗斯"莫依谢耶夫"国家模范民间舞蹈团《牡丹卡迎新春》大型舞蹈晚会在青岛市人民会堂举行。晚会主办单位是青岛市文化局、工商银行青岛市分行，共有 13 个节目。这个宣传册页面为大 16 开，里面的 3 页均为牡丹卡业务宣传材料，有办卡方法、牡丹卡 1996 年新举措、牡丹卡"请说心里话"有奖问答等内容（图 2-115）。

我有幸观赏了这场高水平的俄罗斯舞蹈。那欢快、热烈、奔放、粗犷、洋溢着俄罗斯风情的民间舞蹈,至今印象深刻,特别是"水兵组舞:舰艇一日、小苹果"——几十名水兵模仿舰艇机舱内大型柴油发动机气门上下跳动的表演,简直是惟妙惟肖,充满着水兵生活气息,赢得观众阵阵掌声。俄罗斯艺术素有世界一流之赞誉,那天目睹,深感名不虚传。

"牡丹卡杯"足球对抗赛入场券

山东路支行　李存义

为了提高工商银行的社会知名度,青岛工行曾于1992年与青岛市体委联合举办过一次"牡丹卡杯"足球对抗赛,具体时间是11月15日下午2:30,地点在青岛市第一体育场(后更名为"天泰体育场"),上阵的对手是青岛足球队和辽宁足球队。那时的辽宁足球队在全国名列前茅,青岛市民能在家门口观赏到高水平的足球赛,而且是免费赠票,还有抽得大奖机会,何乐不为,因此全场观众座无虚席。

比赛开始前先进行抽奖。抽奖仪式由青岛市体委和工行青岛市分行的领导共同出席、主持,抽出了牡丹卡幸运奖(凭票在1992年底前免费办理牡丹卡)、牡丹卡幸运观众奖(一等奖一名,利勃海尔电冰柜一台;二等奖一名,琴岛夏普双筒洗衣机一台;三等奖二名,吸排油烟机一台),这些都是很受欢迎的名牌商品。

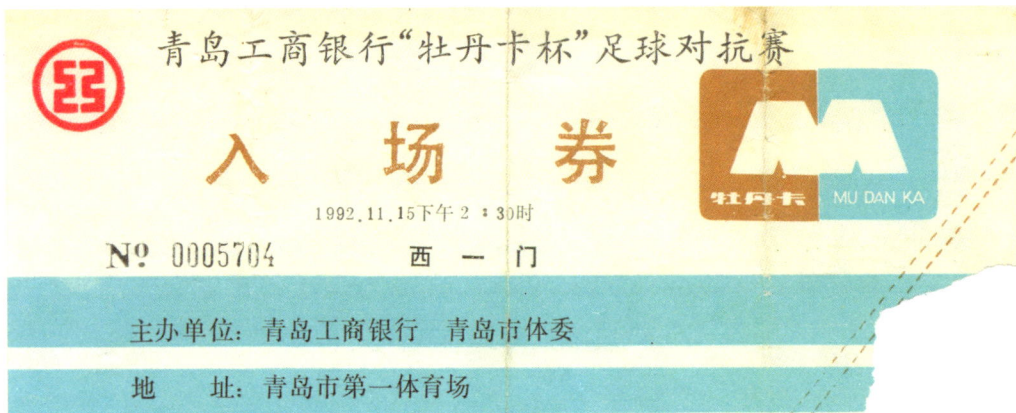

正面

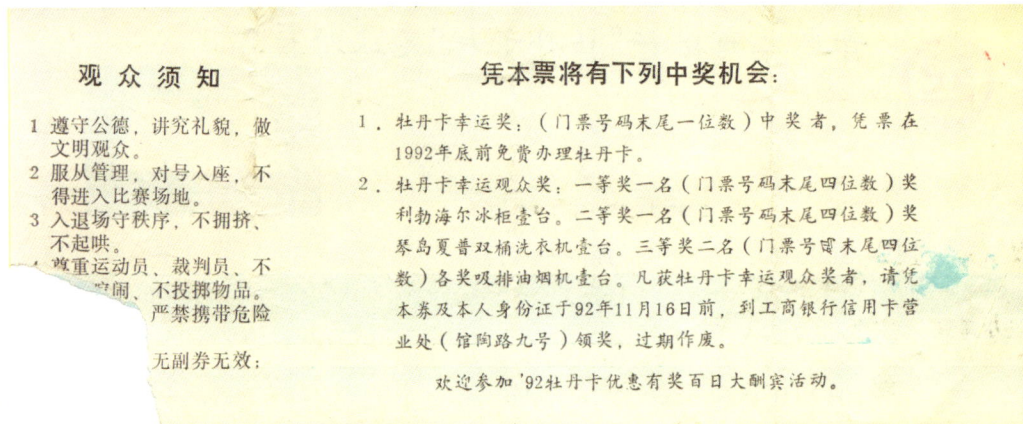

背面

⬆ 图 2-116 青岛工商银行"牡丹卡杯"足球对抗赛入场券

工商银行发行的"金融债券"

开发区支行　刘宝春

　　金融债券是指银行或非银行金融机构根据国家建设及企业生产的实际需求,在不突破信贷规模的原则下,向社会集资而发行的一种按约定还本付息的有价证券,一般分为固定期限利率金融债券、贴水金融债券和累进利息金融债券三种。

　　目前已知 1985 年至 1992 年间,我国共发行了 398.33 亿元的金融债券,工、农、中、建、交五大银行共计发行了 38 套、110 张实物金融债券。工商银行自 1985 年率先在全国发行金融债券,到 1992 年结束,共计发行了 11 套 32 张金融债券,包括贴水和累进利息金额证券,是五大银行中发行最多、种类最全的银行。

　　这些已发行的金融债券实物,记载了我国国有银行在改革开放初期的一段融资史实,具有一

⬆ 图 2-117　中国工商银行 1985、1986 年"债券"

定的收藏欣赏价值。

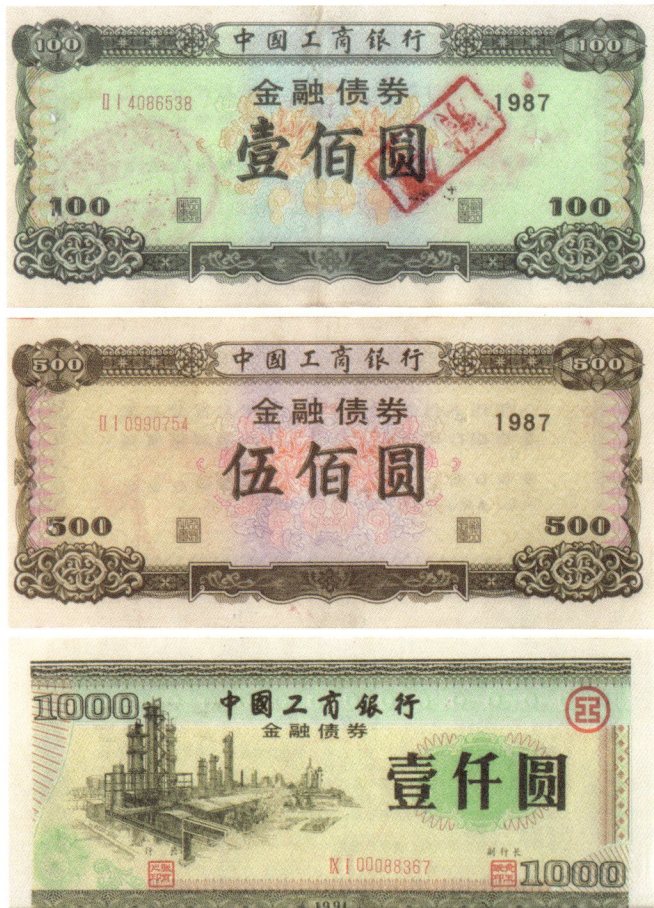

↑ 图 2-118　中国工商银行 1987、1991 年"金融债券"

↑ 图 2-119　中国工商银行 1989 年"一年期金融债券"

青岛工行代理发行青岛啤酒股票纪实

退休职工　严兆麟

随着我国市场经济体制的确立，证券市场诞生后，对国有企业进行股份制改造，利用发行股票上市办法募集民间资金促进经济发展的方式，立即引起各地政府和企业的高度重视，纷纷制订规划，并选择名优企业进行试点，以解决企业资金不足的突出问题。

1992年初，青岛市政府研究确定选择我市名优企业青岛啤酒厂作为试点发行股票的首家单位。青岛啤酒厂是工行长期贷款支持的重点对象，加上工行营业机构众多、联系面广、结算方便的优势，市政府决定选择工行为副主承销商和财务总代理，全权代理企业股票发行。

青岛啤酒是我省第一家向社会公开发行股票的国有大型企业，省市两级政府对此事都极为重视和关注。山东省政府发出专门指示，要求青啤股票的发行必须做到“首战必胜、令行禁止、万无一失”。青岛市委也召开常委会听取工行对股

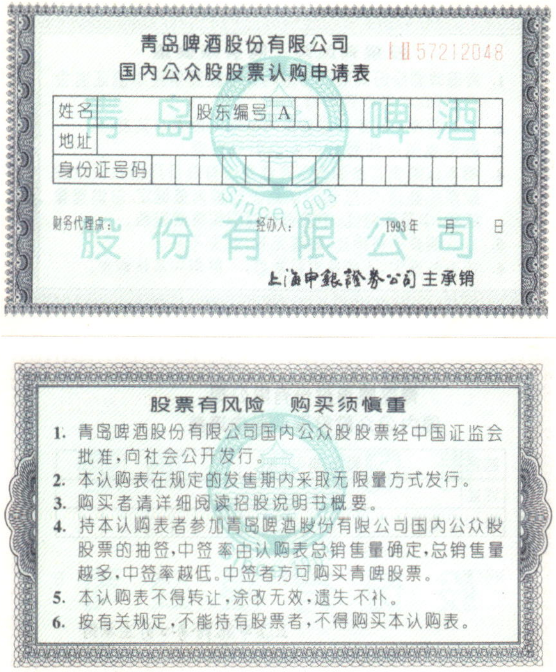

青岛啤酒股份有限公司
国内公众股股票认购申请表
Ⅰ Ⅱ 57212048

姓名		股东编号	A
地址			
身份证号码			

财务代理点：　　经办人：　　1993年　月　日

上海申银证券公司主承销

股票有风险　购买须慎重

1. 青岛啤酒股份有限公司国内公众股股票经中国证监会批准，向社会公开发行。
2. 本认购表在规定的发售期内采取无限量方式发行。
3. 购买者请详细阅读招股说明书概要。
4. 持本认购表者参加青岛啤酒股份有限公司国内公众股股票的抽签，中签率由认购表总销售量确定，总销售量越多，中签率越低。中签者方可购买青啤股票。
5. 本认购表不得转让，涂改无效，遗失不补。
6. 按有关规定，不能持有股票者，不得购买本认购表。

图2-120　青岛啤酒股份有限公司国内公众股票认购申请表

票发行准备工作情况的汇报。

青岛啤酒是全国著名品牌,知名度很高。青岛啤酒厂公开向社会发行股票的消息经各大媒体报道后,立即在社会上引起轰动,一时间成为青岛民众谈论的热门话题,并表达了强烈的购买欲望。

1993 年 7 月 21 日,青啤股票公开发行的第一天,工行开门营业前数小时,各营业机构门前就密密麻麻地拥聚着许多民众,其中还有不少长途跋涉而来的全国一线发达城市的股民等候争购,声势浩

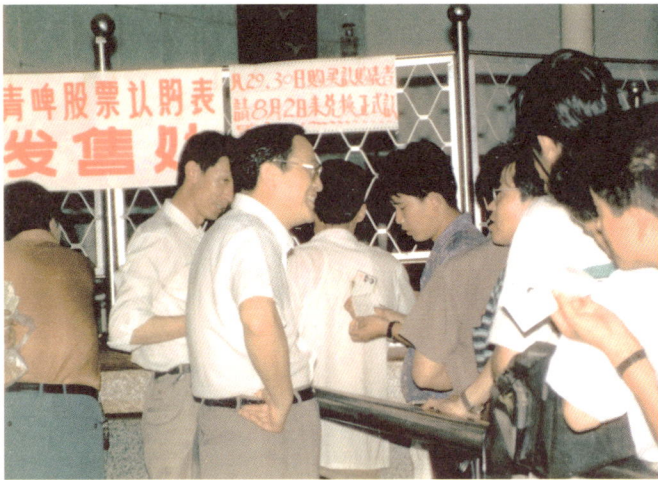

↑ 图 2-121　时任青岛市委书记、市长俞正声(中)
同志到发行现场指导工作

大,场面火爆。为了防止场面失控引发混乱,青岛市政府动员组织了 900 名民警布防在工行各营业机构周围维持秩序,开创了青岛金融史之最。

代理企业发行股票是工行一项新的业务,尤其是面对政府的高度关注和股民的殷切期待,工行清醒地认识到这不仅是一项普通的业务工作,更是一种社会责任,因此事先就做了大量的准备工作。首先,制定了完整的发行方案和实施细则,规划了操作流程,制定了会计核算办法,设计和印制了大量的单证和结算凭证。其次,经过调查摸底和精心分析,确定 79 个营业网点,组织 484 名业务骨干参与一线发行工作。三是,对全体工作人员进行业务培训和开展"履职尽责"的主题教育,提升工作责任感和业务技能。四是,制定绩效奖励政策,将发行量和奖金挂钩,激发提高工作效率。在发行工作开始后又组织 40 名各级领导到各营业网点进行现场指挥调度和监督检查。

全部发行工作从 7 月 21 日发售《认购证》开始,经过确定中签率、摇号抽签、中签缴款,到 8 月 19 日完成股权登记后结束,历时 15 天。由于准备充分、组织得力、上下联动、密切配合,发行工作实

现了"双无",即无差错,无事故,向省、市政府交上了一份圆满的答卷。

青岛啤酒厂股票成功发行后,政府表扬,企业满意,股民高兴,工行也取得了可观的经济收入,仅发行股票代办费就收入 1 200 余万元。事后,时任青岛市委书记、市长俞正声同志亲自到工行进行表扬和慰问,并对工行工作给予充分肯定。

代理青岛啤酒厂发行股票这一历史事件,充分反映了工行人艰苦奋斗、开拓创业的精神,全方位展示了工行的精神风貌,至今仍能唤起广大员工的历史记忆和情感共鸣。

青岛啤酒厂成功发行股票实行改制转型后,生产经营活力进一步激发,产品更新升级步伐不断加快。通过兼并、收购、资产重组等方式,将生产经营规模迅速扩展到全国各地,并延伸至国外,产品市场占有率和经济效益均大幅度提高。由青岛"金花"企业跃居到全国十大著名企业之一,声誉日盛,与工行关系也进一步密切。股份公司成立后,特聘请工行首任行长于福忠同志为公司独立董事。在银行业同业竞争日益激烈的情况下,至今仍是工行最稳定的存、贷款大户。

代理青岛啤酒厂发行股票已成为历史。铭记历史,传承精神,我们仍可以从中得到一些有益的启示:

银行归属服务业,服务是天职,服务工作的好坏关系到事业的兴衰成败,客户的高度认同和充分信赖是形成工行价值的源泉,向社会提供优质、高效的金融服务,是工行永恒的使命,也是提高本身经营效益,不断开拓发展的源动力。(作者曾任工商银行青岛市分行总经济师)

青岛工行第 1 号《工作证》

工会办公室　刘　璇

1984 年 4 月 6 日,国务院颁发《中华人民共和国居民身份证实行条例》,随即陆续为全国居民办理第一代有效期 20 年的《中华人民共和国居民身份证》。近十几年来,《身份证》的用途越来越广泛,升学、就业、结婚、置业、投资、旅行,没有《身份证》

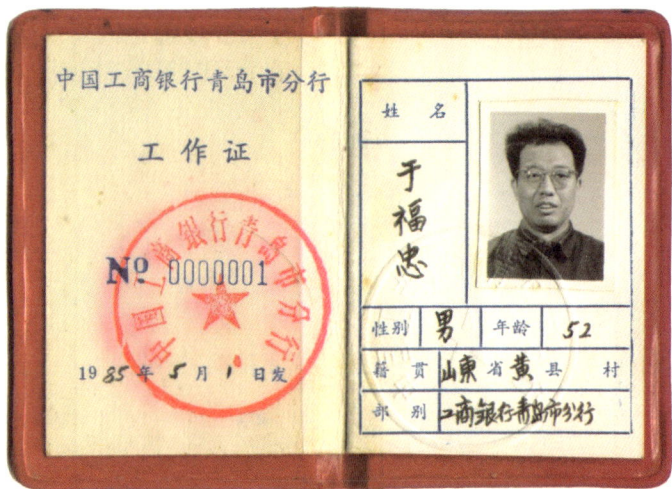

↑ 图 2-122　青岛工行第 1 号《工作证》

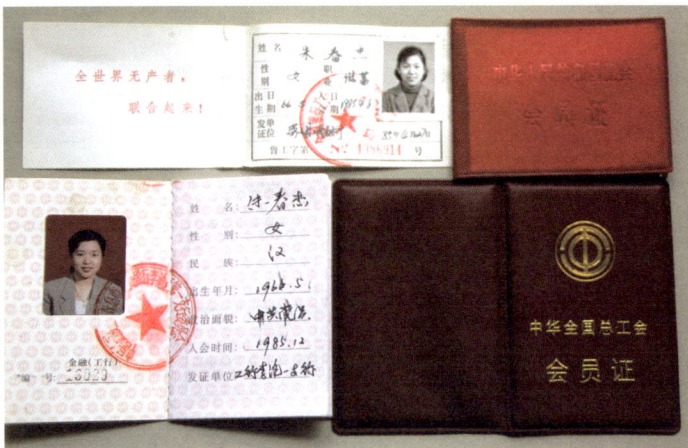

↑ 图 2-123　《工会会员证》

简直是寸步难行。

　　然而，在《身份证》制度实施之前，《工作证》是上班族自证身份极为重要的证件，每名职工都有。职工进入政府机关大门，到邮局提取包裹，出差买车船票、住店等都用得着《工作证》，如有遗失还要登报声明作废。青岛工行成立后，职工手里由青岛市人民银行颁发的《员工服务证》（功能相当于《工作证》）换成了由工行颁发的《工作证》，第一任行长于福忠同志的《工作证》被排为第 1 号。

　　后来，随着《身份证》权威性、唯一性的强化，许多单位不再为职工办理《工作证》，《工作证》的用处弱化，逐渐淡出了人们的视野。

我的《工会会员证》

李沧一支行　朱春杰

总是非常自豪地说："我与工行一起成长"，

那是因为在工行成立那年我加入到工商银行这个大家庭。入行后加入的第一个组织就是工会，领到的第一个证件就是《会员证》。那时的《会员证》封皮为"中华人民共和国工会会员证"，扉页印有"全世界无产者，联合起来！"的口号，印刷号为"鲁工字第43***14号"，说明那时的青岛工行归属山东省行，发证单位：崂山县工商银行，那时所在支行归属区域为崂山县。拿着它有了主人翁的感觉，也享受到作为一名工行员工所拥有的权利与福利，工会也时时关注着每一位员工的生活与成长。

2000年后换了新的《会员证》，封皮为《中华全国总工会会员证》，没有扉页"全世界无产者，联合起来"的口号，换成了会员的权利和义务及证件的使用说明，印刷号为"金融（工行）13**9"，这时的青岛工行已归属总行直管，发证单位：李沧区第一支行，区域归属为李沧区。

一个小小的《工会会员证》，从一个侧面反映出工行的变化与成长壮大。

人民银行时期的《借书须知》

胶南支行　徐明顺

1982年以前，别说互联网，就连彩电也是普通家庭难以企及的奢侈品，并且电视机也就接收那么一两个频道，人们获取知识的途径主要靠读书。为满足全行员工尤其是青年员工的求知欲望，经人民银行胶南县支行工会会员表决通过，支行建立了图书室，于1982年10月1日开门供大家借阅。图2-124所示的这张《借书须知》当时就贴在图书室的显要位置。

《借书须知》用100克的板纸书写，长为54厘米，宽为39厘米，载有借阅对象、受理时限、借阅期限和借阅纪律四项内容。

当时的图书室书籍很多，有马列著作、毛泽东选集等伟人著作，有《红楼梦》《基督山伯爵》等中外文学作品，有金融学、经济学、会计学和中学课本，还有各种报纸期刊。当时支行年轻员工主要来自社会招干、

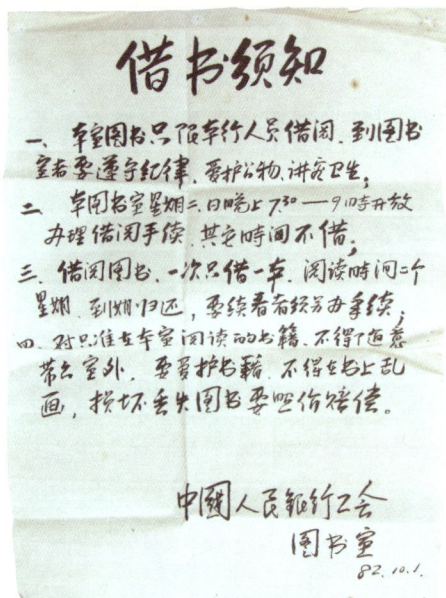

↑ 图 2-124 人民银行时期的《借书须知》

部队转业和中专生分配三种渠道,大家都勤奋好学,与图书结下了不解之缘。通过努力,有的被选拔到名牌大学进修,有的考取了分行电大,有的完成了自学考试,大多数都取得了大专以上学历。目前这部分人仍在各家银行的领导岗位或重要岗位上勤奋工作着。

当年的一浴更衣证

工会办公室　刘　璇

图 2-125 所示的是一张《青岛第一海水浴场更衣证》,盖有"中国工商银行青岛市分行"条形章。温馨的记忆中,那是当年单位买来发给员工,鼓励大家下海游泳强身健体的。至少在 20 世纪 60、70、80 年代甚至更长时间里,岛城很多机关、学校、企事业单位在青岛一浴租用专用更衣室,中午发车拉着员工去洗海澡,人行、工行也不例外。但这张更衣证上没有时间,不知道这是哪一年发生的事了。

幸亏更衣证的背面印有一幅老刀牌香烟的广告,它透露出大致的年代。据资料,1993 年,颐中烟草集团青岛卷烟厂开始试生产老刀牌香烟,烟标图案与民国年间的老刀牌香烟烟标图案基本相同，标有"老刀牌特制香烟""中国青岛卷烟厂出品"等字样。1994年，该厂凭借老刀牌香烟创收近 3 亿元，这相当于该厂前十年的利润总和。但是这次产品"创新"所造成的社会效益欠佳，有不少人认为这是"出于猎奇、促销的考虑"，是"一种崇洋倾向""不分是非"的错误行为，应该被取缔。由于"群众反映很大，新闻界也多次批评"，大约在 1997—1998 年，老刀牌香烟停产，退出了香烟市场。据此，这张更衣证的发行时间应该在 1993—1998 年间。

正面

一张旧菜票引起的回忆

李沧二支行　马丽凤

前几天收拾办公桌的抽屉，从夹缝中找出了一张旧菜票：一张白底红字、面值为一角的菜票（图 2-126）。塑料小片片放在手上，虽已模糊，那种亲切感立即化为一声小小的惊呼。于是，这张菜票在办公室内每个人的手上传递起来，"70 后、80 后"从票面美感进行讨论，像是在欣赏一件古董，"60 后"们则谈起了当年拿着菜票在食堂打饭的情景，工作之余，又有了交谈的话题。

20 世纪 80 年代入行的我，经历了工行从孕育、诞生到成长的过

背面

⬆ 图 2-125　青岛工行海水浴场更衣证

程。计划经济的年代,个人的生活条件可想而知。第一天上班,包里仅带了一个铝质饭盒和十元钱,到支行(那时还叫沧口银行)报到上班。十元钱的菜票如果紧着用能用上一个月呢,我便到总务科买上饭票和菜票,这样每天中午都可以吃到食堂的饭菜了。那时的饭菜品种远不如现在品种这么多,也没那么讲究,就是几盆大锅菜摆在案板上,记忆中好像一角菜票就能买到一大勺菜。中午下班的铃声响过后,"各路人马抄起家伙"直奔食堂,有拿饭盒的,有拿花瓷碗的,有拿茶缸的,排着长长的队伍到窗口递上饭票和菜票,窗口里的师傅递给你一个大馒头,挖上一大勺菜,紧接着就是一阵"呼呼"的吃饭声。为什么这么急,旁边的"勾级"正"五缺一"呢,能不急吗?更可笑的是有一次冲进食堂门,发现一个人都没有,还没等高兴起来,就看见案板上放了一溜吃饭的家什,人呢?原来,正蹲在食堂一角打扑克呢!那时,不管吃到什么嘴里总是香的,尤其是冬天,火炉上的开水热气,裹着饭菜的香气,再加上排队说笑的热气,一起涌入我们的心里。现在想想:年轻真好,特别容易满足。

现在的午饭可比以前丰富多了,而且都是免费,荤素搭配的就有好多种,主菜也是变着花样提高食欲,面食的品种多得有时都不知道让我选哪一种好。卫生条件也比以前强多了,以前吃饭讲究的是温饱,现在是营养,支行对食堂的伙食都是层层把关,让大家吃着放心和舒心。

一张小小的菜票引起了我诸多的回忆。同龄人中能讲出好多"那时的事情",而且这样的话题一经提出就不愿意收尾。千万别怪我们愿意回忆往事,那种回忆带给我们许多的甜蜜。一张小小的菜票是一段历史的写照,给年轻的一代讲讲"那时的事情",我想也是让他们懂得昨天的艰辛和今天的不易。我把这张小小的菜票保存起来,让它的故事伴随着一代代工行人流传下去。

⬆ 图2-126 沧口工商银行职工食堂菜票

胶县人民银行的老饭票

工会办公室　刘　璇

　　胶州原先叫胶县，1961—1978 年隶属于昌潍专区（即现在的潍坊市）。这一时期，我国经历了三年困难时期，也爆发了史无前例的"无产阶级文化大革命"。手头这些饭票（图 2-127），就是 20 世纪六七十年代胶县人民银行的职工食堂饭票。从老物件的角度审视，可以将其粗略分为"军管小组印章票""毛主席语录票"" '文革'期间机构改革票""薯类、瓜干票""废纸利用票"等，它们记载了那个年代的特有信息。

1. "军管小组印章票"（图 2-127 左上）

　　饭票背后加盖一枚鲜红的印章——"中国人民解放军胶县人民银行军事管制小组"。银行被军队管制，这是为何？原来，这是"文革"初期，在"中央文革"小组的支持下，全国各地、各行业掀起造反

派夺权风暴，各单位的"当权派"都被"打倒"了，各路"造反派"之间又互斗不已，谁能负起管理之责，只剩下部队了。于是，1967 年 3 月 19 日，中央军委根据毛主席的指示作出了《关于集中力量执行支左、支农、支工、军管、军训任务的决定》（简称"三支两军"）。据资料，仅在 1967 年前 5 个月中，解放军各总部、各军兵种、各军区就对全国 7 752 个单位实行了"军管"，并对 2 145 个单位实行了警卫保护，其中包括中央各部委、1 219 个银行（占全国银行的 42％）、547 个广播电台（占全国广播电台的 24％）、111 家报社（占全国报社的 53％）、10 个铁路局（全国共 18 个铁路局）。在这样的大背景下，胶县人民银行被军管就是顺理成章的事。这样的军管后来改称"中国人民解放军毛泽东思想宣传队"，简称"军宣队"。1972 年 8 月，军管人员开始陆续撤回，"三支两军"遂告结束。中央派人民解放军实行"三支两军"任务，在当时的混乱情况下是必要的，对稳定局势起了积极作用。但是，由于总的指导思想是错误的，所以"三支两军"也带来一些消极后果。①

---

　　① 翟泰丰，鲁平，张维庆. 邓小平著作思想生平大事典 [M]. 太原：山西人民出版社，1993：P428。

2. "毛主席语录票"（图2-127上排中）

饭票印有毛主席语录"厉行节约,反对浪费"。当时银行用的传票、存折、存单、办公用品、办公家具上面,都印有毛主席语录。这张饭票面值1分,即0.01元。那时,无论是工人、商店职员、汽车司机还是银行职工,工资收入有三大特点:第一是收入差距不大,没有奖金,干多干少一个样;第二是收入普遍不高,每月三四十元者居多;第三是名义工资长期保持稳定,在隐形通胀的情况下,造成实际收入水平下降。当时的家庭子女多,有的还要赡养老人,用几十元收入养家糊口就显得捉襟见肘。当然,那时物价低而稳定,在单位食堂,1分钱可以买一小碟疙瘩咸菜,5分钱可以买一份清炖萝卜条,1角钱的菜里就能见几片肉,2角钱的菜就算奢侈了。1976年10月"文革"结束后,这类带语录的东西逐渐停用。

3. "'文革'期间机构改革票"（图2-127右上）

饭票印有"胶县财政金融局1971年8月"字样。记忆中,"文革"期间中央推行过一次机构改革,将财政部、人民银行合为一家叫作财政金融部,将交通部与邮电部合为一家叫作交通邮电部,等等。"文革"后又分开了。

4. "薯类、瓜干票"（图2-127左中下）

20世纪六七十年代,拥有非农业户口的城镇居民享受一定的口粮

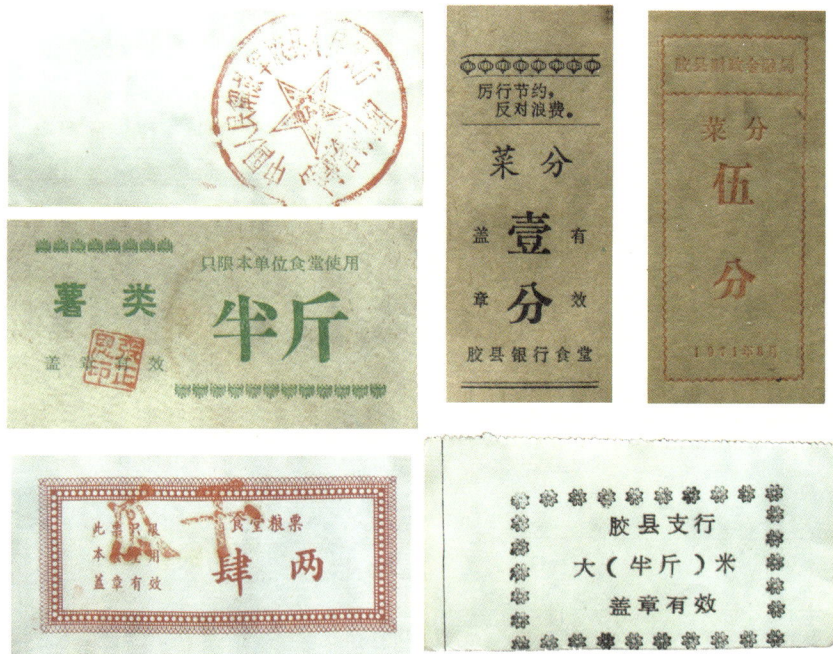

↑ 图2-127 胶县人民银行的老饭票

计划供应，统一在国营粮店里买粮，粮种比例随着年景好坏而变化。以1961—1962年为例，那正是新中国历史上极为艰难的"三年困难时期"。当时，毛主席曾经专为粮食问题作出指示：要求"按人定量，忙时多吃，闲时少吃；忙时吃干，闲时半干半稀；杂以番薯、青菜、萝卜、瓜豆、芋头之类"。那时，济南市居民每月粮食供应定量是25斤。其中，46%是细粮（3斤）加粗粮（如三合面、五合面等），54%是薯类，1斤薯类计划可以换购5斤鲜地瓜（鲜地瓜0.026元1斤）或1.25斤地瓜干或1.1斤用地瓜干磨成的面；另有规定，国家17级以上干部、老红军，在正月里供应1～2斤大米，平时没有。省城如此，县城恐怕更加困难。到了20世纪70年代，粮种比例逐步改善为细粮70%，粗粮30%。

改革开放以后，农村解散了人民公社，实施了分田到户大包干，终于解决了粮食问题。到20世纪90年代国家取消了城镇居民粮食计划，粮食敞开供应。现在人们喜欢吃点粗粮、地瓜，是为了调剂胃口、减肥瘦身，但那个年代广大农民和很多城里人天天只能吃得起粗粮、薯类，导致胃里冒酸水、烧心、胃溃疡、肝炎、营养不良等成了多发病。

5."废纸利用票"（图2-127右下）

这些饭票是用作废支票背面印制的，折射出那个年代人们的节约意识和物资匮乏的窘态。

保存了30年的山东银校饭菜票

市南四支行　洪艳霞

图2-128所示的是我1984—1986年在山东银行学校上学时使用的饭菜票。

20世纪80年代初，刚恢复高考没几年。那几年的高考升学率很低，一个县级中学高三毕业班也就1～2个班，其中能够考上大学的很少。当年的山东银行学校属于大中专（录取高考生的中专），但是入学分数不低于大专。记得我们八四级都有够本科线的高分学生很多，年龄差距也很大。当年上中专是不交学费的，而且还管吃管住，学生宿舍住宿不交钱，每月发放固定金额的饭菜票（17.5元），由班里的生活委员负责领取并发放至同学手中。当时学校食堂一份菜 1 毛钱,最贵的菜 3 毛钱,1 个馒头 2 两,米饭一个方块 2 两。女同学饭量小,一个月下来还能剩余些饭菜票,就买面包、小火烧吃;男同学饭量大不够吃的,家庭条件好的就自己再花钱买些饭菜票,家庭条件不好的有时同班女同学或女老乡相互帮衬些,就能挨到发饭菜票的日子了。当年的学生生活真是无忧无虑,只管学习,就业是包分配的,我们这一届同学几乎全部进入了银行业。

↑ 图 2-128　山东银校饭菜票

第一套宣传个金业务的扑克牌

办公室　江世波

"扑克"一词是 POKER 的中文音译,是一个纸牌分支的专属词汇,当今世界很多地方仍然使用 PLAYINGCARDS(即游戏纸牌)的名称。纸牌游戏是世界上最大众化的娱乐,扑克无疑成为最低商业成本的平面信息传播,被誉为"第五媒体",2003 年美军的《萨达姆通缉令扑克》就超越了张贴普通通缉令和发放传单的效果。

图 2-129 所示的是工商银行业务宣传领域第一套广告扑克——金融顾问(个人篇),由分行营业部、市南二支行、市北二支行、四方区支行、胶南支行等五个支行联合印制,采取图文并茂的方式介绍了当时的创新个人金融业务。新颖的宣传方式,达到了常规业务宣传折页鞭长莫及的效果。时值 2004 年春节前夕,特别制作寓意"福到了"的一种

特殊包装,形成了六副一套的金融广告扑克"龙头",迄今国内的金融广告扑克没有突破这个"之最"。

金融顾问(个人篇)扑克牌由当时市南二支行个金部负责人江世波和客户经理薛峰联袂创意,国内早期扑克收藏家多数都有收藏,中国扑克馆也收藏了这套载入青岛金融史的金融业务扑克牌。

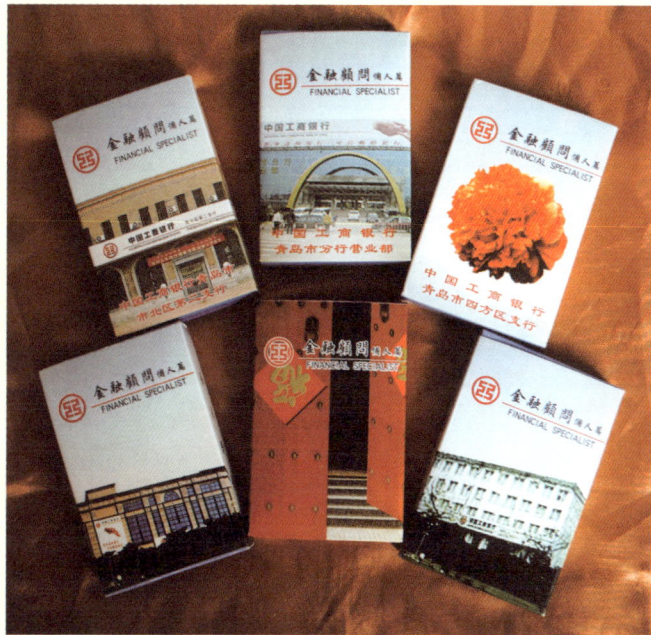

↑ 图2-129 宣传个金业务的扑克牌

1990年我用微机搞"技改"

信贷与投资业务管理部 冯韶杰

手头有一册1985年第一期《青岛金融》(创刊号),其插页刊登一则微机广告引起我的回忆。

1990年以前,我所在的青岛工行台东区办事处信贷科只有一台微机,就是这则广告中的微机,也是当年我用过的第一台IBM-PC机—CPU8080,内存512 KB,DOS20系统,5英寸大软盘(图2-130)。广告上报价43 000元,那是1985年的43 000元,天价啊。现在内存4 G、硬盘500 G的微机售价也不过几千元!

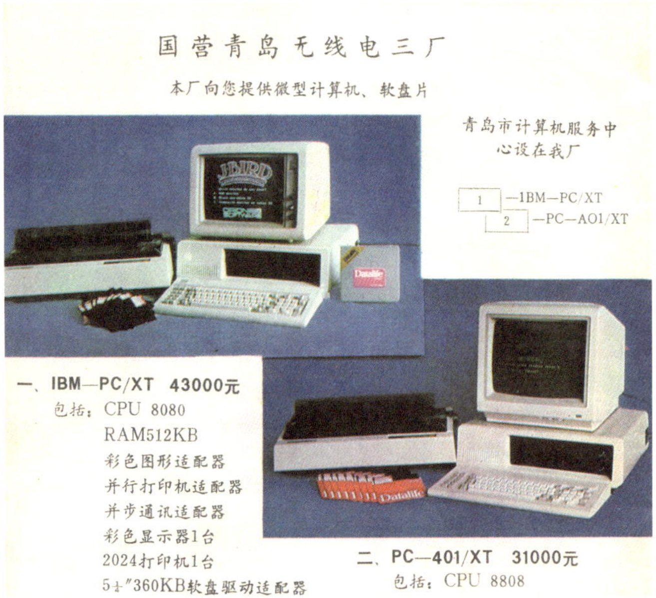

图 2-130　1985 年《青岛金融》登载的电脑广告

信贷科这台微机主要用于做贷款余额表、企业经营情况表、电子报表,极大地提高了工作效率。当时,区办工资表是手工复写,每月财务科两位师傅计算、抄写 500 多人的工资表,得用四五天时间。我用这台微机的 SC3 软件包,设计了一张电子工资表,用两周的业余时间做了区办在职和退休人员的数据铺底。每个月发工资只需输入变动的情况,大约半小时就可完成工资表,省老事了。

区办领导对我这个青年员工自发搞的"技改成果"给予了充分肯定,并在全体员工大会上进行了表扬奖励,报销了我上"业大"的 800 元学费。

我的银行招干《准考证》

内控合规部　张　淼

1980 年 12 月 7 日,我在人民银行沧口区办信贷股参加了青岛市人民银行组织的招干考试,科目共有数理化、珠算、语文、政治四门,凭借优异成绩踏入中国人民银行青岛市分行的大门，并一直努力工作至今。这份《准考证》（图 2-131）我到现在还珍藏着，看到它，就会想起改革开放初期那个意气风发、催人奋进的火红年代。

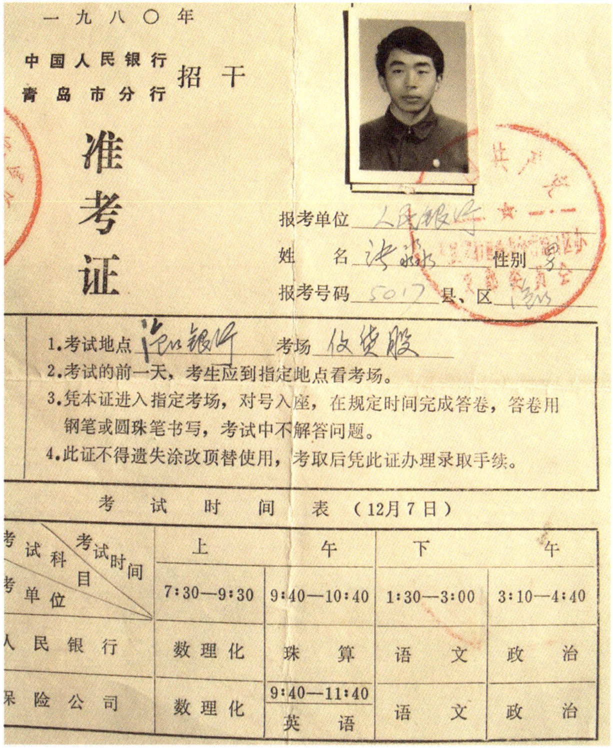

一九八〇年

中国人民银行青岛市分行 招干

准考证

报考单位 人民银行

姓　名　　　性别

报考号码 5017 县、区

1.考试地点　　　考场

2.考试的前一天，考生应到指定地点看考场。

3.凭本证进入指定考场，对号入座，在规定时间完成答卷，答卷用钢笔或圆珠笔书写，考试中不解答问题。

4.此证不得遗失涂改顶替使用，考取后凭此证办理录取手续。

考试时间表（12月7日）

考试时间 / 考试科目 / 报考单位	上午 7:30—9:30	上午 9:40—10:40	下午 1:30—3:00	下午 3:10—4:40
人民银行	数理化	珠算	语文	政治
保险公司	数理化	9:40—11:40 英语	语文	政治

图 2-131　张淼的准考证

银行门口二分钱的看车费收据

工会办公室　刘　璇　特邀作者　宋文胜

在济南中山公园旧书市场淘得一宗旧单据，其中有一张自行车看车费收据很有趣。它宽 4 厘米，高 6.4 厘米，显然不是正规发票，只是一张“白条”（图 2-132）。“白条”上注明：“看车费二分，人行历处看车人”，加盖看车人私章、某联运管理局正规的“现金付讫”公章，日期是 1962 年 5 月 26 日，报销人在收据上写明“去区行工作”并加盖私章。

如果没猜错的话，这是在人民银行济南历下区办事处门口，看管自行车的工作人员出具的由有关部门盖章认可、可以作为报销凭证的现金收据。

现在的年轻人可能不屑一顾，区区二分钱还有“发票”，值得报销吗？然而，这就是那个时代的生活印记。看

↑ 图2-132 银行门口2分钱的看车费收据

看那时的收入和物价就知道二分钱不可小觑。

当时刚参加工作的年轻人,工资月收入仅仅20多元,5年以后可以增加到35元左右,就基本上稳定住了,很多人工作了一辈子,临到退休时月收入也就60元左右。这点收入除了吃饭、穿衣,给孩子交学费、买课本,给病人看病吃药,到月底所剩下的能有10元左右存入银行,就算是"土豪"了。至于比较奢侈的打算就是为添置"三大件"的梦想而奋斗。所谓"三大件"就是自行车、手表、收音机,

当时每件的价格最低也得100多元,够全家人勒紧腰带"奋斗"一年两载的,即使这样,拥有这几样的家庭在人前也够"显摆"的。

从那时候的照片就可以看到,许多人推着自行车照相,满脸是幸福;撸起手腕将闪闪发亮的手表露出摆姿势照相,相片中的他小小的眼睛也变圆了,立马熠熠发光。

——这样的相片在相对象时可真是高端大气上档次,常常会使相亲姑娘的眼睛也闪闪发亮圆起来,端详不够笑起来。

这是城里,如果是农村收入就悲催了,村里的姑娘盼着嫁给公社的,公社的姐妹盼着嫁给县里的,无非就是盼着那点低工资、死工资呗。

那时候和低收入、死工资、大锅饭、无奖金相对应的还有另一种和"三大件"的高消费所不同的低物价:

糖豆1分钱6粒,硬糖块1分钱1块,高粱饴5分钱3块,糖水冰糕3分钱1只,牛奶冰糕5分钱1只,开水1分钱1暖瓶,火柴2分钱1盒,信封1分钱1个,萝卜1.5分钱1斤,臭豆腐2分钱1块,豆腐乳3分钱1块,鲜蛤蜊5分钱1斤,对开四版的《人

民日报》5分钱1份,等等。

即使这样,很多孩子想吃点糖豆、糖块还常常要盼到过大年,女孩子想买个洋娃娃,扯上二尺花布,穿个不带补丁的漂亮衣服,也盼着过年(知道现在的人为什么常常感慨年味淡了吧)。在街道上的报栏旁常常有不少人驻足阅读。

精打细算是那时人们最基本的素质,有了一两块钱也得赶紧存银行,为了那点利息,为了一两年后存折上能有100多元的惊喜,为了那朝思暮想的"三大件",为了那梦中的"她"和"他"。

那时候劳动不值钱,时间不值钱。由于分配上的大锅饭,人们谈不上勤劳,上班出工不出力,泡病假,磨洋工,学"政治",搞批斗的比比皆是,但却个个都很懂得"节俭"。很多人常常盼着收破烂的来,好把家里积攒的补得不能再补的破布烂衫、孩子的废旧课本、捡到的废铜烂铁买给收废品的,换回个一毛二分钱,也能换回一个好心情。

很多过来之人有过这样的经历:孩子们很盼望家里的牙膏赶快用完,好把铅锡质地的牙膏皮卖到废品站,换回二三分钱,到小店买十几个酱田螺,用罐头皮剪成的三角钩,把一个个田螺肉扣出来,美

美地解解馋。后来,牙膏皮换成铝质,连二分钱也卖不上了;再后来牙膏皮变成塑料的,一分钱也不值了。小朋友的这点"财路"被彻底断绝。

到银行存款,如果骑自行车去就得交二分钱的看车费,这可如何得了! 为了省出这来之不易的二分钱许多人与看车人吵架甚至动手。还有的聪明人为了不交这二分钱,就把自行车偷偷停到离银行储蓄所不远也不太近的地方。因为那时的人,心中都有一把小算盘:银行利息才几个钱,看自行车就得交二分钱,心疼哪。

那时有一句流行语:"一分钱掰成两半花。"

那时有一首很"潮"的流行歌曲,人人都会唱:"我在马路旁捡到一分钱,把它交到警察叔叔手里边。"——那是一种多么可歌可泣的高尚品质呀,尽管只是一分钱!

经常骑私车办公事,二分钱看车费对于那时的人们不管是上班族还是无班可上的一族,这个还真的不是小账。二分钱的看车费收据呀——这个可以有。(宋文胜同志供职于中国人民银行济南分行)

一张《胶南县银行整党整风计划表》

开发区支行　耿来意

胶南县银行整党整风计划表（第一步）

1978年8月11日

月	日	学 习 内 容	晚上活动内容	主持人
8	15	一、华主席《在中国共产党第十一次全国代表大会上的政治报告》		田星南
	16	二、毛主席著作《整顿党的作风》(三卷769—786)《改造我们的学习》(三卷753—761)《关于纠正党内的错误思想》(一卷89—93)《胶党内的资产阶级思想》(五卷90—97)	党课：党的性质和纲领。	
	17			
8	22	一、叶付主席《在中国共产党第十一次全国代表大会上关于修改党章的报告》	大批判：批判"四人邦"破坏党的建设的罪行	张清儒
	23	二、邓付主席《在中国共产党第十一次全国代表大会上的闭幕词》		
	24			
8	29	一、毛主席《在扩大的中央工作会议上的讲话》	党课：我党历史上四次整党整风运动介绍	孙作敬
	30	二、毛主席关于加强党的建设的部份论述。三、毛主席著作《增强党的团结，继承党的传统》(五卷293—304页)	座谈会：听取群众对支部和党员的反映	
	31			
说明		一、党员以小组为单位，群众以学习小组为单位分别学习。二、每星期二、四晚上为学习日。		

↑ 图 2-133　《胶南县银行整党整风计划表》

在我收藏的一本毛泽东《在扩大的中央工作会议上的讲话》的小册子里，偶然发现了一张"胶南县银行整党整风计划表（第一步）"（图 2-133），日期为 1978 年 8 月 11 日，屈指算来已有 37 年了。想想那个年头，我正上小学三年级呢。

这张微微泛黄的计划表油印在 16 K 纸上，整风日期为 8 月 15 日至 31 日，学习形式为党员以小组为单位、群众以学习小组为单位分别学习，学习时间为每周二、四晚上，学习内容为华主席《在中国共产党第十一次全国代表大会上的政治报告》、叶副主席《在中国共产党第十一次全国代表大会上关于修改党章的报告》、邓副主席《在中国共产党第十一次全国代表大会上的闭幕词》，以及毛泽东主席的一系列著作，其中就包括我收藏的夹着这张计划表的毛泽东《在扩大的中央工作会议上的讲话》。除了这些学习内容，还安排了晚上活动，有党课《党的性质和纲领》《我党历史上四次整党整风运动介绍》，有《批判"四人邦"破坏党的建设的罪行》，有座谈会"听取群众对支部和党员的反映"。主持人有3位：田星南，张清儒，孙作敬。前两位我不认识，孙作敬后来担任工商银行胶南县支行行长。

1978年，工行还没有成立，胶南县银行整党整风即指胶南县人民银行整党整风。当时，华国锋成为毛泽东主席的接班人，曾经在政治舞台上活跃一时的王（洪文）、江（青）、张（春桥）、姚（文元）"四人帮"被打倒。在这样的背景下，1977年3月召开的中共中央工作会议决定从下半年开始在全党开展一次整党整风运动，主要解决由于"四人帮"集团破坏而造成的党内思想、作风和组织不纯的问题，肃清"四人帮"的流毒。1977年8月12日，中共十一大召开，正式宣告"文化大革命"结束，大会选举华国锋为中央委员会主席，叶剑英、邓小平等为副主席。《胶南县银行整党整风计划表》中提到的

华主席、叶副主席、邓副主席即由此而来。这次全国范围的整党整风一直持续到1979年春，从中央到省到县到农村社队，历时较长，但在后来的历史记载中却鲜有提及。查阅党史中关于整党整风的运动，最常提到的是6次，即1941至1945年的延安整风、1947年至1948年解放战争时期的整风、1950年下半年和1951年至1954年建国初期的整风、1957年至1958年"反右"期间的整风、1969年至1971年"文化大革命"期间的整风、1983年至1987年改革开放期间的整风。[①]

胶南县银行整党整风学习内容之一的毛泽东《在扩大的中央工作会议上的讲话》，出版日期为1978年7月。从出版说明可知，是根据1978年7月1日《人民日报》所载原文排印的，应该是为了配合这次整风而出版的。这里讲的"扩大的中央工作会议"是1962年1月11日在北京召开的，参会人员包括了县委书记以上的县委、地委、省市委和中央党的各级领导同志，总计7 000余人，所以又称为"七千人大会"。这次会议主要是进一步贯彻

---

① 参见：中共中央党史研究室.中国共产党新时期历史大事记增订本[M].北京：中共中央文献出版社,2011.

国民经济"调整、巩固、充实、提高"的方针,总结在经济工作上的经验教训,扭转经济的困难局面。毛泽东的讲话的中心是民主集中制的问题。他的话通俗易懂、生动有趣、富有哲理,有些话在今天看来仍具有非常强的指导意义,如:"让人讲话,天不会塌下来,自己也不会垮台。不让人讲话呢?那就难免有一天要垮台。""不负责任,怕负责任,不许人讲话,老虎屁股摸不得,凡是采取这种态度的人,十个就有十个要失败。人家总是要讲的,你老虎屁股真是摸不得吗?偏要摸!"拿毛泽东的这篇讲话作为整党整风的重要学习内容,真是切中时弊,恰到好处,再合适不过了。

难忘胶南支行的禁酒制度

胶南支行　徐明顺

1996年10月,《山东城市金融》(图2-134)第10期登载了一篇题为《胶南市支行推行行内禁酒

制度》的短文(图2-135)。

胶南支行将《禁酒规定》和《禁酒处罚规定》印制在一张小小的红色卡片上,人手一份,要求全行干部职工严格遵守。

《禁酒规定》严禁工作人员工作日中午饮酒;严禁在值班、带班、押运、驾车、携带枪支和机密

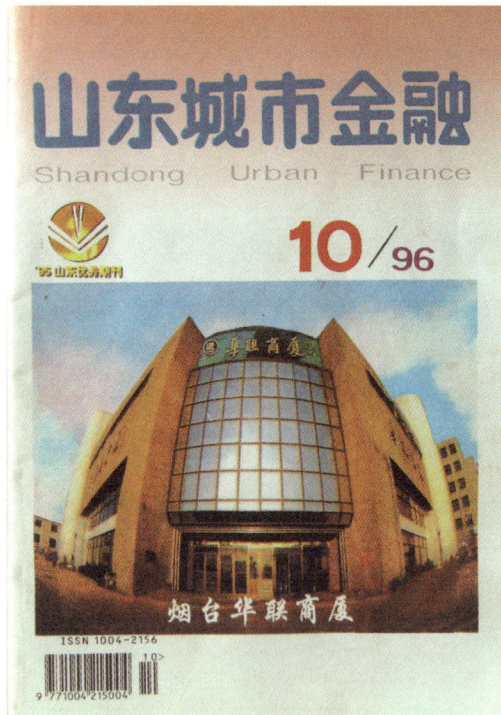

⬆ 图2-134 《山东城市金融》刊物

文件时饮酒或带酒上岗；严禁接受客户或与工作有直接利害关系人员的宴请饮酒；对外接待活动确实需要饮酒的，尽量减少陪餐人员，并不得劝酒、逼酒、酗酒。对于违反规定的人员，给予100～200元的经济处罚。情节严重的，给予纪律处分，并调离工作岗位。领导干部带头违反规定的从重处罚。

禁酒制度的实施，对胶南支行提高服务质量和效率、加强廉政建设、纠正行业不正之风、减少差错事故具有十分重要的意义。禁酒制度的传承，对当下抵制"四风"工作起到一定的基础性作用。

重温《积极储蓄振兴中华——庆祝建国35周年征文获奖作品选集》

城阳支行　周　龚

一天，当我的目光掠过书架的某个角落时，它一下子跳入了眼帘。我拿起它，拂去岁月的尘埃。这是一本很有纪念意义的书，尽管薄薄的，以至于书脊上连个5号字都印不上，但它却是中国工商银行成立当年就征集成册的第一本获奖作品选集，迄今整整30年了（图2-136）。

🔼 图2-135 《胶南市支行推行行内禁酒制度》

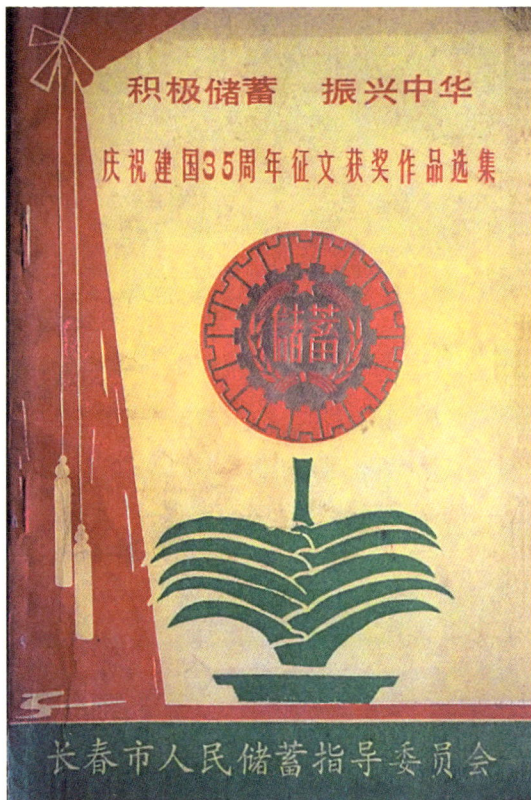

🔼 图 2-136 《积极储蓄振兴中华——庆祝建国35周年征文获奖作品选集》

打开扉页就是目录，编者既没有作序，也没有写跋，更没有任何图片插图或题字，简简单单、干干净净，给人一种从头到尾利利索索的感觉。

这本书共搜集了 23 篇获奖文艺作品，内容丰富，种类齐全。设有小说一、二、三等奖、单出头二等奖、二人转二等奖、相声三等奖、山东快书三等奖、快板书三等奖、坐唱三等奖、电视剧小品二等奖等八个栏目。单从栏目设置上就凸显 20 世纪 80 年代的时代特色——求真务实，宁缺勿滥。

细读这些获奖作品，真实感人的场景历历在目，朴实生动的人物一下子把人带回了那个时代。想当年，我在区办储蓄股做储蓄宣传和美工工作，除了给有限的几个储蓄所画画看板、搞搞策划、组织活动以外，还用录音机录制有关"参加储蓄振兴中华"的小故事，一人扮演老、中、青三个角色，带着宣传单和磁带进工厂下车间，还跟着所主任下乡，主要发动储蓄定期存款和零存整取业务。

诸如积少成多、聚沙成塔、集腋成裘，皮之不存、毛将焉附，积极储蓄、利国利己，发展储蓄、支援国家等等，是我当时演讲作品中使用率最高的词汇。

现在，再回过头来再看这段历史，20 世纪 80 年代人们的收入尽管不高（我上班时的工资才 38.5 元），但对储蓄的需求却很大，所以面对一片片空白的市场，只要外勤的腿勤、嘴勤、手勤，出门揽存基本上都有收获，甚至满载而归。两人就是一处流动的小银行。

一天，在网上看到一张20世纪80年代的老照片。画面上，一张破桌子，前面用张红纸写着"储蓄"两字，两名带着套袖、未统一着装的银行工作人员，面前放着算盘、存单、印泥、印章，脚底下放着一个普通纸箱，身后拉着一条横幅：中国工商银行××支行，一侧站着一队农民，人人手里拿着几张大小不一、多少不等的人民币，排着长队等待存款。那个场景绝非虚构，是那个时代的真实写照。一点都不夸张，当时的治安就是好，民风正。

所以，今天再读这些获奖作品时，深深地敬佩那些怀着"积极储蓄振兴中华，为实现四个现代化多作贡献"的人们，同时也深深地敬佩那些战斗在一线的储蓄员们，他们不辞辛劳、兢兢业业。重温过去，备感亲切，无论老幼，真是万众一心、齐心协力，为早日实现四个现代化，共奔富裕路。

合上书再看封面设计，极富时代特色，大红大绿的，正中间将一个储徽作为一朵盛开的红花，下面有绿叶相称，编者是长春市人民储蓄指导委员会。

看到那个储徽我就想起当年画的最多的就是它了。但现在的年轻人已经不知道储徽是什么、它的含义是什么。因此，作为一个老银行就赘述一下，权作一次文化普及，这也是当年金融知识竞赛中的一道题——

中国人民银行于1955年9月25日颁发《储蓄徽志新图案》，对储徽含义所作的解释为："外周以我国古币组成齿轮，表示工业化，和中心储蓄两个字相结合，象征把社会零星资金集聚起来，支援国家工业建设；古币集合起来，在内层又形成一道齿轮，与内层麦穗结合象征工农业的发展；五星象征党在国家建设中的领导作用。整个储徽的主题是集聚资金支援工农业生产。"

所以，储蓄是社会主义四化建设资金的重要来源。"积极储蓄，振兴中华"的口号，显示了发展储蓄事业利国利民深远的历史意义和政治意义。

《闪光点集锦》的点滴回忆

城阳支行　周　龚

↑ 图 2-137 《闪光点集锦》

图 2-137 所示的这本书是工商银行成立五周年后开始编印的,迄今已有 20 余年了。它从不同侧面、不同角度集中反映了工商银行山东省分行在改革开放的大潮中涌现出来的先进典型。他们之中有廉政勤政的行长,有见义勇为、助人为乐的普通员工,有年过花甲的"老银行",有自学成才的年轻人,有勤勤恳恳的实干家,有崭露头角的业务尖子。这些"凡人小事",尽管没有惊天动地的壮举,却织出一幅星光璀璨的"群星图",生动体现了当年全省 2.6 万名工商银行干部职工的高尚情操和无私奉献精神。这种精神激励工行人团结奋进、求实创新。因此,这本书成为工行企业文化的一本教科书。

我的《啊,荷花湾》就收在这本书里。文章描述了平度支行荷花湾储蓄所的所主任周爱玉,她是我的师傅,也是我的领路人。她在储蓄工作岗位上无私奉献了 40 多个春秋。我刚考进银行便有幸分配到荷花湾储蓄所工作,跟着周主任学徒,所以她的言语行动对我影响极深,她的事迹我也了如指掌。在她的带领下我们创造了很多个第一:第一个省级文明所,第一个总行级"双先"先进集体……这第一的背后凝结着周主任多少心血和汗水我太清楚了,因为我伴随着她走遍平度的大街小巷,访过小商小贩,看过盲人大夫,救过晕倒在地的张华荣……

春华秋实,她默默无闻地工作着,如一滴春雨润物无声,在一个小小的储蓄所里,用实际行动彰显了服务无止境的真理。

在组织整理她的先进事迹时,初稿是我提供的。印象很深的是,在总结她的优质服务经验材料中,除了微笑服务以外,还有"三声一递""四个要"和"五个一样"。

"三声"即顾客来有迎声,问有答声,走有送声。"一递"就是双手接递单折。具体内容如同现在的"您好,请问您办理什么业务""定期还是活期""请拿好,请清点一下""请多提宝贵意见,欢迎您下次再来"等。实际上,在柜面我们天天都要不断地重复这样的动作和语言,如果形成良好的工作习惯,就不会引发各种投诉,反而习惯成自然亲切感人,真可谓好言一句三冬暖。

另外还有"四个要"和"五个一样"。"四个要"即仪表要端正、态度要热情、谈吐要文明、服务要周到。"五个一样"就是大钱小钱一样、生人熟人一样、定期活期一样、老人孩子一样、新钱旧钱一样。无论遇到什么情况我们都要做到一样的热情服务,用言行践约"客户至上,服务第一"的服务宗旨。

寒来暑往,40个春秋悄然已过,周爱玉主任始终如一地为储户热情服务。她的事迹传遍平度大地,赢得了广大客户的普遍好评和赞誉,成为行业中的典范。所以,在省行组织编写《闪光点集锦》时,我毫不犹豫地满怀激情地将周爱玉的事迹报上去,如此便有了这篇《啊,荷花湾》的小文章。

记录时代浪花的《宣传科大事记》

工会办公室 刘 璇

图2-138所示的是3册普通的小32开笔记本,封皮一红二黑,庄重地贴着双钩大字"大事记",并加

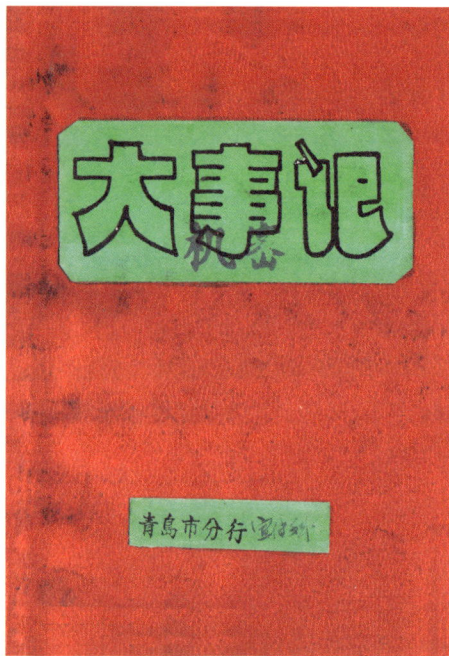
封面

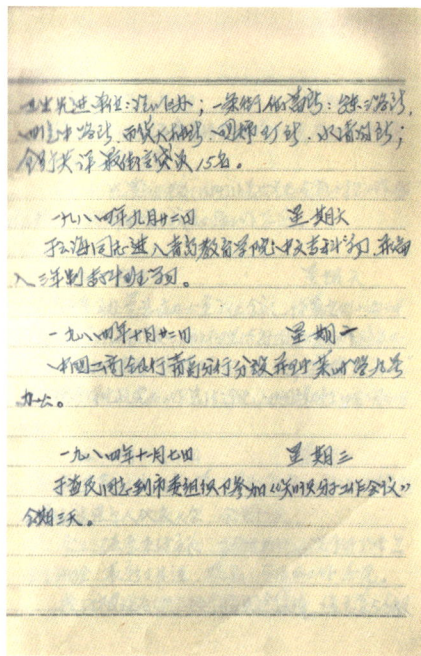
内页

⬆ 图 2-138 《宣传科大事记》

盖"机密"戳记,落款是"青岛市分行宣传科"。《大事记》记载了 1982 年 1 月 12 日至 1985 年 12 月 27 日跨度为 4 年的宣传科经办、参与的主要公事。记录人态度严肃、笔迹工整,所记事项要言不烦,可惜记录人是谁不详。现在看来,这些"大事"虽然只是当时分行机关的工作流水账,不是治国理政的"宏大叙事",但却是工商银行青岛市分行一份可靠的档案,同时字里行间也折射出那个时代的朵朵浪花,读之令人回味。不妨摘要如下:

——青岛工行何时成立? 1984 年 10 月 22 日(星期一)记载:"中国工商银行青岛分行分设并到莱州路九号办公。""1985 年 11 月 6 日(星期三),中国工商银行青岛市分行由莱州路九号转到四川路十五号(办公)。"

——青年员工移风易俗事例。1983年1月21日记载："在全行干部职工中开展四提倡四反对活动,由沧口区办顾永高、吕纯正、张炳清三名团员青年向全行未婚青年发出倡议《自愿参加单位举办的集体婚礼做喜事新办的带头人》。《青岛日报》于1月22日登载此消息。"同年2月10日上午(星期四)记载："为沧口区办顾永高、吕纯正、张炳清同志及市北区办邹君秋、孙锐锋同志在各自单位举行了集体婚礼。《青岛日报》于2月11日登载了此消息。"

更多的诸如开展学习张海迪,五讲四美三热爱,第二个全民文明礼貌月,第一个教师节,新长征突击手、劳模座谈会,先进单位、区办、储蓄所评选,员工脱产进修,党团员教育学习等各种活动、工作,都有记载,有关人员、时间、事件均清清楚楚,很有参考价值。(市南二支行吴海滨藏品)

珍藏了 25 年的儿童节红包

市南四支行　洪艳霞

图 2-139 所示的这张温馨的小纸片是我女儿第一次收到的"六一"儿童节礼物,我们还非常珍惜,一直保留至今,我们还将继续珍藏。10 元钱不算多,却体现了工商银行对员工及其子女的关爱之情。如今,我女儿已大学毕业在读硕士研究生,她一直在努力,从小就立志做一名工行员工的优秀子女。

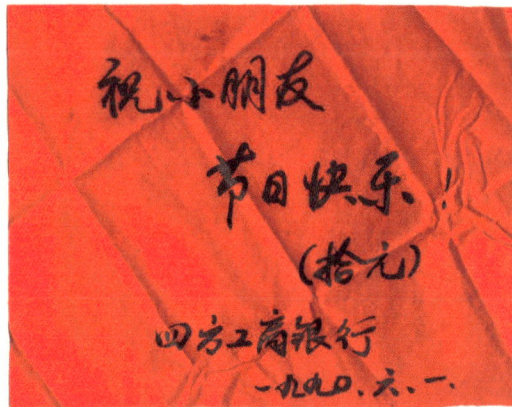

↑ 图 2-139　儿童节红包

薛家岛公社豁免农村贷款的往事

开发区支行　刘宝春

由于种种原因，1959 年到 1961 年，我国出现新中国成立以来最严重的经济困难，这就是通常说的"三年困难"时期。在"三年困难"时期及之后的几年，农村生产力大幅下降，出售给国家的粮食和农副产品也极大地减少。

这次灾害既有天灾也有人祸。中央为了纠正错误，调动农民生产积极性，于 1965 年 3 月 26 日下发了《关于处理一九六一年以前农村四项欠款问题的通知》。其"四项欠款"是指农村欠国家的赊销款、预付款、预购定金和银行贷款。通知中的政治倾向依然突出，其主要精神如下：

农村社队欠国家的 1961 年以前四项欠款，截至目前未归还的部分，一律豁免，不再偿还。农民个人的四项欠款，属于贫下中农的，全部豁免；属于其他中农的，如偿还困难，可酌情豁免一部分。富农有力偿还的，原则上不豁免。属于地主、富农、投机倒把分子、贪污分子的，一律不豁免。

这件鲜为人知的事情已过去了近 50 年，我收藏了当时的有关工作报告和银行农贷核对清单（图 2-140），从实物上直观地看到了这一事件，也算难得。

这份《关于处理一九六一年以前四项欠款试点工作报告》是由薛家岛公社上报胶南县四项欠款办公室的，盖有中共胶南县薛家岛公社委员会的公章。报告中豁免的四项欠款大部分是银行贷款，在几张农贷核对清单中注明：反革命不免、坏分子不免、中农全还、中农是烈属的免等内容，其他贫下中农全免并盖章或按手印。

这次豁免欠款工作限于时代，其工作报告中的阶级斗争的色彩是很浓的，还记载了组织社员开展忆苦思甜、热爱毛主席、热爱新社会的教育，以及贫下中农被豁免贷款后的激动感言。

⬆ 图 2-140 豁免贷款农贷核对清单

1985 年的工行《干部花名册》

工会办公室 刘 璇

图 2-141 所示的这本《干部花名册》外套红色塑料封皮，长 15 厘米，高 11 厘米，中国工商银行

山东省分行劳动人事处 1985 年编印，汇集了工行省分行"新调整的地县两级领导班子名单"。

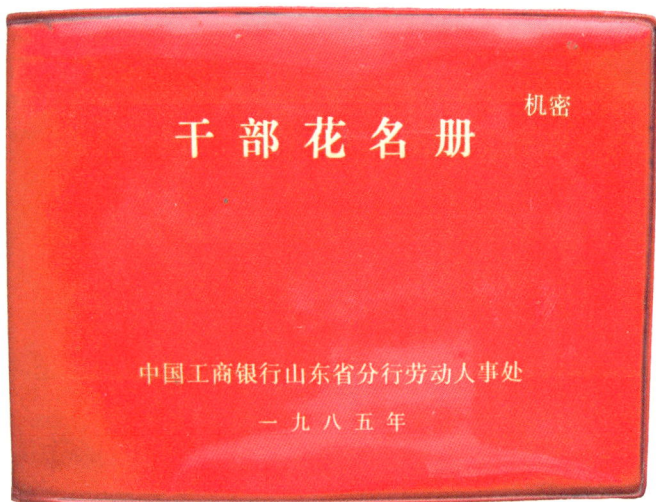

↑ 图 2-141　1985 的工行干部花名册

当时,山东省行下辖济南市分行、青岛市分行、淄博市分行、枣庄市分行、潍坊市分行、烟台市分行、济宁市分行、惠民中心支行、德州中心支行、聊城中心支行、泰安中心支行、临沂中心支行、菏泽中心支行等 13 个二级分行。这些二级分行的领导班子、科长、副科长,干部学校、幼儿园、印刷厂、城市行区办、县级支行领导班子均在册,总数近 800 人;所在单位、姓名、职务、性别、年龄、工资等级、入伍时间、入党时间、文化程度、职称等均注明。

青岛市分行共有 67 人(其中女性 12 人)在册。其中,分行领导班子、机关 15 个科室负责人共 27 人;市南、市北、台东、四方、沧口、黄岛等 6 个市区办事处,即墨、胶县、莱西、平度、胶南、崂山等 6 个县支行,1 个印刷厂,1 个幼儿园,1 个干校等领导班子,共有 52 人。从文化程度看,中专 7 人,大专 7 人,大学 3 人,其他均为初中、高中。职工工资实行行政工资制,市分行一把手 16 级,副科长 23 级。从年龄看,最小的 26 岁,最大的 59 岁。30 年后的今天,这些青岛工行的前辈均已离职、退休,有的已经作古。

一本《莱西县人民/工商银行志》

莱西支行　王兰青

笔者手头一本《莱西县人民／工商银行志》(内部资料)(图 2-142),是 1986 年 8 月 1 日编纂并于 1987 年 9 月 10 日定稿付印的。

书中详细介绍了莱西县(现已改为市)人民、工商银行在各个历史时期中货币发行、信贷管理、结算制度、储蓄存款、保险金融等各项业务的开展情况,在贯彻党和国家的方针政策,促进国民经济发展中所进行的工作,借以反映在各个历史时期金融工作的经验和教训。本书包括了工商银行的全部情况,并把工商银行的性质作了具体的叙述。

书中记载:1984年1月1日,中国人民银行莱西县支行由原属中国人民银行烟台地区中心支行转属青岛市分行,至此开始,受中国人民银行青岛市分行和中国工商银行青岛市分行双重领导,但一切费用收支均由中国工商银行青岛市分行管理,中国人民银行莱西县支行始设人民银行和工商银行两套账,但未正式挂出工商银行的牌子。

我于1987年7月23日由山东银行学校毕业分配至莱西工商银行,距该书付印才两个月,工作至今,已近30年,可以说是见证了莱西工商银行的发展历程。

本人由于业余爱好及职业习惯,更为对工商银行的那份感情,多年来怀揣着再续《莱西工商银行行志》的梦想,收集了大量的照片、证据等资料,但终因精力、才力及财力所限,加上国家对出版物的规范管理,这一愿望终未实现。

⬆ 图 2-142 《莱西县人民/工商银行志》

核爆《号外》藏身人民银行《发文簿》

工会办公室　刘　璇

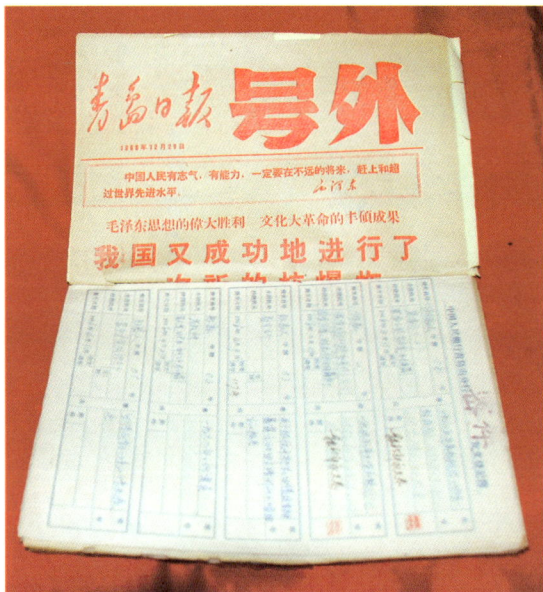

　　这是一本常见的机关《发文簿》，封面写明：1966 年度，中国人民银行崂山县支行。但翻开封面一看，却是一份《青岛日报·号外》，四开套红幅面，"号外"二字硕大无比，出版日期是 1966 年 12 月 29 日（图 2-143）。报头下方，以花边围框刊登一段毛主席语录："中国人民有志气，有能力，一定要在不远的将来，赶上和超过世界先进水平。"语录下方是大字通栏标题"毛泽东思想的伟大胜利，文化大革命的丰硕成果，我国又成功地进行了一次新的核爆炸"。再往下的文字被装订线遮挡，应该是有关这次核爆炸的具体报道。估计是当年县行的文书人员，到年底整理《发文簿》时，为节约纸张，随手把这张只印了一面的报纸订做封面，无意中留下了这张 49 年前的罕见号外。

　　这份《号外》内容重大。众所周知，我国研制核武器起步于 20 世纪 50 年代中后期，到 1964 年 10 月 16 日，就在新疆罗布泊成功爆炸了第一颗 2 万吨 TNT 当量的原子弹。其后乘胜前进，一发不可收，仅在 1965 年 5 月 14 日至 1967 年 6 月 17 日两年多一点时间内，就相继进行了 5 次核爆炸。这一期《号外》所报道的于 1966 年 12 月 28 日进行的"新的核爆炸"，是 12 万～50 万吨氢弹原理试验的地面塔核爆炸，这是由入门级的原子弹一跃升至高大上的氢弹，是一次了不起的质的飞跃，其意义非同寻常。果然，在此基础上，仅半年之后，1967 年 6 月 17 日，我国就成功爆炸了第一颗 300 万吨 TNT 当量的氢弹核武器。

这份《号外》出版时间很值得注意。1966 年，恰是"文革"十年动乱的开端：中央发布《五一六通知》，破四旧立四新，红卫兵大串联，"革命群众"揪斗"走资派"造反夺权，工人停产学生停课"闹革命"……全国陷入一片混乱。此时，核武研制竟然未受大碍，还成功爆炸了一颗氢弹核武器，确实算是那个乱世中的一个亮点。

这份《号外》内容重大，时间节点特殊，又是地方党报刊印，存世量不会太大，因而有一定的收藏价值。

老行规的教益
——读民国版《中国银行行员手册》

退休职工　梁建国

我收藏的《中国银行行员手册》（图 2-144），是由总行抽调人员，从 1943 年着手，历时近两年成书，1945 年 1 月印制的，当时的中国银行总经理（行长）宋汉章亲笔题写书名并作序（图 2-145）。它共分上下两篇，约有 600 多页（我只存有上篇）。共分九章，上篇共七章——第一章：本行沿革概要，第二章：本行重要规章，第三章：服务精神和态度，第四章：一般业务办事手续，第五章：信托业务办事手续，第六章：储蓄业务办事手续，第七章：国外业务办事手续（英文）。上篇较重要，包括了当时中银的主要制度、规章及业务办事手续。而下篇仅两章。第八章是当时的各种应用法规；第九章是参考资料，有各国货币情况、税务和利息计算等。

图 2-144 《中国银行行员手册》封面

从第一章本行沿革概要看,该行创建于民国元年(1912 年),它是继承大清银行而设立的。而大清银行是光绪三十一年八月成立的,先定名户部银行,后改为大清银行。接收大清银行时有商股库存银 500 万两,商存银 676 万两。民国元年二月,南京临时政府改组上海大清银行为中国银行,设分行于南京。民国二年四月北京中央政府将大清银行清理,另组中国银行,设总行于北京,性质为股份有限公司,资本总额 6 000 万元。其中政府占半数,余由商、民认购。至此,中国银行正式成立。1927 年总行迁到上海;1937 年抗战爆发后,总行及有关分行都迁到重庆;1946 年初抗战胜利后迁回原处。

书中的有关人事规章很有特色。当时的员工有行员、雇员两个序列。行员分三级:一级薪金(均为月薪,下同)400～700 元,二级 190～380 元,三级 30～180 元。初进行者必须高中文化,并担任练习生两年后升助员,然后根据表现升为正式行员。一年练习生 20 元,二年练习生 25 元。

雇员是非正式行员,"佐理普通事务"。初进行者称检券生,也要两年后升为初级雇员。雇员优秀者要升行员,必须报总行考试合格方可。雇员的薪金为 30～150 元。

对行员要求很严,规定不得自营他业,不得兼行外职务,不得有一切投机行为,不得向本行商户借贷,不得犯一切不轨行为。

行员 65 岁退休,服务 25 年以上可享全部在职薪金。服务满 35 年不满 65 岁也可申请退休,并享全薪。行员全年无事假者奖一个月薪金。在本行服务满三年给予年金。

第三章《服务精神和态度》，提倡员工"勤、俭、毅、信"四字训示。勤：勤所以赴事功，而使事业日新不懈。俭：生活应有规则，节制持俭，所以养廉。毅：艰苦卓绝，使事功终抵于成。信：守信为银行员工立身之本，而忠诚及信义之所由生。对顾客，要当作"最后主人翁"，谦和接待，其接待时精神、语言、服装、面容都有严格要求。对同事要求"动必中节，行必中规"。对上司最低限度修养为"服从"，对下属最重要之修养为"宽大"。对自己要求注意进修，严谨操守，整饬私生活，保持健康。对事要求明责尽职，遵守法令法规，保持业务秘密。对物要做到爱惜公物，废物利用，不浪费一切可再利用之物。各类人员还有严格的专业职责规定。

现在看来，这些老行规仍有良好的教益，值得借鉴。

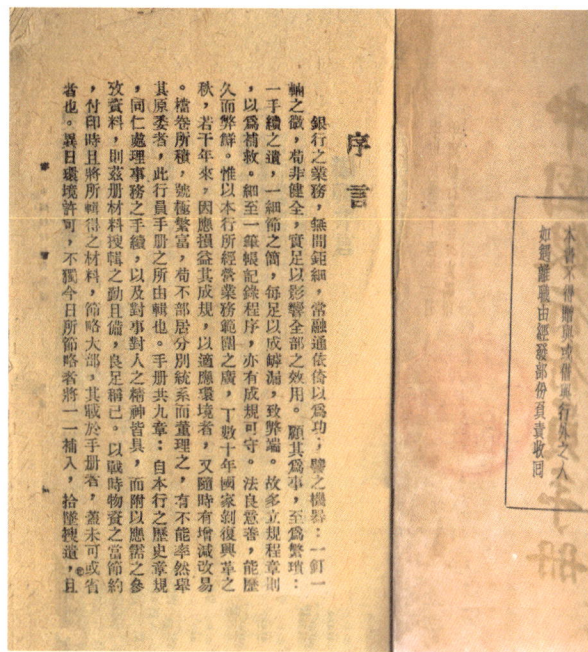

↑ 图 2-145 《中国银行行员手册》序言

民国版本《中国银行职员录》

退休职工　梁建国

偶然机会收藏到这本 1947 年的《中国银行职员录》（图 2-146），其内容包括当年中国银行国内外所有的机构和人员名单，从总行管理处到分理处，从董事会到练习生、临时雇员一个不落。

当年，中国银行共设有总行管理处及 15 家分行。上海分行下设南通、苏州、无锡、南昌 4 家分行；南京分行下设芜湖、镇江、蚌埠 3 家支行；杭州分行下设绍兴、嘉兴、湖州、宁波、温州、兰谿、屯溪 7 家支行；汉口分行下设长沙、郑州 2 家支行；重庆分行下设内江、成都、自流井、万县、贵阳、昆明 6 家支行；西安分行下设兰州、南郑 2 家支行；天津分行下设北平、石家庄 2 个支行；青岛分行下设济南支行；厦门分行下设漳州、福州、泉州 3 家支行；广州分行下设江门、汕头、桂林 3 家支行；沈阳分行下设长春、大连、哈尔滨 3 家支行；香港分行下设仰光、西贡、海防、曼谷、加尔各答、孟买、卡拉奇 7 家分理处；新加坡分行下设吉隆坡、槟榔屿、雪梨(悉尼)、巴达维亚(雅加达)、泗水、棉兰 6 家分理处；伦敦分行下设利物浦分理处；纽约分行下设纽约华尔街和古巴 2 家分理处。

当时的董事长是孔祥熙(68 岁)，常务董事是宋子文(53 岁)等 5 人，总经理(行长)是宋汉章(76 岁)。

中国银行青岛分行于 1912 年 5 月 15 日开业，当时是支行，1929 年 7 月 1 日升分行，1937 年底撤到重庆，抗战胜利后 1946 年 1 月 4 日复业。当时的经理(行长)是孔士谔，42 岁，浙江杭县人，1936 年 8 月入行。青岛分行本部有 120 人，市区设辽宁路办事处(在编仅 1 人)、台东镇办事处(7 人)，另设连云港办事处(6 人)、济南支行(44 人)、济南城区办事处(9 人)、潍县办事处(10 人)、张店办事处(7 人)、博山办事处(5 人)、周村办事处(3 人)。分行全部员工仅 212 人，从姓名上看没有女员工(图 2-147)。

在名单中，有徐宁宇，张传田，丛培昌，乔鹤年 4 人与我共过事。徐长纲曾与我打过多年的乒乓球，邱朝光因每天很早到行里背英语给我留下很深印象。这些老员工业务能力强，接待客户礼貌周到，写得一手好字，而且非常敬业，展现了老银行人的极高素质。

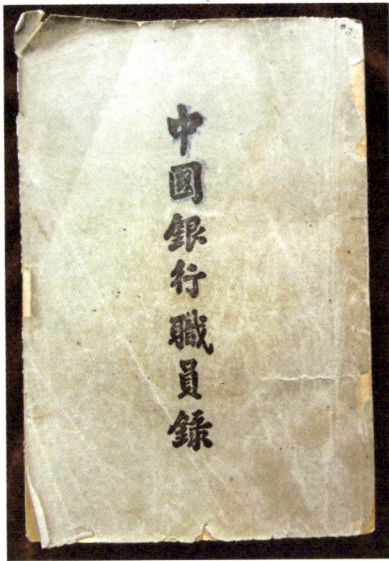

图 2-146 《中国银行职员录》封面

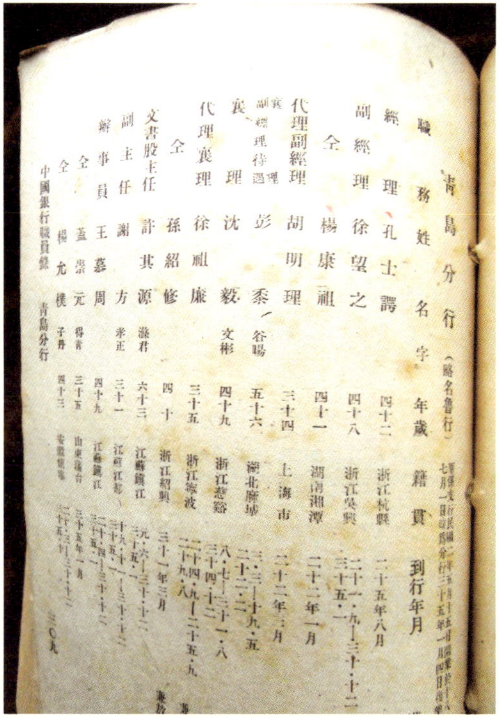
青島分行（略名魯行）

職務	姓名	字	年歲	籍貫	到行年月
經理	孔士諤		四十二	浙江杭縣	二十五年八月
副經理	徐望之		四十八	浙江吳興	二十一·九—三十·十二 三十五·一
仝	楊康祖		四十一	湖南湘潭	二十二年一月
代理副經理	胡明理		三十四	上海市	二十二年三月
襄理（副經理待遇）	彭黍	谷暘	五十六	湖北[illegible]	[illegible]
襄理	沈穀	文彬	四十九	浙江慈谿	[illegible]
代理襄理	徐祖康		三十五	浙江寧波	[illegible]
仝	孫紹修		四十	浙江紹興	三十一年三月
文書股主任	許其源	滌君	六十三	江蘇鎮江	[illegible]
副主任	謝方	孝正	三十一	江蘇江都	[illegible]
辦事員	王慕周		四十九	江蘇鎮江	[illegible]
仝	蓋崇元	得言	三十五	山東[illegible]	[illegible]
仝	楊允楧	子昇	四十三	安徽[illegible]	[illegible]

中國銀行職員錄　青島分行　二〇九

图 2-147 《中国银行职员录》青岛分行职工名录

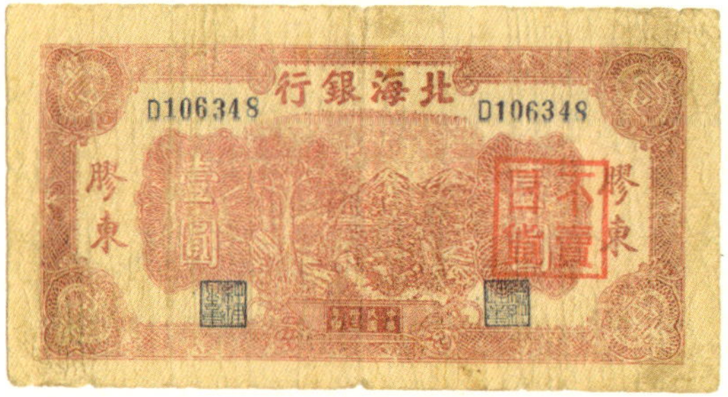

图 2-148 加盖“不卖日货”的北海币

加盖特殊印记的北海币

市南支行　魏　屹

北海银行于 1938 年 12 月 1 日在山东省掖县(现莱州市)正式成立。它是 1948 年 12 月 1 日合并组建中国人民银行的三大地方银行(北海、华北、西北农民)之一。北海币最早于 1938 年 8 月在山东掖县发行流通,主要在掖县、黄县(现龙口市)、蓬莱县等地流通,是中国抗日根据地货币中流通时间最长、使用地区最广、使用人口最多的货币,为全国货币的统一作出了巨大的贡献。由于抗战时期根据地、游击区、敌占区犬牙交错,地盘多变,能够发行北海币的北海银行分支机构众多,所以留存下来的北海币种类繁杂,这给收藏研究者带来困难。在我收藏的 200 余张北海币中,有两种较为特殊。

1. 一张面值 1 元加盖“不卖日货”戳记的北海币(图 2-148)

它见证了当年我党领导下的革命抗日根据地在金融战线上所开展的抵制日货的斗争。

2. 一组加盖宣传口号的北海币（图 2-149，图 2-150）

有一组 12 张面值 10 元的北海币，其中每一张加盖一个字，组合起来就是"发展农业生产，巩固金融阵地"，以此宣传我党的经济政策，激励持币人参加农业生产、维护金融秩序的热情。

⬆ 图 2-149　加盖"发展农业生产"的北海币

⬆ 图 2-150　加盖"巩固金融阵地"的北海币

民国时期的山东民生银行纸币

开发区支行　刘宝春

1930 年秋,山东省政府主席韩复榘为发展地方经济及充实军费需要,授意筹建山东省民生银行。经国民党山东省政府批准,1932 年 7 月 1 日,山东省民生银行正式开业。山东省民生银行属股份有限公司省设地方银行,系省县官商合办,官商股权各半,行址设在济南经二路纬三路交叉口,原注册资本金 600 万元,初始实收 320 万元;除经营一般银行业务及纸币发行外,还负有调剂省内地方金融,代理省库,经理发行及兑换省库券之责;在山东省诸多县市设有分支行及办事处,在省外发达省市设有代办处;省财政厅长兼任银行董事长及总经理。

1937 年 11 月,济南沦陷,民生银行撤离山东,至此,真正意义上的民生银行已不复存在。1938 年,撤退到重庆的民生银行将账册、库款及重要物品封存于重庆中央银行。第二年,转战农村的山东省政府成立民生银行整理委员会,清理银行债权和债务。后由于需要,国民政府拟恢复山东省民生银行,终因战局恶化,只成立了一个总办事处,随省政府办理银行业务。

1946 年 5 月,山东省民生银行部分股东组成筹委会,再度申请复业。1947 年,国民政府财政部核准其作为山东省农业专业银行复业,但因人员、资金及战争等问题,民生银行最终未能复业。

从 1936 年开始发行纸币到 1947 年停发并清理收回止,在山东省民生银行正常运转的几年时间中,曾发行过五种面额的纸币,有壹角、贰角、伍角、伍圆和拾圆,俗称民生票。

我收藏的一枚贰角纸币(图 2-151)是民国二十

↑ 图 2-151　民国时期的山东民生银行贰角纸币

↑ 图 2-152　民国时期的山东民生银行五元纸币

五（1936）年发行的，是韩复榘主政时期印发的第一批纸币。民生银行成立之初，就想发行纸币，因未获准没发行，直到 1936 年，经国民政府财政部核准才发行辅币壹角、贰角和伍角三种纸币。贰角的纸币正面印有"公私款项，一律通用""每拾角兑国币壹圆"的说明，背面则只有英文和数字。

　　另一枚是伍圆的纸币（图 2-152），民国二十九（1940）年发行，是沈鸿烈继任山东省主席时期印发的民生票。此时，山东已大部分沦陷，省政府转移到农村，日伪在沦陷区大量发行日本军票和伪币，打压民生票，但民生票仍在山东继续流通。此后在牟中珩主政山东时期、王耀武主政山东时期，都发行过民生票，年号亦是民国二十九年。这枚伍圆票印制比

较简单，正面印有"凭票即付国币伍圆"字样，图案为农耕图，背面只有数字"5"，再无其他任何文字。

民国时期的短命纸币
——广东省银行大洋票

开发区支行　刘宝春

　　1949 年，大陆解放前夕，国民党政权已处于四分五裂的境地。1 月，先是蒋介石宣布"引退"；同日，李宗仁以代总统身份在南京登台，宣布愿以中国共

产党所提八项条件"商谈和平"。和谈破裂后,解放军强渡长江,南京解放,李宗仁逃往桂林,何应钦的行政院逃往广州。6月初,何应钦辞职,阎锡山上台继任行政院长。

在国民党统治的地区,通货膨胀,物价飞涨,经济处于崩溃边缘,老百姓民不聊生、怨声载道。当时的"国币"是金圆券,但金圆券已如同废纸,一般家庭都拿它引火煮饭和糊墙。金圆券夭折后,抓到政权的"阎老西"以整顿金融秩序为由,颁布发行银元券,并规定以银元为单位,金圆券5亿元折合银元券1元,并允许各省行发行地方性银元券。广东省作为当时国府所在地,立即在1949年6月响应,以广东省银行名义发行了一套"大洋票"。

这套纸币共有壹分、伍分、壹角、伍角、壹圆、伍圆、拾圆和壹佰圆八种面额,其面额的两侧均有钞名"大洋票"三字,下为"中华民国三十八年"字样;背面除壹分、伍分为单面印刷外,其余都印有"广州中山纪念堂"图案和用公元"1949"纪年(图2-153)。该套纸币由中华书局股份有限公司印制。虽然当时处于内战阶段、战火纷飞、资金短缺、技术落后,但大洋票的印制却是最精细漂亮的,是民国

⬆ 图2-153 广东省银行大洋票

纸币中的上乘之作。票面有很强的凸感,孙中山头像发丝纤毫毕现,图案印制精微之极。

"大洋票"印制精美,却是短命的下场。解放南京后,人民解放军以雷霆万钧之势在各个战场上扫荡残敌。1949年10月14日,解放军进入广州,国民政府迁台。这样,仅仅四个月时间,"大洋票"迅速垮台,这在世界货币史上可算是短命的货币之一,同时它还是国民政府逃往台湾之前发行的最后一套纸币。

上海商业储蓄银行最后开出的"巨额"支票

市南二支行　龙　飞

图 2-154 所示的这张支票的票面金额为国币金元 200 万元，兑付行为上海商业储蓄银行，支票的签发方为协聚泰钱庄青岛分庄，出票日期为民国三十八年四月二日。

民国三十八年即为公历 1949 年，而仅在一个多月后的 1949 年 5 月下旬，上海这座被称为国民党经济中心的特大型城市就被中国人民解放军攻克，这张支票极可能成为蒋氏政权统治上海时期金融业务的绝版。

支票中最引人注目的应是那巨大的额度——国币金元 200 万元。今天的金融工作者都不同程度了解一些国民党政权在大陆统治时发行金圆券的情况。由于国民党在大陆的末日期间疯狂地发行了大量金圆券，导致金圆券币值恶性贬值，至 1949 年 5 月份，200 万元金圆券至多能买七八斤大米，而在 20 世纪 30 年代头几年，100 元法币（那时尚无金圆券）可以买到 2 头牛，由此可以看到当年物价飞涨的惊人速度。

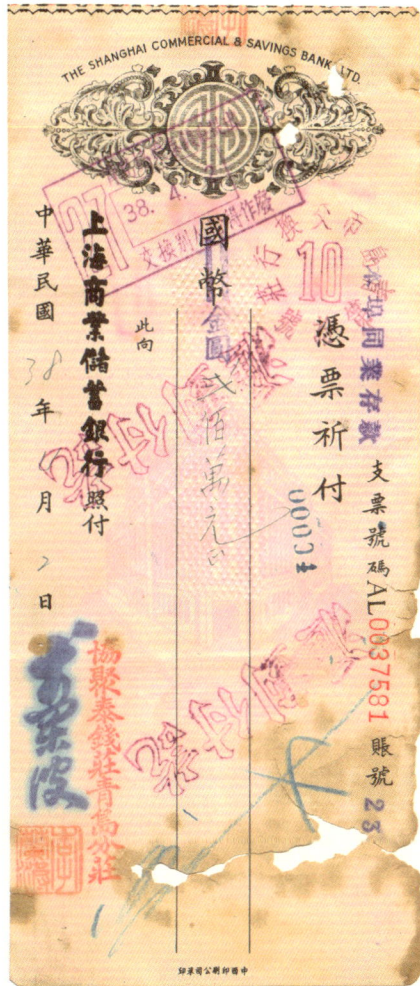

⬆ 图 2-154　上海商业储蓄银行最后开出的"巨额"支票

支票上同时出现了两个金融机构的名称:一个是上海商业储蓄银行,另一个为协聚泰钱庄青岛分庄。从经营货币的角度来看,银行和钱庄有共同之处,但它们又有一些区别:

(1)银行的放款对象较广,基本涵盖各个行业,放款期限较长,而钱庄资金的使用者好像是对资金临时急需者,期限也较短。

(2)银行放款的利率较低,而钱庄放款基本都与高利贷划等号。

(3)银行大都有稳定的经营场所和员工,向政府正常纳税,而钱庄的经营场所非常简陋,甚至连一间起码的办公室也没有。一些钱庄仅由钱庄老板一人经营,所有账目全部在钱庄老板的提包里,偷税是少不了的。

虽然支票中的两家金融机构在经营方面存在差异,但是它们的命运却是相似的——上海商业储蓄银行于1949年5月跟随国民党政权撤至台湾,这张支票也许是该银行在大陆兑付的最后一批支票之一,钱庄在解放后也迅即被新政权所取缔。

青岛义顺钱庄收款簿根

开发区支行　刘宝春

中国的钱庄历史悠久,产生于银钱并用的明末,在近代银行兴起之前,其通过资金融通,对国内贸易、工商业发展,以及整个社会经济、生活等各方面起过非常积极的作用。民国时期钱庄除办理银钱汇兑外还办理存贷款业务,发行庄票,进行融资业务。

根据《青岛市志·金融志》记载,因青岛市历史较短,青岛本市的钱庄业相对于其他老城市来讲发展比较落后。德国占领时期,德华银行垄断青岛金融业,除一些小本的兑换店外中国钱业在青岛无发展余地。日本取代德国侵占青岛后,日本的银行垄断了青岛金融,钱业仍无多大发展,直至1922年北洋政府接受青岛后,许多银行在青岛成立分支机构,钱庄也逐渐增多。日本第二次侵占青岛后,银行大部分处于停业状态,银号、钱庄自动停业的也不少,至1943年还能维持开业的只有7家。抗战胜利后,青岛的钱庄又呈现活跃状态。解放后,青岛实施公私合营,钱庄最终结束了历史使命。

图2-155所示的这张青岛义顺钱庄收款簿根,就是当时的收款回单凭证。青岛义顺钱庄开办于1926年,地址在青岛馆陶路,凭证上贴了七张印花税票、六张新中国华东区的税票,还贴有一张50元的"中华民国"印花税票加盖山东省印花税票,凭证中央印有"通用洋"字样,并被划掉改"国币",凭证背面写满了当时钱庄专用的数码,盖有"付讫"章和"青岛瑞盛和"押数戳,使用时间是1950年10月26日,证实了青岛解放后钱庄业的存在。

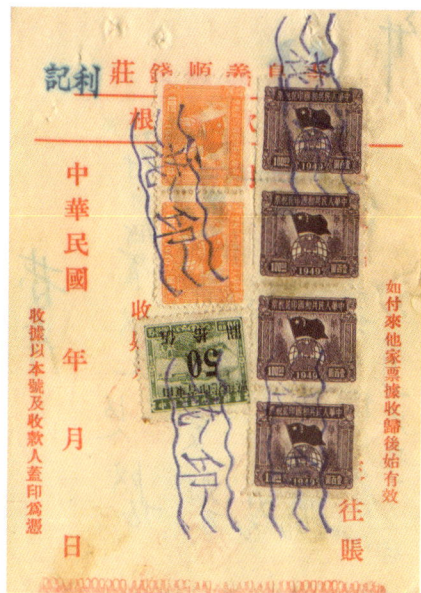

↑ 图2-155　青岛义顺钱庄收款簿根

日本侵华期间日伪银行滥发货币

开发区支行　刘宝春

日本军国主义1931年侵占了我国东北,1937年7月发动了全面侵华战争。日本为支持几百万侵略军队庞大的军费开支,推行"以战养战"政策。日本侵略者在中国的领土上,打着"善邻友好,经济提携""大东亚共荣"的旗号,在军事占领下进行了一系列经济侵略行动,扶持伪政府滥发纸币,在沦陷区榨取中国人民的血汗,以扩大侵略战争。日伪先后在东北建立"满洲中央银行""蒙疆银行";在华北组建伪政权华北临时政府,成立伪"中国联合准备银行";在华中扶植汪精卫伪国民政府,建立伪"中央储备银行",还支持一些地方性的小银行如"冀东银行"等发行伪币。

　　日军在其占领区发行的伪币,根本没有发行准备金,不能兑换,纯属一堆废纸。然而,日伪政权对粮食、棉花、布匹、煤炭、生铁等民用物资实行垄断专卖,并规定以上物资必须使用日本军票和伪币;还规定百姓不得持有国民党政府发行的法币,如发现持有法币1元者没收,持有60元以下者处徒刑和罚款,持有60元以上者将处死刑。

　　史料记载,日伪控制下的这些银行共发行了各种纸币146种、金属铸币26种,面值最小的1分,最大的10万元。时至今日,这些花花绿绿的纸币,正是日本帝国主义掠夺中国、坑害中国百姓、破坏中国经济金融的有力证据。

↑ 图 2-156　日伪银行滥发的纸币

第三章

当年影像——银行老照片

这里载有『文革』中进驻银行的军宣队员，粉碎『四人帮』后上街游行的银行队伍，改革开放以来员工们参加柜面服务、劳动竞赛、学习培训、业务宣传、下厂调研、文体活动、军事训练，那些网点老门头、行名、老标识，经营老柜面等等的生动留影。透过那一张张老照片，我们感受到银行人的体温、呼吸和脉搏的跳动，体味到不同时代银行人的不同风采……

中国工商银行青岛市分行成立及办公大楼建成

办公室　袁明先

⬆ 图 3-1　中国工商银行青岛市分行成立大会会场

随着金融体制改革的逐步深入,1983 年 9 月 17 日,国务院下发《关于中国人民银行专门行使中央银行职能的决定》,提出"中国人民银行专门行使中央银行职能,不再兼办工商信贷和储蓄业务,以加强信贷资金的集中管理和综合平衡,更好地为宏观经济决策服务。"同时决定成立中国工商银行,承担原来由人民银行办理的工商信贷和储蓄业务(图 3-1)。之后工行在各地的分支机构相继成立。

1984年10月16日,中国工商银行青岛市分行召开成立大会并举行揭牌仪式。市分行最初办公地点在莱州路9号,1985年11月迁至四川路15号,1990年4月迁至山东路25号(图3-2,图3-3)。

↑ 图3-2 中国工商银行青岛市分行成立并揭牌

↑ 图3-3 中国工商银行青岛市分行办公大楼,1990年4月建成使用

张肖行长在青岛与全国分行长及人事处长会议会务人员合影留念

银行卡业务部　史振海

🔼 图 3-4　张肖行长在青岛与全国分行长及人事处长会议会务人员合影留念

1991 年，工商银行总行在青岛崂山宾馆召开全国分行长及人事处长会议。会议结束后，总行张肖行长（前排右五）等总行领导、青岛市分行于福忠行长（前排左五）等青岛分行领导与全体会务人员合影留念（图 3-4）。

于福忠行长与参加储蓄专业会议的外勤人员合影

银行卡业务部　史振海

青岛工行领导十分重视储蓄工作，每年召开全行储蓄专业会议，促进储蓄存款业务迅速增长。1987年全行储蓄专业会议结束后，市分行于福忠行长（前排左三）、张叔镛副行长（前排左二）、张敦涵副行长（前排左四）与参会的市内五个区办的部分外勤人员代表合影（图3-5）；青岛市内五个区办的全体外勤人员也合影留念（图3-6）。

↑ 图 3-5　1987 年于福忠行长等分行领导与参加储蓄专业会议的部分外勤人员合影

↑ 图 3-6　青岛市内五个区办的全体外勤人员合影

青岛分行的"军宣队"和"毛泽东思想宣传队"

工会办公室　刘　璇

　　"文革"中有两大"景观"：一是党政机关、企事业单位多成立"毛泽东思想文艺宣传队"，二是对许多重要单位实行军管。这两条人民银行青岛市分行都具备了。据老员工回忆，进驻人民银行青岛市分行的军管干部(后称其为"中国人民解放军毛泽东思想宣传队"，简称"军宣队")先后来自陆军67军和海军北海舰队。

　　这张照片(图3-7)是当时驻人民银行青岛市分行的"军宣队"干部和市人民银行自办的"毛泽东思想文艺宣传队"部分成员的合影。那时人们照相，时兴左胸前戴一枚毛主席像章，右手握一本红色塑料皮的《毛主席语录》(当时叫作"红宝书"，放在胸口位置)，以示对毛主席的无限忠诚。

　　参加合影的人，中排中间三位穿军装者应该是"军宣队"成员；其他应该是银行"毛泽东思想宣传队"骨干成员，他们后来分别进入青岛工行：王经芳(前排中)、齐延臣(中排右三)、贾兹鑫(中排右二)、荆广传(中排右一)、丁培璋(中排左二)、张叔镛(后排左二)、张敦涵(后排左五)、郑宝行(后排右一)、成震环(后排右二)、顾元年(后排右三)，其他人不认识了。拍摄时间似应在1970年前后，摄影者和拍摄地点不详。

↑ 图 3-7　青岛分行的"军宣队"和"毛泽东思想宣传队"

品读 400 幅青岛市人民银行(1965—1983)老照片

工会办公室　刘　璇

　　朋友送来一本旧影集，封皮是一本早年的《北京朝鲜银行预储金印鉴簿》，长 33.5 厘米，宽 27 厘米，厚 7 厘米，近 100 页内页里粘贴着大大小小 404 幅记录 1965—1983 年人民银行青岛市分行职工政治活动、劳动竞赛、文体活动的黑白照片。这些照片真实反映了那个年代青岛市人民银行的一段历史，而且数量多、质量高，很难得，阅之感慨良多。

　　这些老照片记录了如下场景：

　　1965 年全行职工运动会，游泳比赛，文艺创作汇演；

　　1972 年全行文艺汇演，职工排球赛；

　　1973 年全行体育运动大会，全行篮球赛，参加青岛市职工运动会；

　　1975 年歌颂伟大祖国、评《水浒》赛诗会；

　　1976 年庆祝粉碎"四人帮"游行，全行篮球赛；

　　1977 年全行文艺汇演；

　　1978 年全行业务竞赛授奖授旗大会；

　　1980 年全行篮球赛；

　　1983 年全行体育运动大会。

　　这些老照片带有浓重的时代印记：

　　　　粉碎"四人帮"之后，1976 年 10 月，人民银行参加青岛市组织的在沂水路上的游行，职工们举着毛泽东、华国锋的画像，扯着大幅国旗，打着横幅行旗，舞着三角小旗（有一面小旗上书写"加强政权建设，巩固无产阶级专政"），敲锣打鼓，表现出粉碎"四人帮"后欢欣鼓舞的心情（图3-8）。

● 图 3-8 粉碎"四人帮"之后，1976 年 10 月人民银行参加青岛市组织的游行活动

——银行女职工身着民兵戎装上台演出,演绎毛泽东七律诗"飒爽英姿五尺枪,曙光初照演兵场。中华儿女多奇志,不爱红妆爱武装"(图3-9)。

↑ 图3-9 银行女职工身着民兵戎装上台演出

——1972 年全行文艺汇演,3 名演员表演《帝修反日暮途穷》,美元、英镑、卢布惨遭嘲笑,没想到几年后就被商品经济大潮捧为座上宾,全民价值观来了个大颠倒(图 3-10)。

⬆ 图 3-10　1972 年全行文艺汇演,3 名演员表演《帝修反日暮途穷》

——市分行奖给所辖区办"学大庆学大寨先进单位"锦旗,上书:"先进更先进,后进赶先进;革命加拼命,无往而不胜",彰显"文革"特色(图3-11)。

↑ 图 3-11　市分行奖给所辖区办"学大庆学大寨先进单位"锦旗

——市分行召开授旗授奖大会，8位区办代
表披红挂彩领取激励开展劳动竞赛的"流动红

旗"（图 3-12）。

⬆ 图 3-12　市分行召开授旗授奖大会

——市分行职工运动会不仅设有田径个人项目、太极拳集体表演,还有速算点钞记账赛跑,突出行业特色(图3-13)。

↑ 图 3-13　市分行职工运动会有速算点钞记账赛跑

——银行幼儿园天真可爱的孩子们，1965年捧着"永远做毛主席的好孩子"标语参加运动会入场式；1972年演出歌舞《万岁毛主席》《我是公社小社员》；1973年参加拔河比赛。这些孩子如今也是五十五六岁了，说不定也是工行的一员（图3-14）。

⬆ 图3-14　1965年，银行幼儿园的孩子们捧着"永远做毛主席的好孩子"标语参加运动会

翻阅这本影集的许多幅照片,许多老员工感慨"时间都去哪儿"之余,还能认出一些老领导、老同事的熟面孔,例如:

山东省人民银行副行长(后任行长)赵军成,山东省人民银行人事处长(后任山东省工商银行行长)李保良,青岛市人民银行党委书记蔡宪,青岛市人民银行行长王耀庭,青岛市人民银行副行长姜萌、于福忠(后任青岛工商银行第一任行长)、齐延臣(后任青岛工商银行第二任行长)、张叔镛(后任青岛工商银行副行长)、张敦涵(后任青岛工商银行副行长)、王华(女,后任青岛农业银行行长)、郭启铭(人民银行沧口区办主任)、谢景熙、郭升远、贾兹

↑ 图 3-15　赵军成、李保良等老领导的合影

鑫、郝也频，梁建国、曹玉成、马云波、徐爱军，还有很多很多。图3-15是其中的一幅合影。

这些老照片的拍摄者之一是本行职工王福德，是否还有其他拍摄者不详。（藏品提供：市南二支行吴海滨）

青岛工行的"武装精兵"

退休职工　梁建国

2014年是工行成立30周年，勾起我对往事的回忆——我们青岛工行曾经拥有一支专业化的保卫队伍，全盛时期有180多人、装备百余支军用枪支，而且训练有素，堪称"精兵"。

1. 适应形势，组建专职保卫队伍

20世纪80年代中期，国内连续发生抢劫金库、运钞车的特大案件。当时的兼职守押人员很难应付凶残的歹徒，因此，分行根据总行指示，从1987年6月开始，组建了一支有12个保卫科、150余人（80%是复转军人，平均年龄不到27岁）的专职保卫队伍。

2. 狠抓队伍建设，打造高素质的"精兵"

为提高队伍素质，分行、支行领导和保卫科长都倾注了大量心血，做好细致的思想政治工作，激发员工的爱岗敬业精神。守押工作枯燥，24小时连轴转，30多摄氏度的气温，也要穿戴厚重的防弹背心和钢盔，夏天汗水湿透，痱子满身，冬天寒风刺骨，中秋、春节也不能与亲人团聚，遇到抢劫会遭受突然袭击，不是枪击，就是刀砍、爆炸，风险极大。但为了工行的安全，他们忠于职守、加班加点、无怨无悔，涌现出许多好人好事，每年都有三分之二的保卫科和许多保卫人员被评为各级先进。

守押工作风险大，情况复杂，没有优良的专业素质是不能胜任的。但当时全国金融系统都没有现成教材，请青岛市公安局经保部门培训，他们也没有这方面的经验，就先后安排公安机动队教官和市警校为各专业银行培训了两期学员。因不符合金融守押工作的实际情况，各专业银行和公安经保部门都认为效果不佳。在这种情况下，我就参阅大量资料，结合自己的工作实践，编写出一套岗位培训教材，并多次改进，亲自执教，对保卫人员进行严

格轮训。为促进训练,还举办射击、拳击、散打三大项15个小项的保卫专业技术比赛。当时,能举办这样规模和内容的比赛,在全国金融系统内我们青岛分行是独此一家!

由于训练和比赛都是真打实摔,曾出现骨折、轻度脑震荡、耳膜被打破等伤情,口鼻流血更是常事,但这更激励了大家的斗志,相互打出了兄弟般的感情。他们不怕流血流汗,练出了强健体格、过硬本领和勇猛顽强的意志,涌现了许多高手:如多次在射击、拳击、散打赛场夺魁的李明、李振坤,多次在拳击、散打赛场保持全胜的严成刚、王训庆,散打技术精纯的王新明、栾成华,以及仅参加一个多月时间培训居然夺得65千克以下级散打冠军的王光明,拳击技术全面的杨扬、孙善学,抗击力、耐力惊人的刘伟,从不后退的申风安,拳风凶悍、右摆拳击中必倒的

赵忠伟,枪法精准的李延龙、姜勇、孟照林等人,给大家留下了深刻印象。

值得一提的是,李延龙在1991年5月,青岛分行手枪25米胸环靶射击比赛中,打出4个10环、1个"9环压10环线"的好成绩。"9环压10环线",按照靶场规矩,可以算作10环,行话叫"赖10"(图3-16)。如果算50环,就再也没有超越空间了。因为当时分行有破纪录重奖的规定,又因为他已获冠军,我就跟他商议把成绩定为49环。这已经是青岛工行建行以来正式比赛手枪射击的最高成绩了。

↑ 图3-16 1991年4月,青岛分行射击比赛李延龙打出"9环压10"好成绩

如果明年他或者别人再打出 50 环,可以再争取一个重奖名额,但是一直到最后一届比赛(2002 年)也无人平 49 环成绩,更别说打破了。据了解,整个工行系统保卫射击比赛中也无人打出 50 环的成绩。1991 年 9 月,省工行将手枪射击项目改为 50 米半身靶,尽管有些不适应,但李延龙仍以 42 环成绩夺得全省第二名,为青岛分行争了光。

优良的素质在危急时刻充分展现。在不能或不便使用枪支的情况下,市南支行焦英伟制服冲进行长室打砸的两名暴徒。严成刚一个鞭腿打得持刀拦截运钞车歹徒血流满面,抱头鼠窜。四方支行孙善学,几记重拳将两名夜间拦路抢劫歹徒击昏倒地。李沧二支行杨克晖、申风安抓获两名持刀抢出租车又打倒交警逃跑的歹徒。莱西支行张春江一人击倒四名扰乱治安的痞子……这类事例不胜枚举,行内和社会上好评如潮。总行保卫部推广我们的培训经验,省、市电视台、报纸报道了我们为全省工行系统和青岛市银行系统举行的防抢劫演练示范,省工行、华东片保卫工作会议及市金融运动会邀请我们表演格斗技术,市公安局、青岛市金融系统及省工行和部分省市行都曾邀请我们举办培训班,为各行培训保卫干部 600 多人。我们的岗位培训教材也成为全省工行系统的保卫培训教材。

3. 保驾护航,铸造辉煌

18 年里,这支队伍以可靠的政治素质和优良的专业素质,化解了无数风险,创造了无库款损失,无枪支案件事故,无员工伤亡的优异工作成绩,保证了分行安全营运,协助公安机关破案 300 余起,抓获歹徒 120 余名。其中突出的案件有:

李沧二支行保卫人员发现并协助公安机关抓获 4 名企图抢劫工行运钞车的歹徒,其主犯是吉林省籍的逃亡杀人犯,有 46 起案底。这是工行系统内首次在歹徒踩点时发现并破获的案件,总行杨凯生行长亲笔批示在全国进行通报表扬。

李沧一支行保卫人员发现并抓获 1 名胡锦涛总书记批示、公安部督办的杀人犯。

市南支行保卫人员协助公安机关抓获一个 5 人团伙,堵截假汇票 5 000 万元。他们还协助上海警方抓获一个 3 人特大抢劫团伙。

四方支行保卫人员在 2 名交警被 6 个歹徒暴

↑ 图 3-17　1991 年 7 月,青岛分行举行第四届拳击比赛

← 图 3-18　1992 年 7 月,青岛分行举行散打比赛

打、生命危急时,奋勇出击,当场抓获了 2 个歹徒,救出了交警,并将 1 名被车撞伤的女孩及时送医院抢救脱险,事后他们还将所获数千元奖金捐献给贫困学生,受到社会舆论广泛赞扬。

多年奋勇拼搏铸造了辉煌业绩:青岛分行保卫部、市北二支行保卫科曾两次被评为总行先进集体;分行保卫部被省公安厅记集体二等功,还曾作为青岛市唯一厂企保卫组织代表参加省公安英模大会,被市公安局记集体三等功 5 次;市南、市北二、四方、李沧二、李沧一等保卫科都曾被市公安局记集体三等功;还有许多人曾立过二等功、三等功,受过通令嘉奖等各类表彰。

2003 年 9 月,工行市区守押工作移交给押运公司。2004 年 10 月,郊区支行也移交了守押工作,各支行保卫科撤编,保卫人员转到新的岗位。但是,昔日充满艰险与奉献,激情与辉煌的守押生活将终生难忘:我们奉献了最美好的青春,我们为工行的发展作出了贡献!

充满激情的民兵生活

退休职工　梁建国

日前在整理资料时,发现了几张我在 20 世纪 70 年代参加民兵集训时拍摄的照片。尽管过去了 40 多年,可一见这些照片,许多往事仍然清晰地浮现在眼前。

整个 20 世纪 70 年代,战争的阴影始终笼罩在中国人民头上,因此,在毛主席"要准备打仗"和人民战争思想指引下,几乎所有厂矿、企业和农村都组建民兵进行军训。有句口号充分显示了那时的时代特征:"八亿人民八亿兵,万里江山万里营。"举国上下洋溢着紧张又充满激情的临战气氛。

1972 年 1 月,我被分配到人民银行青岛市市南区办事处工作后,立即参加了民兵组织。当时整个分行共有 800 多名职工,除去老弱编为一个 300 余人的民兵营，其中唯一一个武装连设在市南区办。由于我在分行和武装部训练中表现突出，实弹射击成绩优异，被选为骨干，从 1973 年到 1979 年多次送部队参加严格正规的培训。

当时的培训，仍以传统的步兵 200 米内硬功夫为主，即射击、投弹、刺杀。在连续几年的射击培训中，我掌握了五〇式冲锋枪、五六式半自动步枪、六五式全自动步枪和五八式连用机枪等当时民兵装备的所有枪械使用技术，射击成绩全部达到优秀。

"突刺动作"和"坐姿集体"照片（图 3-19，图 3-20）都是 1978 年 5 月我第二次参加青岛市民兵刺杀技术训练时拍摄的，"集体对空射击动作"照片（图 3-21）是 1979 年 4 月参加青岛市民兵"三打（打飞机、打空降兵、打坦克）"集训时拍摄的。

从这些照片中可以看出，当时武装民兵的主要武器是五六式半自动步枪（带斜弹仓的）和六三式自动步枪（带短弹夹的）。五六式半自动步枪是我国 1956 年仿苏联的 CKC（西蒙诺夫）半自动步枪生产的，技术过关，性能可靠，装弹 10 发，单发射击，后坐力比老式手动步枪小得多，打起来很舒服，准确性很

↑ 图 3-19 梁建国练习步枪刺杀"突刺"动作留影

高,是正规部队和民兵装备的主流枪支。因为 1974 年省人民银行给青岛分行配发了几十支五六式半自动步枪用于守库,所以,1976 年市武装部就给我们配发了一批六五式全自动步枪。那些半自动步枪自"人民""工商"两行分家后被带到工行,一直使用到 2003 年市区守押工作移交才上缴公安部门。

↑ 图 3-20　梁建国参加民兵训练坐姿集体合影(后排右四)

因该枪枪型美观、性能可靠,直到目前军队和地方武装部队仍用于训练,国家领导人接待外宾的三军仪仗队还在使用。

值得一提的是,这张照片留下了现在已很难见到的六三式自动步枪和刺杀的影像。六三式自动步枪现在很难见到了。它是我国根据前苏联的

⬆ 图 3-21　梁建国参加民兵对空射击训练留影(前排右二)

半自动步枪和冲锋枪（即 AK—47）的特点综合设计的，可装弹 20 发，单、连发射击都行；枪刺是我国独有三楞刮刀式，比刺锥式、短剑式锐利得多，而且刺入人体放血快，很难救治；枪型也很美观；在实弹射击时，不论单发还是点射，都很准确。设计是非常好的，但由于这批枪大都是"文革"中生产的，粗制滥造，部队反映一旦发射子弹较多，就出现许多严重问题。但我们是民兵，每次打靶，平均一支枪也就打几十发子弹，所以没有发生任何问题，而且我每次打单发时，准头不逊于五六式，百米卧射 5 发子弹从未低于 45 环。这种枪在 1981 年被全部收回销毁了，所幸我不但有照片，而且还在上交时留下了一个子弹袋，现在成了不可多得的纪念品。

投弹训练中，使用重约 500 克的教练弹。规定立姿投 40 米优等，35 米良好，30 米及格。当时的集训队，有男民兵 80 余人、女民兵 40 余人。经过一个月的训练，男的优等者约 20 人，不及格的也有好几个；而女的及格者仅有几个人，多数只能投十几米。我当时体重仅 126 斤，又长得白净，一上训练场，许多膀大腰圆的家伙很瞧不上，说"银行的账房先生能投 30 米吗"。可是，我既不助跑，也不管什么要领，随便一投，就在 50 米开外，让教官也吃了一惊。我最好的成绩是 62 米，是整个集训队最高的，而好多比我重二三十斤的大汉，用尽全力练肿了胳膊也只投 30 多米，他们看着我很有些不服气。其实，我尽管瘦，但因长年参加体育活动，肌肉强健，爆发力很好，所以，在他们看来需要苦练的投弹，我感觉是所有训练中最轻松的项目。

当时学习刺杀，是由一位具有实战经验，并且是"大比武尖子"的教官教的。此人约 40 岁，中等个子，体格健壮，表情凶悍，但确实有两下子。他给我们讲的许多技术都不是教材上有的，而是他从实践中得来的。

我军的刺杀技术据说是综合日军、苏军刺枪术，结合中国武术精华并且根据多年战场实践形成的，动作简单也不好看，但是战场上管用。

教官在教学时，强调在战场上刺杀绝对是你死我活的，所以训练必须严肃认真，杀气十足，要有一枪刺穿敌人的意念，从精神上压倒敌人，这样才能练好刺杀。

手持 7 斤多的步枪，连续 20 多天反复练习那些动作，精疲力尽，嗓子喊哑，但在教官严格训练下,我们还是很好地掌握了刺杀基本功,转入对刺练习。

对刺是两人一组运用学到的刺杀技术进行对抗,使用前端加橡皮头的木质枪,穿戴护头、护胸钢板和防护手套,这项科目具有实战意义,对抗性强,大家兴致很高。

由于我爆发力、灵活性和耐力相当好,在对刺中还没有输过,特别是我的防左刺,成了制胜的一绝,有过好几次将对方一枪刺倒的得意之作。有一次,教官说要试一下。当他向我左方刺来时,我手腕一翻拨开来枪的同时,刺中了他的护胸钢板,"当"的一声响,比我重30多斤的教官倒退几步,几乎跌倒。他严峻的脸上露出了难得的笑容:"好!刺得好!"

在掌握射击、投弹、刺杀三大技术的基础上,我又参加了爆破、单兵战术动作、侦察捕俘、打飞机、打空降兵、打坦克、防化学武器等各种培训,成为一名比较全面掌握军事技术的老民兵,在23岁时就担任武装民兵连长,负责军事教学。1979年9月,在全市民兵班建制比武中,我带领的班代表青岛分行取得第40名的成绩(共146个班)。尽管这个成绩不算突出,但考虑到我们的10名选手是从仅有的40名男民兵中选出的,而且是业余训练,可对抗的都是大型厂矿企业,从上千甚至上万人中选出、脱产集训的选手,这样的成绩已很可观了。

现在回想那个年代,虽然工资低,物质文化生活比现在差得多,但人的精神面貌很好,思想单纯,工作总是充满激情,生活也很愉快,值得回忆。

胶南工行成立初期的老照片

胶南支行　丁廷云

工行胶南支行成立初期,"人民""工商"两行还在合署办公,营业网点还挂着人民银行的牌子。六位工行员工都住在网点,白天办理储蓄、结算、汇兑等日常业务,夜晚兼任守库任务。这张照片(图3-22)是20世纪80年代工行胶南支行成立初期,我(右二)和小口子分理处同事们的合影。岁月沧桑,30年过去了,照片上的同事也都步入中老年——王科伟(右一)现任工行胶南王台支行行长,吴军(左一)、孔祎(左二)还在工行任职,中间二位同事已经退休。

⬆ 图 3-22　胶南工行成立初期的老照片

1987 年即墨蓝村办事处开业大吉

即墨支行　黄淑娟

记忆中,早在 1985 年,即墨支行就在即墨县蓝村镇设立了办事处,但由于营业用房等原因不久就撤销了。根据业务发展的需要,1987 年即墨支行又在蓝村镇设立了蓝村办事处,成为当时支行 12 个网点中的一个。办事处全面开办包括存贷款和结算在内的各项业务,一共有 7 名员工。蓝村距离即墨县城 30 千米,员工每天乘坐班车上下班。到 2000 年 4 月,按照上级关于精简营业网点的精神,蓝村办事处撤销,搬迁到县城,更名为红领广场分理处,将原经办的业务移交给了农业银行即墨蓝村营业所。这张照片(图 3-23)是工行蓝村办事处开业时的合影(左一为作者),不知道为什么照歪了。办事

处门口靠墙竖立着"踊跃储蓄,支援四化"的大红标语,这是当时工行最常用的业务口号,是员工自己写的。

↑ 图 3-23　1987 年即墨工行蓝村办事处开业大吉留影

1982 年人民银行市北区办事处业务骨干干训班合影

银行卡业务部　史振海

图 3-24　1982 年人民银行市北区办事处业务骨干干训班合影

1982 年，人民银行青岛市市北区办事处（现为工行市北二支行）的部分业务骨干参加干训班结业合影（图 3-24）。照片前排为干训班授课的老师：左一是市北区办会计股吴祖安，左二是市北区办信贷股王育奎，左三是市分行储蓄部马鸣耀，右一是市北区办储蓄股逄云平，右二是市分行中专学校的王老师，右三是市北区办计划股老师。

1983 年我参加全省储蓄制度大检查

银行卡业务部　史振海

　　1983 年 8 月，人民银行山东省分行储蓄部组织开展全省储蓄制度大检查工作，成立了由济南、青岛、淄博、枣庄四个市分行储蓄业务骨干组成的大检查组，开展了为时两个月的储蓄业务检查工作。

　　图 3-25 是青岛分行检查组全体成员在淄川区蒲松龄故居"柳泉"的合影。照片右一是时任青岛分行储蓄部主任孙斌，右二为时任四方区办储蓄股长荆广传，中间为分行储蓄部核算业务资深专家戚文浩，左一为市南区办储蓄股核算组长王俊儒，左二为分行储蓄部办事员史振海。

　　图 3-26 是山东省分行储蓄部领导与检查组全体成员合影。

↑ 图 3-25　青岛分行参加全省储蓄制度大检查
　　　　检查组成员合影

⬆ 图 3-26　山东省分行储蓄部领导与检查组全体成员合影

我参加了全省工行首届业务技术比赛

城阳支行　周　龚

时光荏苒，一晃30年。

当我翻出尘封许久的旧影集，看到这张发黄的老照片（图3-27）时，记忆的闸门顷刻间打开，回到了那段热火朝天的青春岁月。

那是1985年的金秋十月，一个收获的季节。我（前排左三）和李珊（前排左二）、郭宁（前排右二）、管恩钧（前排右一）4名参赛选手，分别来自平度、市南、台东、市北二等支行，通过基层筛选和层层比拼选拔，最终由青岛市分行选定参加全省工行首届金融专业技术比赛。我们参加的是储蓄外勤专业技术比赛，该项目由命题即兴演讲、调研报告、金融知识等三方面组成，要求选手的知识面要广，各项技能要全面，而且口才、文采要出众。尽管我不是这个专业的，但很荣幸被选中。因为当时自己刚20岁，年轻有冲劲，上进心又强，也就下定决心背水一战了。

经过分行短期的封闭式集训，几位老师轮番调教，硬是把两本枯燥无味的专业书生吞活剥地灌进脑子里，连同形体训练、普通话训练、礼仪台步表演综合训练，一个月下来，脑袋充实了，人却瘦了七八斤。

10月13日，在储蓄处冷华章处长（中排右一）的带领下，我们即将披挂上阵。为壮我行威，鼓舞士气，拼出佳绩，分行党委对全省首届技术比赛非常重视，临行前于福忠行长（前排右三）、齐延臣副行长（前排右四）以及班子成员和储蓄处各位领导

↑ 图 3-27　1985 年青岛分行领导与参加全省工行首届金融专业技术比赛选手合影

和老师，亲自出面接见了我们，并在市北二支行大门前合影留念。

10月15日，各路精英会聚泉城，拉开了工商银行首届金融专业技术比赛的帷幕。我是本届比赛年龄最小的一位参赛选手。经过面对面，实打实地角逐比拼，上午的两个单项决赛，我的个人成绩名列前茅，心中不免有点小得意，中午吃饭时哼着小曲，蹦蹦跳跳，喜悦之情溢于言表。冷处长把我叫到一旁，悄声嘱咐我："别太轻敌了，有人已经向评委会举报，你不是外勤专业的，结果仍有争议，关键还有下午这一场，考好它，用事实说话。"几句话，犹如一瓢凉水当头浇过来，弄得我浑身一个寒颤，不争气的眼泪就流了下来。我当时单纯得就像一汪清水，心无设防，人家问啥就说啥，结果惹了麻烦。

尽管这种阴影笼罩心头，但丝毫没有影响下午的比赛，几千字的调研报告我还是写得非常顺当，由于字迹工整清秀，评委老师还在我的卷面上加了0.5分，我心里有了些许安慰。当冷处长透露我又拿了个高分时，我心里依然忐忑不安。

终于等到东方破晓，要公布比赛成绩了，冷处长又语重心长地对我说："你还小，要一颗红心两种准备，四年一届，下届我们再来。按理应该并列第一，据说只设了一个，还好第一第二都是我们的，成绩也是有目共睹的。"于是，我以总分0.04分之差，成为本次比赛的第二名。

大红喜报已经先于我飞回到平度支行，在同事、亲朋的喜悦中，我悄然回到了家里。妈妈见了我就跟见了功臣凯旋一样，嘘寒问暖，问长问短。我拉着个脸，把自己关进小屋里，大哭一场，妈妈惊闻，急忙敲门问我："怎么回事？不是考得挺好嘛，领导都来祝贺了。"我没好气地回了句："好啥好，我就是去拿第一的，没想第二。"一句话砸得屋门山响。

这就是当年那个有棱有角有个性有脾气的黄毛丫头的真实写照。

人民银行与电视台合办"迎新春有奖征集储蓄对联"活动

银行卡业务部　史振海

↑　图 3-28　工行储蓄部员工与电视台节目录制人员在拍摄现场

1984 年春,人民银行青岛市分行储蓄部与青岛电视台联合举办了主题为"勤俭节约,艰苦奋斗,踊跃储蓄,支援四化"的"迎新春有奖征集储蓄对联"活动。此项活动受到广大楹联爱好者的热烈欢迎和积极参与,共收到来信近千封。当时的青岛电视台位于青岛市北区的贮水山上,摄影棚的条件很简陋,银行储蓄部的员工与电视台节目录制人员在拍摄来信处理的一个场景(图 3-28)。期间,电视台主持人张春玲(右一)与参加节目录制的工作人员合影留念（图3-29）。

↑ 图3 29 青岛电视台主持人张春玲（右 ）与参加节目录制的工作人员合影留念

20 世纪 80 年代即墨支行举办珠算比赛

即墨支行　黄淑娟

图 3-30　20 世纪 80 年代即墨支行举办珠算比赛

20 世纪 80 年代初期，郊区支行尚无电脑，处理所有业务都要使用手工核算，员工的珠算技能显得尤为重要，是银行"三铁（铁账、铁款、铁算盘）"的重要组成部分。为激励员工苦练业务技能，支行每季度进行一次技术比赛，包括珠算手工计息、计算机计息、翻打凭条、珠算加减乘除、手工活期记账等项目。为了不断提高珠算技能，员工下班后总是带着算盘回家练习，春夏秋冬从不间断。当时即墨支行有 60% 员工的业务水平达即墨市级能手水平，更有 20% 员工的业务水平达到省级、总行级能手标准。

这张照片（图 3-30）是 1983 年 12 月 22 日我（左）参加支行技术比赛时拍摄的。

1991 年胶州支行庆祝储蓄存款突破 1 亿元

胶州支行　焦德金

"有心拜年，十五不晚。"1991 年 2 月 26 日（农历正月十二），工行胶州支行为庆祝储蓄存款突破 1 亿元，组织彩车、秧歌队等进行业务宣传，并向全市人民拜年。这张用胶片相机拍成的老照片（图 3-31）尽管有些模糊，但它真实记录了工行在老市政府门前以"老土草根"的形式载歌载舞进行庆祝宣传的热闹场景。在全体员工的努力拼搏下，该行银行业务多年来取得较快发展，各项指标稳定增长。通过 23 年的发展，截至 2014 年末，胶州支行储蓄存款余额已达 26.133 亿元，是 1991 年的 26 倍多。

↑ 图 3-31　1991 年胶州支行庆祝储蓄存款突破 1 亿元

20 世纪 80 年代有奖储蓄售卖活动

胶南支行　徐明顺

这是一张拍摄于 20 世纪 80 年代后期的老照片（图 3-32），地点是原胶南支行人民路第一储蓄所（现改建为离行式自助银行）门前。照片再现了 25 年前胶南支行有奖储蓄户外售卖的真实场景。

从照片可以看出，群众对有奖储蓄这一不记名存款方式还是比较乐于接受的。与现在不同的是，当时售卖手续过于简约，"一手交钱一手交单"，中间似乎无记账、登记、签字和交接手续。安全保卫工作要求也不高，在无

↑ 图 3-32　20 世纪 80 年代有奖储蓄售卖现场

保卫人员在场,无防护器具和设施的条件下当街叫卖,按现在的制度规定是不允许的,但当时有很多银行网点就这样做,这也反映出当时社会治安较为安定的现实。

20 世纪 90 年代支行储蓄事后监督办公场景

胶南支行　徐明顺

自 20 世纪 80 年代至 90 年代中后期,根据《会计法》《全国银行统一会计基本制度》的要求,胶南支行在储蓄专业成立事后监督小组,对辖属营业网点储蓄业务的核算进行全面复审。这一阶段的事后监督称为"分散监督"。

这张照片(图 3-33)展现了 20 世纪 90 年代早期胶南支行储蓄事后监督工作人员办公场景。照片中共有 4 名工作人员,其中 1 名为综合人员,其他 3 人分管当时 10 余个网点的账务复核和事后监督工作。从照片中可以看出,当时的办公条件堪称落后,他们用计息机逐张凭证核对计息是否准确,用算盘翻打凭条和核对明细账,用木质印章盒里的储蓄科目印章和玻璃板底下压着的科目表设置、登记和核对账页……所有这一切,现在只需要电脑和打印机就可以轻而易举地完成。

1997 年,中国工商银行开始实施以"三统一、四集中、两综合"为主要内容的统一会计管理改革,明确提出了实现事后监督(向分行)集中的目标,支行储蓄事后监督宣告解散。

↑ 图 3-33　20 世纪 90 年代支行储蓄事后监督办公场景

1991 年市分行在杭管院举办信息科长培训班

胶南支行　徐明顺

1991 年 4 月 11 日至 27 日，青岛市分行信息科长培训班（第二期）在工商银行杭州金融管理干部学院举行。来自分行机关、区办、支行的 28 名信息工作者参加了培训。培训班共设《国内信息工作发展、概况及趋势》《写作与采编》《微机基础知识》3 门课程，分别由陈国泉副教授和陈甦、王伟琴老师主讲。培训结束后，学院副院长胡干耀主持了结业典礼并为每名学员颁发了结业证书。全体人员合影留念（图 3-34），站立者是培训班学员，后排右五是笔者。

龙口路储蓄所的几张合影照片

福州路支行　于　珍

从 1984 年到 2014 年，中国工商银行将走过 30 年的历程。这短短的 30 年是工行人艰苦创业、努力拼搏的 30 年，是开拓创新、走向辉煌的 30 年。

遥想 30 年前，呈现在脑海里的是房屋简陋

⤴ 图 3-34　1991 年市分行在杭管院举办信息科长培训班

狭小,冬寒夏热,四处透风;工作是铁账、铁款、铁算盘,人工记账等手工操作传递,工作环境极差。但是,我们却树立信心,坚定理念,克服种种困难,始终热情地为广大客户服务,为工行的发展努力作出自己的贡献。如今,网点房屋宽敞明亮,装饰新颖温馨,冬夏有空调,操作是电脑化、程序化、网络化,手机银行、电子银行等,工作环境焕然一新。触摸着工行历史的脉搏,回想起工行走过的历程,心随着工行成长的韵律跳动。为了工行的崛起,为了工行的发展和辉煌,我们始终在不停地努力,不停地探索,不停地奋斗;为了工行的明天,我们努力奋斗了30年,工行发生了翻天覆地的变化。30年,工行人功勋卓著,我们前行的速度不曾减缓;30年我们向世人和广大客户展示着工行人的热情和魅力。今天我们仍以饱满的精神、热情的工作,服务于广大民众。

↑ 图3-35　于珍(右)为经营小商品的储户(左)常年提供上门服务

↑ 图 3-36 前排左起：荆广传、姜利力、齐延臣、许金胜、赵松彪、徐新等青岛工行的各级领导与龙口路储蓄所员工合影留念；于珍（中排右一）

30年与时俱进，工行的发展日新月异，每一点成绩，每一次进步，都源自于工行人不懈拼搏和对企业文化的追求。"工于至诚，行以致远"，这两句看似简洁而又平淡，却有着丰富和深厚的内涵的话，它传承了历代工行人的文化积淀，是我们企业文化的精髓，是全体工行人共同的理想信念和行为规范。它让我们工行人，在风雨兼程的路上，努力拼搏，勇往直前，改革为工行扬起了风帆，我们团结奋斗，乘风破浪，驶向辉煌。

工行30年，经历了巨大变迁，凝神苦思，感慨万千。工行与我齐头并进，我与工行共同成长，在党组织和各级领导的培养和帮助下，在前辈和同事们的言传身教下，自己严于律己，团结同志，努力工作，从一名普通员工，成长为网点负责人。30 年来，

我始终满怀激情，用热血和拼搏抒写着我们工行人的激情和青春，用心血和汗水，挥洒在服务于人民的平凡岗位上，用行动和成绩见证着工行今天的成就和辉煌。

↑ 图 3-37　1995 年龙口路储蓄所的员工、门头、环境

日常工作中,我始终严格要求自己,坚持以身作则,处处起到一个共产党员的模范带头作用,团结网点所有员工,遵守各项规章制度,坚持以客户为中心,作为我们的服务宗旨,竭诚为广大客户服务,为客户排忧解难。生活中,从点滴入手,调整心态,放松心情,通过娱乐活动与员工同乐,释放工作压力。网点每位员工的生日,我都会买上一个生日蛋糕,举办一个简洁而欢快的生日 Party,让其感受

图 3-38　1995 年 4 月,共青团山东省委、人民银行山东省分行命名龙口路储蓄所为"山东省级青年文明号"。左起:龙口路储蓄所主任成福善,市南区办副主任徐守亮,市南区办主任张秀美,市南区办副主任冀米贵,龙口路储蓄所于珍、张宁、李滨、魏蔚。(1994 年 8 月,共青团青岛市委命名龙口路储蓄所为"青岛市级青年文明号")

到集体的温暖和快乐,增强了凝聚力和战斗力,为工行的发展作出了自己的贡献,并多次获得"优秀共产党员"和"先进工作者"的光荣称号,相继带出多个"先进集体"。

30年,我看到了工行人艰苦奋斗的光辉历程,看到了开拓创新、勇于拼搏的精神风貌,每个人所取得的成绩,都是工行改革发展的真实写照,每个人的成长和经历都折射出工行艰难前行而走向辉

↑ 图 3-39 1995 年龙口路储蓄所员工合影留念
前排左起:魏蔚、于珍、成福善、李滨,后排左起:亢润红、栾冬云、辛艳、赵婕、张宁

煌的历程,集中体现了中国工商银行"工于至诚,行以致远"的企业文化精髓和求精务实、拼搏创新的精神和良好风貌。

回眸 30 年,工行的辉煌在眼前,"工于至诚,行以致远"将激励着我们团结奋斗,努力拼搏,为青岛分行的明天,为下一个辉煌的 30 年作出我们的贡献。

↑ 图 3-40　龙口路储蓄所员工为储户中国海洋大学徐景惠老师祝贺生日
前排左起:于珍、成福善、徐景惠、栾冬云、张立军、赵婕;后排左起:王毅、侯玫、管玉立、迟刚、张宁

1977 年欢送同事上大学

银行卡业务部　史振海

↑ 图 3-41　1977 年欢送同事上大学留影纪念

1977 年 12 月，"文革"结束后国家恢复高考制度并组织首次高校招生考试。人民银行青岛市市北区办丹东路储蓄所曹季同志经过刻苦努力，幸运地考上了大学。这在当时可不是小事。1978 年 2 月 21 日，曹季所在的市北区办储蓄股的全体团员到照相馆拍下这张合影表示欢送，照片前排左二是曹季（图 3-41）。

青岛工行干部中专毕业照

市南四支行　殷晓梅

　　这是我的中国工商银行青岛干部中等专业学校金融专业毕业证书（图 3-42）和 1986 级毕业班（四方、市北、台东区办学员）的毕业合影（中排右二是我）（图 3-43）。

　　我是 1982 年 2 月入校开始脱产学习生活的。那时我们朝气蓬勃，渴望知识，精力旺盛，通过几年认真系统地学习，补充了大量专业知识，金融知识和业务能力全面提升，为后来重返工作岗位奠定了良好的理论基础，还收获了友情。校长严兆麟（前排左六）和班主任吴刚（前排左一）参加了合影。

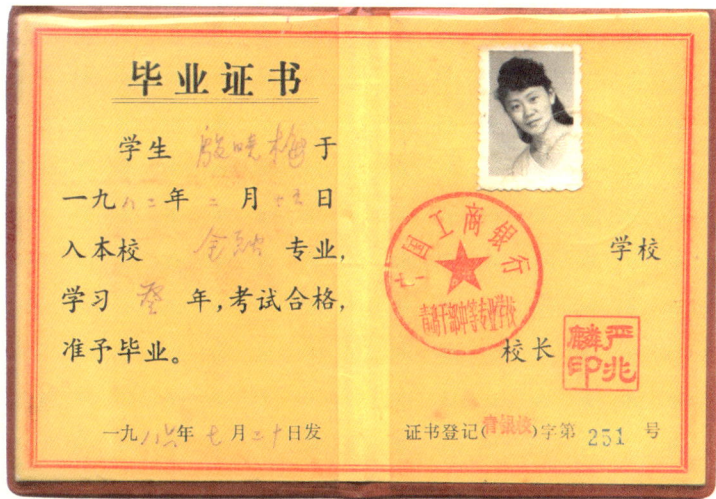

↑ 图 3-42　殷晓梅毕业证书内页

↑ 图 3-43　殷晓梅青岛工行干部中专毕业照

"玻璃架"和"汇票组"

市南支行 郑 林

这张照片(图 3-44)是 1994 年我(左一)在市南支行(中山路 62 号)汇票组工作时的照片。因当时汇票非常受收款单位欢迎，加上汇票签发必须印、押、证三分管，上级考虑结算量较大，故安排我们 5 个人(另有 3 人未拍入画面)负责签发汇票。我对面的同事先从客户手中接过传票，审查相关内容后递给旁边同事签发银行汇票，之后再递给另一同事压数编押，编完押再递给压钢印同事(我对面)，最后递给我，我从总体复核一遍，再把正式汇票递给客户。

我的桌子上摆了一个玻璃架，年轻人可能不知道它是干啥用的。可别小瞧它，它可派大用场咧，是凭证整理架。当时凭

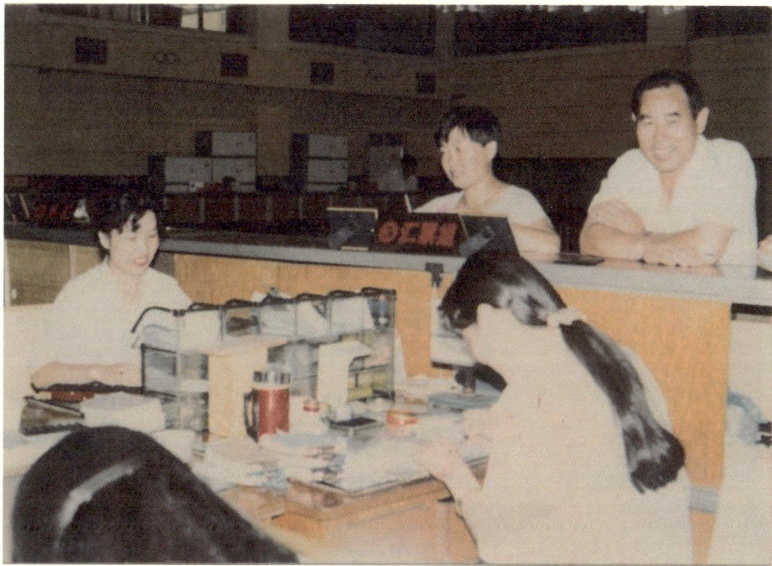

↑ 图 3-44 "玻璃架"和"汇票组"

证上交要求是按科目大小号顺序排列。科目是按开户单位资金性质来划分的,如:33科目化学工业存款、61科目国营商业存款、66科目集体商业存款,……每办完一笔汇票,我都要把传票按科目归类上架,营业终了,按科目返还各个专柜,为柜员整理传票打下良好基础。

我对面桌子靠柜台有台机器,那是钢印。每签发一笔,就要盖上一个钢印。1994年,钢印由原来手工按压改为半自动化,即把汇票放好位置,按下电钮,机器自动盖好钢印。

凡是到工行办理汇票的客户,眼盯着传票飞来飞去的。传票一会儿到这个人手中,一眨眼又传到另一个人手中,看得客户"云山雾罩",真是一大景观啊。可以引以自豪的是,经常有兄弟行来我们汇票组参观学习,因为我们是最佳组合,现在回忆起来心里还美滋滋的呢。

1985 年我的银行工作照

市南二支行　上官卫娟

这张照片(图3-45)是我刚参加工作时,坐在崂山区办事处北山储蓄所柜台内办理业务时照的,可惜摄影师是谁已经不记得了。

我们这个小储蓄所共有5名员工,我在这里工作了难忘的4年。那时还没有统一的行服,大家穿着不太讲究,我还戴着自制的套袖,用的布料是一种化纤,名叫"的确良"——生活20世纪在七八十年代的人对"的确良"再熟悉不过,它挺刮滑爽,耐穿易干,不用烫,颜色艳,不褪色,是精致生活的标志。

照片桌子上的东西我还记忆犹新。桌上有算盘、《手工开销户登记簿》;分格小盒里是计算储蓄利息积数的账卡;圆形物件是盖章用的胶皮垫;左侧的玻璃瓶是一瓶胶水;右侧柜台下立着一根棍子,那就是用来防备歹徒的金属棍;后面桌上的两个熊猫可不是工艺摆件,而是陶瓷质地、内装干粉的灭火器哦。当时的社会治安还好,柜台不是全封闭的,护栏留有那么大的空挡,曾经有一位员工为了一件什么急事追赶一个客户,就是从这个空档钻出去的。

后来这个储蓄所被撤销了,但这张照片却留下了永久的记忆。

↑ 图 3-45　我的银行工作照

蒋大为参演"青岛之夏"储蓄音乐会

银行卡业务部　史振海

1985 年夏,青岛工商银行在青岛市人民会堂举办了"青岛之夏"储蓄音乐会。音乐会邀请歌唱家蒋大为夫妇、哑剧演员王景愚、青年歌手王心慧,以及青岛籍影视演员刘信义、赵娜等参加演出。该音乐会演出轰动岛城,获得圆满成功。演出结束后,工行山东省分行李保良行长,青岛市分行于福忠行长、张汝栋副行长、张敦涵副行长,青岛市分行储蓄部孙斌总经理等领导与参加演出的全体演职员工合影留念(图3-46);为感谢工作人员,演员刘信义、赵娜、王心慧在宾馆与音乐会的后勤保障小组人员合影留念。

↑ 图 3-46　工行省、市分行领导与演职员工合影

↑ 图 3-47 演员刘信义、赵娜、王心慧与音乐会的后勤保障小组人员合影

参加"'97中国工商银行小品调演比赛"获得一等奖

工会办公室 雷 岩

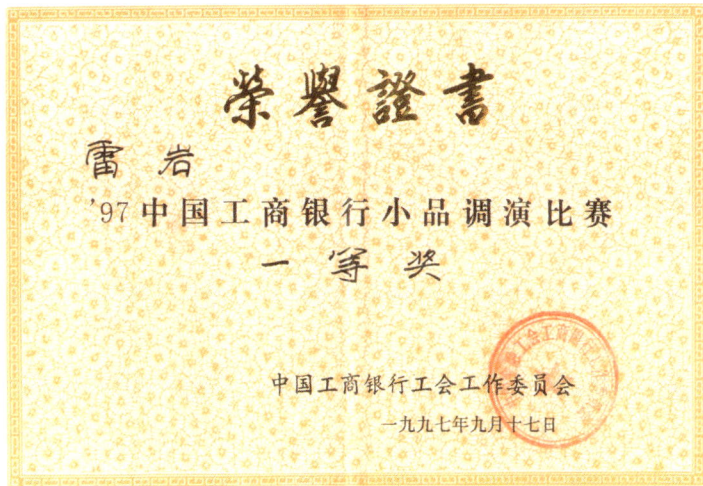

🔼 图 3-48 雷岩参加"'97中国工商银行小品调演比赛"获得
一等奖证书

1997年9月，我与工商银行山东省济宁市分行的张健、李晓青代表山东省分行，一起到山西省太原市，参加工商银行总行举办的"'97中国工商银行小品调演比赛"，有幸获得一等奖(图3-48)，这张照片(图3-49)是获奖者的合影。回来后，我们这个组合又以同样的节目，代表济宁工行参加济宁市职工文艺汇演获得一等奖。

图 3-49　雷岩(中)参加"'97 中国工商银行小品调演比赛"获得一等奖

当年俺演过电视剧《金融潮》

办公室　袁明先

1995 年，为反映中国金融业的改革浪潮，工商银行总行赞助冠名了一部 21 集的电视连续剧《金融潮》（原名《金融帝国》）。该剧主要拍摄地在青岛，历时 3 个月，于 1996 年陆续在全国各地电视台

↑ 图 3-50　袁明先（左）在《金融潮》里扮演检察官

播放。电视剧剧名由时任总行行长张肖题写，峨眉电影制片厂著名导演张西河导演，演员有八一电影制片厂的庞敏，中央实验话剧院的冯福生，上海电影制片厂的赵静、傅冲，江苏话剧院国家一级演员韩振华，内蒙古话剧团的常远（电视剧《杨开慧》的扮演者），国家话剧院的米学东（在许多电视剧里经常扮演负面人物）等，片头曲和片尾曲《至多至少》和《跟你到天边》分别由著名歌手李娜和张咪演唱。

当时我在分行办公室具体负责宣传工作，承担了该剧组的接待和外景地的拍摄联络工作。真巧，导演临时安排我在剧情里扮演一位检察官。拍摄时，我身着制服，头戴大盖帽，像模像样地在法庭上高声宣读《起诉书》。这个镜头导演很满意，竟然一次通过，本人的自我感觉好极了（图 3-50）。

拍摄期间,青岛分行领导与主要演职人员合影留念(图3-51):前排右五为分行齐延臣行长,前排左五为分行高延生副行长,前排左三为导演张西河,前排左四为演员常远,前排左六为演员赵静,前排右四为演员庞敏,前排右一为演员米学东,后排右二为演员韩振华,后排右三为演员冯福生,后排右四为袁明先,后排左一为编剧冯维松。

↑ 图3-51　青岛分行领导与主要演职人员合影留念

大学路上的人民银行宿舍楼

王超鲁

⬆ 图 3-52　大学路上的人民银行宿舍楼

这张照片(图 3-52)是我 20 世纪 90 年代拍摄的。

这片楼位于大学路 14 号和黄县路一角,在 20 世纪 50—80 年代是市人民银行职工宿舍,一共有 10 座楼,按照"青岛市人民银行宿舍楼"这 10 个字排列,每座楼前镶嵌一块瓷砖,上书 10 个字中的一个字。我家就住在"岛"字楼。"文革"中,这些瓷砖被砸毁。再后来,随着住房制度的改革,很多老职工搬家迁走,这片楼不再是成规模的银行职工宿舍了。

20 多年前的幼教生活

高科园支行　祁　慧

看到这张照片(图 3-53),时间仿佛回到了 20 多年前的那个冬天,孩子们的欢声笑语仿佛又回响在耳边。那时,我幼儿师范毕业,分配到位于青岛市沂水路 1 号的工商银行幼儿园任教(左边的那名教师)。每天清晨,伴随着美妙的音乐,可爱的孩子们像一群快乐的小鸟围绕在我的身边,天真活泼,生机无限,生活是那么多姿多彩。转瞬 20 多年过去了,当年的小朋友都已长大成人,有的加盟了工商银行。祝愿孩子们在各自的工作岗位上一切顺利,永远快乐。

↑ 图 3-53　20 多年前的幼教生活

当年的青岛工行幼儿园

台东支行　宿　伟

青岛工行幼儿园在人民银行时期就已经存在。1984年"人民""工商"两行分立后归工行管辖。幼儿园坐落在美丽的观象山下的沂水路上。这里红瓦绿树、四季如画，书声琅琅、欢歌荡漾。每当春风悄悄吹来的时候，迎春花便迫不及待地展开花瓣，引领着樱花、槐花、泡桐花、蔷薇花与孩子们的张张笑脸竞相绽放；盛夏时节，树叶婆娑，孩子们在绿荫下和着微风欢快律动、嬉戏；秋天的白云飘来飘去，不断变幻着各种造型，孩子们随着秋叶翩翩起舞，充满遐想；当雪花飘来时，白雪落在地上、房顶上、大树上、滑梯上……到处银装素裹，孩子们滚雪球、堆雪人、打雪仗，开心极了。

一颗颗幼苗的茁壮成长，离不开辛勤园丁的培养。多年来，这里的教职员工秉承着"一切为了孩子"的办园宗旨，始终以"优化一日活动，让幼儿在良好的环境里主动发展"为目标，为幼儿营造温馨、和谐的环境，提供多方面表现能力的机会，例如，为"全国金融系统英模报告团"开幕式献词，参加青岛市幼儿运动会等活动促进幼儿体、智、德、美的全面发展，切实为广大工行员工解决了后顾之忧，被评为省级示范幼儿园。

随着工行机构改革的推进，幼儿园规模逐渐缩小、撤销，我和其他教职员工均已转岗。我们在工行新的岗位上，依然默默奉献，为工行的发展贡献着全部的力量。当年众多员工的幼儿园宝宝，如今早已长大成人，有的已经加盟工行发挥着才干。

图 3-54　幼儿园 98 届大二班毕业合影（正面）

上排左起　王文乐　王文欢　刘家维　张家龙　杨小白　管宇　李梦云　周一舟　徐颖哲　刘颖馨　王璐　杨老师　付老师

二排左起　刘老师　范梦青　于中元　孙清政　王梦童　赵健　徐敏　姜磊　高云　梁辰　张珮璐　赵代宏　王坤

一排左起　王志丞　谭淼　刘基祥　闵毅亮　蒋帝鹏　刘姜南　姜周鑫　党宇丹　孙润飞　玺

下排左起　谭明磊　张天牧　周梦兰　廖泽宇　邢逸群　张辰　杨家杨　杨靓祺　宋昱雪　杨老明　姚老师

像是春风中的一棵幼苗，你的每一次成长，都离不开阳光雨露的滋养。愿你好好学习，天天向上

工商银行幼儿园大二班
——幼儿教师赠言

图 3-55　幼儿园 98 届大二班毕业师生合影名单（背面）

图 3-56　工行幼儿园小朋友为全国金融系统英模事迹报告会开幕式献词后合影

↑ 图 3-57　工行幼儿园小朋友正在制作小玩具

工行幼儿园中班师生 1990 年六一儿童节合影

银行卡业务部　史振海

计划经济时期，人民银行青岛市分行开办了一家幼儿园，主要接收银行员工的子女，为员工解除后顾之忧，工商银行成立后由工商银行管理。这张照片（图 3-58）是幼儿园中班的孩子们 1990 年"六一儿童节"演出结束后，与他们的班主任老师合影留念。左边的吕晓军老师学的是钢琴专业，在幼儿园任教一年多转至银行业务岗位，现任贵州路支行行长；中间的周樱老师早已退休，右边的史习青老师现定居国外。照片上的孩子们如今已到而立之年，不少已为人父母，有的就在青岛工行工作。

央视采访赵海霞

山东路支行　孙　东

2005 年 6 月，中央电视台节目组在青岛市政府外事办公室同志的陪同下，专程来到青岛工行，采访原山东路支行（前分行营业部）个人客户经理赵海霞为台胞服务的事迹，并以金融系统为台商服务的典型在中央电视台《两岸万事通》栏目播出报道，一时传为佳话。

图 3-58　工行幼儿园中班师生 1990 年六一儿童节合影

赵海霞是工行青岛市分行山东路支行一名普通的客户经理，她始终坚持"为客户着想，让客户满意"的服务理念，真诚对待每一名客户，赢得了众多客户的好评，特别是海信房地产公司，号召全体员工向工行赵海霞学习，真诚对待每一位客户。

事情要追溯到2002年春季。当时，青岛海景房金海广场销售异常火热，在青岛投资经商的台胞陈女士也被此处的房子所吸引，并决定购买，在交上定金后，开发商给了20天的办理贷款按揭时间，超过时间，开发商有权收回处理。在咨询按揭贷款时，陈女士被工行进驻网点服务的客户经理赵海霞熟练的业务和热情的服务所感动，表示一定在工行按揭贷款。在准备材料时，陈女士根据工行提供的资料清单多次与赵海霞沟通，前期非常顺利。可是，天有不测风云，陈女士由于身体不适需要住院治疗。赵海霞听到消息后，不仅到医院探望，还多次针对陈女士按揭所需的《组织代码证》《税务登记证》《外商投资证明》及三年经过审计的财务报表等材料进行登门服务，并很快通

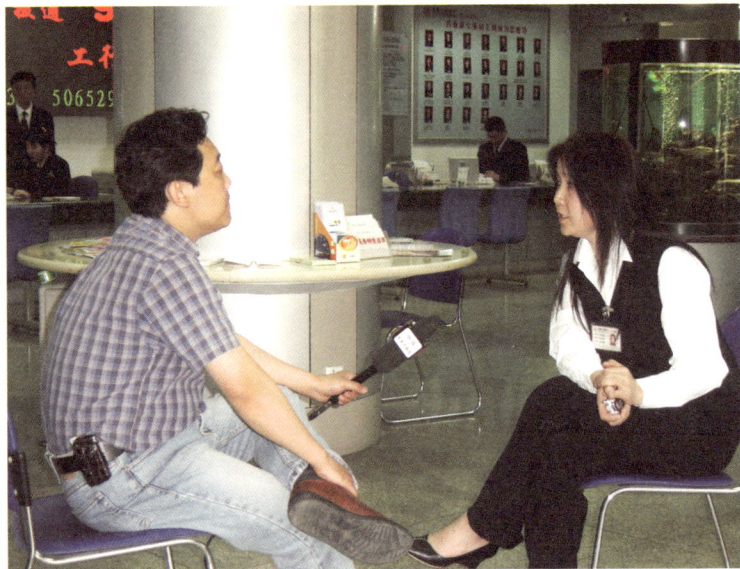

↑ 图3-59　央视采访赵海霞　孙东摄影

过了工行业务部门的审核。当赵海霞在开发商规定的时间内将按揭材料送到病房让陈女士签字时，陈女士非常感动，没想到在祖国大陆能够享受如此温馨的服务，人躺在病床上还能顺利地按揭购房。

陈女士病愈后，不仅到山东路支行表示对赵海霞的感谢，也同时向青岛市政府外事办公室寄出了表扬信，青岛市政府外事办公室又作为金融系统服务台胞的典型报告了中央电视台。

跋

　　编辑出版《银海拾贝》的初衷，是将散藏于单位库房和职工手中的银行老物件找出来拍成照片，并着重挖掘出其背后的故事，图文并茂地凸显银行老物件的认知、资治、教育、审美、存史等文物特性和史料价值，以丰富工行的职工文化。

　　《银海拾贝》的编选有其特殊性——它跟银行历史有关，但它不同于编辑史志，不可能对银行的发展历史瞻前顾后、面面俱到并作出评价；它跟银行文物有关，但它不是文物展览，不可能与银行博物馆上万件藏品相比高下。编选的指导思想，是尝试从老物件鉴赏的角度，以万花筒、多棱镜的散点纪实形式，记录金融银行的发展变化，反映员工生活的方方面面，折射社会变迁的点点滴滴。因此，在编选时尽量兼顾真实性、知识性、史料性、可读性，希望收到本行员工读之亲切、业内人士阅之认同、大众客户开卷有益的社会效果——如鲁迅先生所言："我只在深夜的街头摆着一个地摊，所有的无非几个小钉，几个瓦碟，但也希望，并且相信有些人会从中寻出合于他的用处的东西。"（《且介亭杂文·序》）以此弘扬真善美，释放正能量，进一步提高青岛工行的社会美誉度，对于增进岛城银行文化建设有所裨益。

　　老物件的年份。一是新中国成立以前的银行、钱庄、票号所使用的物件；二是人民银行时期使用的物件；三是工商银行时期使用的物件，工行物件的年龄原则上为20年以上，不够20年但具有典型意义的物件也适当收入。

　　老物件大致分为三类：一是实物类——储徽、算盘、印章、保险柜、点钞机、分币器、捆把机、刷卡机、计息器、台灯、账簿箱、奖章、存钱罐、办公家具、银行卡、年历片、文具等；二是纸品类——存单、存折、凭证、传票、联行信封、台历、挂历、宣传画、奖状、证书、饭票、书法、绘画、书报、期刊等；三是反映银行职工工作、学习、生活、网点门头的老照片。

稿件来源主要有三方面：一是专注于老物件收藏的员工打开"库存"，提供大量史料；二是不少细心的老员工亮出"家底"，诉说当年的欢欣与感动；三是有关支行、部室给予了帮助。在编选过程中，很惋惜伴随着岁月流逝，人事更迭，许多有价值的老物件散佚了，对老物件价值的认识、研究、利用、保存、传承工作欠缺，搜集范围又仅限于青岛工行一隅，再加上还有某些条框的限制。因此，在编入本书的200篇文稿、330多幅图片中，会有挂一漏万、选择失当之憾。恳请广大的银行界读者和社会贤达青目垂鉴、不吝赐教，继续提供图片、文稿，倘若将来有幸修订再版，当勉力充实、加以提高。

本书的编辑出版承蒙各级行政、工会领导和广大员工的大力支持——市分行党委书记、行长付捷同志欣然作序；市分行纪委书记、工会主任薛德贵同志，工会办公室主任曲国瑞、副主任王媛等同志给予了重要指导；许多基层工会领导帮助搜寻了大量实物；市分行作家协会会长刘金山同志、副会长马丽凤、王兰青等同志提出了宝贵建议；几十位员工作者精心撰稿；刘璇同志承担了全书的征稿、修改、选编、统纂、校勘和封面设计等工作，在此均表诚挚谢意。

中国工商银行青岛市分行工会工作委员会
中国工商银行青岛市分行作家协会
2015 年 6 月 30 日